八千代出版

新国際経済論
Theory of International Economics

安田信之助《編著》

加藤巖
渡辺正
岩田伸人
岑智偉
江良亮
李熙錫
宋俊憲
辻忠博
グェンドゥックラップ
鈴木岩行
坂本俊輔
柴田有祐
増山隆穂
横川和穂
安田直樹

執筆分担（掲載順）

加藤 巖　和光大学経済経営学部教授
　第1章・第2章
渡辺 正　明治大学政治経済学部兼任講師
　第3章
岩田 伸人　青山学院大学地球社会共生学部教授
　第4章
岑 智偉　京都産業大学経済学部教授
　第5章
江良 亮　城西大学経済学部准教授
　第6章
李 熙錫　城西国際大学経営情報学部准教授
　第7章
宋 俊憲　東京国際大学商学部准教授
　第8章
辻 忠博　日本大学経済学部教授
　第9章
グェン ドゥック ラップ　広島修道大学商学部教授
　第10章
鈴木 岩行　和光大学経済経営学部教授
　第11章
坂本 俊輔　城西大学経済学部准教授
　第12章
柴田 有祐　明治大学政治経済学部専任講師
　第13章
増山 隆　城西大学経済学部教授
　第14章
横川 和穂　神奈川大学経済学部准教授
　第15章
安田 直樹　立教大学大学院ビジネスデザイン研究科助教
　第16章
安田 信之助　城西大学経済学部教授
　第17章

はしがき

　現代の国際経済は、グローバリゼーションの進展によって、国際間の相互依存関係がかつてないほど強化されている。グローバル化、ボーダレス化という言葉は今や国民一人ひとりにとって非常に身近に実感する言葉となっている。食料や石油などの資源から工業製品に至るまで、われわれの生活は国際貿易なしには成り立たない。そして、世界各国で生産される製品は短期間のうちに国境を越えて交易され、消費される。

　わが国の製造業を例に取っても、国際生産ネットワークはアジア全域に拡大し、サプライチェーンのグローバル化が進展している。日本から東南アジアや中国に部品が運ばれ、そこで造られた完成品が世界中に輸出されているのである。

　世界ではすでに280の自由貿易協定が発効している。2国間のFTAは効果が限定的であるため、広域のサプライチェーンをカバーできるTPP（環太平洋戦略的経済連携協定）やRCEP（東アジア地域包括的経済連携）といったメガFTAが中心となりつつある。

　TPPは国境を越えた電子商取引の自由の保障、国有企業に対する優遇規制、高水準の知的財産の保護、労働基本権の保障など、高度で包括的な21世紀型のメガFTAである。

　約5年の困難な交渉を経て合意されたTPPはアメリカ第一主義を標榜するトランプ政権の離脱表明によって漂流が避けられない状況となった。これによってメガFTAの潮流に変化が起き始めている。自由貿易は今や世界の無形の公共財である。日本は自由貿易の砦となり、RCEPや日本EU・EPA、日中韓FTAなどのメガFTAを積極的に推進すべきである。

　RCEPはTPPのような高いレベルの自由化率は期待できないが、世界の成長拠点である中国やインド、ASEAN等の広範な新興国を含むルール作りの枠組みとしては、TPPの発効が困難となった今、大きな意味を持つ。東アジア16カ国が参加するRCEPが実現すれば、日本企業にとってのメリットは多い。

広域の経済連携を輸出の面で見ると、関税削減によって日本からの輸出品の競争力は高められる。メキシコでは乗用車に20％、マレーシアではエアコンに30％、インドネシアではブルドーザーに10％程度の関税が課せられているが、FTAを利用した場合、これらの関税がゼロになる。また、複数国地域間で結ばれるメガFTAでは、2国間のFTAでバラバラに決められている用件・手続きを統一し、企業が地域内でのFTAをより使いやすくするメリットがある。

　自由貿易の拡大、広域の経済連携の推進は日本の通商戦略の柱である。TPPの発効が困難となった今、RCEP、日中韓FTA、日本EU・EPAなどのメガFTAを推進し、世界に経済連携の網を張りめぐらせることが求められている。メガFTAによってアジア太平洋地域の活力や大市場を取り込み日本の成長につなげることが重要となる。

　本書の各章はこのような問題意識に立脚して書かれたものである。現代国際経済社会を理解するための一助となれば幸いである。

　本書の構成は、第1章は国際経済の基礎理論1、第2章は国際経済の基礎理論2、第3章は新たな国際分業論と産業集積、第4章はメガFTAとWTOの将来、第5章は中国の経済成長の現状と課題、第6章は中国経済におけるルイスの転換点について、第7章は韓国経済の現状と課題、第8章は日中韓の貿易構造、第9章はASEAN経済の現状と課題、第10章はASEAN経済共同体とベトナム経済、第11章は南アジア経済の現状と課題、第12章はインドの労働市場と教育、第13章はアメリカ経済の現状と課題、第14章は欧州経済の現状と課題、第15章はロシア経済の現状と課題、第16章は国際資本移動とわが国の対内直接投資促進政策、第17章はメガFTAと日本の通商戦略となっている。

　最後になるが、折に触れてわれわれを叱咤激励し、出版にこぎつけてくださった八千代出版社長の森口恵美子氏と、きめ細やかなアドバイスをしていただいた編集部の井上貴文氏に改めて感謝の意を表したい。

2017年4月　　　　　　　　　編著者　城西大学教授　安田信之助

目　　次

　　はしがき　i

第1章　国際経済の基礎理論1 ……………………………………… 1
　1　国際分業の理論　1
　　　1）貿易を行う理由　1　　2）リカードの「比較生産費説」　2
　2　交換の理論　4
　　　1）交易条件　4　　2）交易条件の決定　6
　3　リカードから発展した貿易理論　7
　　　1）相対的生産力の違いに着目した比較優位論　7　　2）ヘクシャー＝オリーン（H-O）理論　9
　4　レオンチェフのパラドックス（逆説）　11

第2章　国際経済の基礎理論2 ……………………………………… 15
　1　政府による貿易政策　15
　　　1）自由貿易主義と保護貿易主義　15　　2）幼稚産業保護論　17　　3）関税政策　18
　2　為替理論　20
　　　1）為替の変動　20　　2）為替相場と貿易収支　22
　3　海外投資による資本の国際移動　23

第3章　新たな国際分業論と産業集積 ……………………………… 27
　1　キャッチアップ型工業化論　27
　　　1）コンセプトと特徴　27　　2）概念図　28　　3）工業化の社会的能力　29
　　　4）キャッチアップの前倒し　29
　2　フラグメンテーション理論　30
　　　1）コンセプトとSC　31　　2）フラグメンテーションと総費用の関係　31
　　　3）特徴　33
　3　産業集積と「キャッチアップの前倒し」　34
　　　1）SCと産業集積　34　　2）集積の経済　35　　3）産業集積と「キャッチアップの前倒し」　36

第4章　メガFTAとWTOの将来 … 39

1. FTAと関税同盟　39
2. 地域貿易協定（Regional Trade Agreement）　41
   1）関税同盟のモデル　41　2）経済統合と域内貿易　43　3）RTAのタイプ　44　4）関税同盟の動機　45　5）FTAと関税同盟は共存できるか　46
3. 関税同盟とFTAの組み合わせ　47
   1）2国間の地域統合　47　2）関税同盟間の地域統合　47　3）FTAの中に関税同盟が形成される地域統合　49　4）二重の地域統合　49　5）関税同盟メンバー国による新たな地域統合　51
4. 途上国の共通域外関税（CET）　51
5. 地域統合は進化するか　52

第5章　中国の経済成長の現状と課題 … 55

1. 中国の経済成長を理解するための3つのポイント　55
2. 中国の経済成長戦略と成長の要因　56
   1）中国の経済成長の意義　56　2）中国の経済成長戦略　58　3）中国経済成長の要因（供給側）　60
3. フロー面とストック面から見る中国経済成長の結果　62
   1）経済成長による中国経済（フロー）の変化　62　2）中国経済におけるストック経済の現状　63
4. 中国の経済成長がもたらした「光」と「影」　65
   1）世界2位の経済規模になった中国　65　2）経済成長の副産物としての所得格差と腐敗　65

第6章　中国経済におけるルイスの転換点について … 67

1. ルイスの転換点　67
2. ルイスの転換点の理論的背景　68
3. ルイスの転換点の推定方法と日本の経験　70
4. 中国経済におけるルイスの転換点に関する実証研究　73
   1）中国農業部門の概況　73　2）中国を対象としたルイスの転換点に関する実証研究事例　73
5. 今後の中国経済　77

目　次

第7章　韓国経済の現状と課題 …………………………………………… 81
1　韓国の経済発展と展開　81
1）漢江の奇跡と称される韓国経済　81　　2）韓国経済の発展プロセス　83
2　韓国経済の現状　84
1）対外的な要因　84　　2）国内の構造的な要因　85　　3）韓国企業の現状　87
3　韓国経済の課題　88
1）第4次産業革命と新興国消費者の対応　88　　2）FTA戦略　90　　3）韓流ブームと文化の商品化　91

第8章　日中韓の貿易構造 …………………………………………………… 93
1　日中韓貿易について　93
2　分析方法　94
3　貿易構造の特徴と変化　95
1）日本　95　　2）中国　97　　3）韓国　97
4　比較優位構造の変化　98
1）貿易特化指数　98　　2）顕示対称比較優位指数　101　　3）輸出競合度指数　104
5　日中韓における比較優位構造の特徴　105

第9章　ASEAN経済の現状と課題 ……………………………………… 109
1　ASEANの設立　109
2　経済発展のプロセス　110
1）垂直分業体制からの脱却　110　　2）水平分業体制の構築　111　　3）フラグメンテーション型分業の時期　113
3　経済発展の障害　116
1）アジア通貨危機　116　　2）中所得国の罠　117
4　将来の可能性　119
1）チャイナ・プラス・ワン　119　　2）ミャンマーの可能性　121

第10章　ASEAN経済共同体とベトナム経済 ………………………… 123
1　ASEAN設立からAEC発足への歩み　123
2　ASEANの推進力とAECのもたらす経済効果への期待　125
1）ASEANの推進力　125　　2）AECのもたらす経済効果への期待　127

3　ASEAN 経済状況とその多様性　　130
　　4　ベトナム経済と AEC による影響　　132

第 11 章　南アジア経済の現状と課題　137
　1　南アジア近現代史　　137
　　1）分離独立とインドとパキスタンの対立　137　　2）経済成長と人間開発　138
　2　インド経済の変遷　　139
　　1）混合経済体制　139　　2）新経済政策（自由化政策）とその効果　140
　　3）産業構造　140　　4）財閥と外資系企業　142
　3　インド経済の課題　　143
　　1）インフラの未整備と環境問題　143　　2）経済成長と貧困問題　144
　4　他の南アジア 3 カ国経済の現状と課題　　145
　　1）パキスタン　145　　2）バングラデシュ　145　　3）スリランカ　147

第 12 章　インドの労働市場と教育　149
　1　巨大な労働市場と就業構造の変化　　149
　　1）男性中心の労働力　149　　2）農業から工業・サービス業へ　150
　2　不安定な雇用と働く子どもたち　　151
　　1）脆弱な雇用　151　　2）長期失業とニート　152　　3）児童労働　154
　3　教育水準の向上　　156
　　1）識字率の上昇と初等教育の普及　156　　2）政府による教育支出　158

第 13 章　アメリカ経済の現状と課題　161
　1　金融危機からの回復　　161
　2　拡大する所得格差　　162
　3　中間層の所得をいかに高めるか　　166
　　1）労働者の技能形成の促進　166　　2）自由貿易の推進　167
　4　自由貿易の負の側面　　169
　5　今後の課題　　170

第 14 章　欧州経済の現状と課題　173
　1　EU というマンモス国家誕生とシューマンの将来への願い　　173
　　1）2002 〜 2007 年までの EU 加盟国の安定した成長と強い通貨ユーロ　174

2）2008年からの通貨ユーロ安進行とEUに内在する矛盾点の顕在化　176
　2　欧州の金融・財政危機　178
　　　1）欧州の銀行がUSドルの調達不足に陥った欧州金融危機　178　　2）ギリシャを契機とする欧州財政危機　180
　3　欧州の難民・移民問題　182
　　　1）難民と移民の違い　182　　2）アラブの春と難民問題　183
　4　国連主導の「善意に基づくEUの枠組みによる救済」の限界　184
　5　欧州の課題――今後、EUの結束力はいかに――　185

第15章　ロシア経済の現状と課題　…………………………………… 189
　1　ロシア経済を見る視点　189
　　　1）ロシアの基本情報　189　　2）ロシアからソ連へ、そして再びロシアへ　190
　2　1990年代の市場経済への移行　191
　　　1）エリツィン政権下での市場移行政策　191　　2）転換不況　192　　3）新興財閥「オリガルヒ」の台頭　193
　3　2000年代の国家資本主義化　194
　　　1）石油・ガス産業が牽引した高度経済成長　194　　2）プーチン政権下での経済政策の変質　196　　3）世界金融危機と経済成長の減速　197
　4　ロシア経済の構造的特徴と問題点　197
　　　1）石油・ガスへの依存　197　　2）ロシアのビジネス環境　200　　3）国外への資本流出　200　　4）社会的問題　202
　5　今後の見通しと課題　202

第16章　国際資本移動とわが国の対内直接投資促進政策　……………… 205
　1　問題の所在　205
　2　対外直接投資と対内直接投資　206
　　　1）対外直接投資と対内直接投資の現状　206　　2）対内直接投資が与える影響　212
　3　対内直接投資の阻害要因　212
　4　対内直接投資促進政策　216
　　　1）法人税率の引き下げ　216　　2）ビジネス環境整備のための施策　217
　　　3）国家戦略特区の活用　218
　5　今後に向けて　219

第 17 章　メガ FTA と日本の通商戦略 ……………………………………… 221
 1 FTA・EPA、メガ FTA 221
  1）FTA・EPA 221 2）TPP 223 3）日 EU・EPA 225
 2 メガ FTA と日本経済 226
  1）わが国の高コスト構造 226 2）構造改革 227
 3 メガ FTA と日本再生 229
  1）TPP20 分野 229 2）RCEP 231 3）RCEP の意義 232
 4 日本の農業の現状 235
 5 日本の今後の課題 238

索　　引　241

第1章
国際経済の基礎理論1

　過去半世紀で世界人口は約2倍に増加している。人口が2倍になれば経済活動も2倍になると予測できる。ところが、この間に世界全体の経済活動（GDPの世界合計）は20倍以上に拡大している。こうした人口の増加ペースをはるかに上回る世界経済の成長は、金融や情報技術の進歩、輸送能力の向上、貿易の拡大、産業の高度化などによってもたらされた。

　本章では、世界経済を成長させた要因の中から貿易について取り上げる。具体的には、国際貿易が各国の生産や消費をどのように増大させていくのかについて学ぶ。実は、貿易を支える国際分業の仕組みは、私たちの社会や組織のあり方についても貴重な示唆を与えてくれる。

1　国際分業の理論

1）貿易を行う理由

　貿易とは自国の商品と他国の商品を交換することにほかならない。自国で産出しないものを他国から輸入することが基本である。各国が国民の生活を豊かにしようと「交換」を活発化させると、結果として様々な商品がやり取りされることになる。

　15世紀から17世紀の大航海時代には、ヨーロッパの冒険商人たちが大海原を乗り越えてアジアへやって来た。ヨーロッパでは作ることができないクローブ（丁子）やナツメグなどの香辛料をはじめとしたアジアの珍しい物産を手に入れるためであった。

　一方で、ヨーロッパの商人たちは、様々なものをアジアへ持ち込むことに

もなった。その一端が日本への鉄砲伝来へとつながった。鉄砲伝来が織田信長らの全国統一に寄与したことを考えると、貿易とそれに付随する出来事は各国の社会に大きな影響を与え得ると言えるだろう。

やがて18世紀になると産業革命によってヨーロッパ諸国の工業化が進み、それまでよりも多様なものが生産可能となっていった。ただし、ヨーロッパ諸国で作ることができたとしても、他国から輸入した方が安上がりの品物も存在した。当然、こうした品物は引き続き輸入が行われた。

このように貿易の目的は昔から今に至るまで、自国では作れない品物や、もしくは生産可能であっても割高になってしまう商品などを外国から手に入れることであった。当然、貿易をする目的はその相手国も同じであり、双方が貿易を開始するには互いに利益を得られる仕組みが必要である。

貿易を行う双方がどのようにして利益を生み出すのかを理論的に説明したのが、イギリスのデビッド・リカード（David Ricardo：1772-1823）であった。リカードの考えた理論は「比較生産費説」と呼ばれている。彼の理論は現在でも貿易理論の基礎として世界中で学習されている。

2）リカードの「比較生産費説」

リカードは自説を説明するため、以下のような単純な世界を想定した。図1-1のように2つの国が2つの商品（財）を生産している世界である。こうした設定は2国2財モデルと呼ばれる。

このリカードの仮想世界では、イギリスで100人の労働者が綿布1枚を生産している。同様に120人の労働者がぶどう酒1本を生産している。一方、

図1-1　貿易開始前（特化前）の生産

	イギリス	ポルトガル
綿布	100人で1枚生産	90人で1枚生産
ぶどう酒	120人で1本生産	80人で1本生産

＊貿易開始前（特化前）
イギリスとポルトガルは合計で綿布2枚とぶどう酒2本を生産している。

出所：筆者作成。

ポルトガルでは90人で綿布1枚を、また80人でぶどう酒1本を作っている。こうして見ると、どちらの商品もポルトガルの方が効率よく生産できることが分かる。両商品ともポルトガルで生産すればよいと判断できるわけだが、国際間の生産要素（労働者や資本）の移動は自由ではないので、その現実可能性は乏しいと言わざるを得ない。

そこで、イギリスとポルトガルはそれぞれの得意分野で生産活動を行うことになる。まず、ポルトガルはより少ない労働力で生産できる、ぶどう酒の生産に専念する。ついで、生産効率が劣るとはいえ、イギリスも国内で安く生産できる（つまり必要とされる労働者が少ない）綿布の生産を専らとする。こうした特定の商品の生産に専念することを「特化」と呼ぶ。特に、1つの商品だけを集中的に生産する場合には「完全特化」と呼んでいる。

ここでは、イギリスとポルトガルは各自の得意分野で「比較優位」を持つ商品の生産に完全特化する。図1-2で示される通りである。

すなわち、イギリスでは国内220人の労働者全員で綿布を2.2枚生産する。同様にポルトガルは170人の労働者を集めてぶどう酒の生産に専念することで、ぶどう酒を2.125本作る。こうして、両国は完全特化の結果、2つの商品の生産量を増加させている。それぞれが得意分野に特化することで生産量を増やし、その上で相手国と商品の交換を行うのである。

上記の設例の中で、仮にイギリスの綿布1枚とポルトガルのぶどう酒1本が交換されるならば、イギリスは貿易以前には国内の「120人で作っていたぶどう酒」を「100人で作った綿布」でもってポルトガルから購入できるようになる。同様にポルトガルは貿易以前には国内の「90人で作っていた綿

図1-2　貿易開始後（完全特化後）の生産

	イギリス	ポルトガル
綿布	220人で2.2枚 生産	生産中止 輸入する
ぶどう酒	生産中止 輸入する	170人で2.125本 生産

＊貿易開始後（特化後）イギリスとポルトガルは合計で綿布2.2枚とぶどう酒2.125本を生産できるようになった。

出所：筆者作成。

布」を「80人で作ったぶどう酒」を使って手に入れることになる。こうした観点から、国際分業による貿易は各国内の労働力の効率的な配置転換を促すことにつながると言える。

2　交換の理論

1）交易条件

リカードの比較生産費説に従えば、2つの国がそれぞれに得意な分野で生産特化すれば、商品の生産量を増加させることができる。つまり、2つの国の間で調整して国際分業を行えば、以前よりも多くの商品が生産できるようになり、貿易を通じて人々の暮らしが豊かになる。比較優位に基づく貿易理論の基本的な考え方である。

では、2つの国はそれぞれ生産量の増えた商品をどのようなルールに基づいて交換（貿易）するのだろうか。実際の貿易を考えると、A商品1つとB商品1つを交換するというほど単純でないことは明らかだ。

この点について考えたのは、イギリスのジョン・スチュワート・ミル（John Stuart Mill：1806-1873）である。ミルは商品の交換比率のことを交易条件（terms of trade）と呼び、この交易条件こそが貿易によって生まれる利益を2つの国に配分する際の基準になるとした。

ここで、リカードの設例を再び利用する。先の図1-1は、商品1つ当たりに必要な生産要素（労働力）投入量を示していた。言い換えると、商品を1つ生産するために必要な労働者の人数を示していた。この図1-1から逆算して生産要素投入量1単位（つまり、労働者1人）当たりの生産量を示したものが図1-3である。この図からは、イギリスとポルトガルの労働者1人当たりが綿布とぶどう酒をそれぞれどれくらい作っている

図1-3　労働者1人当たり生産量

	イギリス	ポルトガル
綿布	1/100	1/90
ぶどう酒	1/120	1/80

出所：筆者作成。

のかが分かる。

　ここで、同じ生産要素投入量（労働者1人）から作られた商品の生産量を同じ価値と考えれば、2つの商品の交換比率も分かる。例えば、あるイギリス人労働者1人が一定の時間で生産した綿布の生産量（1／100）と、同じ時間で別のイギリス人労働者1人が生産したぶどう酒の生産量（1／120）を等価と見なすのである。同じ価値の2つを交換するので、イギリスにおける綿布とぶどう酒の交換比率は1／100：1／120＝120：100となる。同様に、ポルトガルでは労働者1人が綿布を1／90および、ぶどう酒を1／80生産しているので、その交換比率は1／90：1／80＝80：90となる。両国とも国内の生産費比率の逆数となっている。

　リカードもミルも理論の説明に貨幣を持ち込んでいない。そこで、イギリスもポルトガルも国内の交換比率に基づいて、2つの商品の物々交換が行われていることとなる。こうした2つの国が貿易を開始すると、その交易条件は、両国内の交換比率を基準にしながら決まってくる。

　なぜならば、イギリスは国内で120単位の綿布と100単位のぶどう酒を交換しているので、仮に120単位の綿布を輸出するならば、100単位以上のぶどう酒を輸入できなければ、手間をかけて貿易をする意味がない。イギリスにとっては国内の交換比率を超えてぶどう酒が手に入らなければ、人々の暮らしは豊かにならないのである。

　同じように、ポルトガルにとっても国内の交換比率と交易条件が等しければ、貿易のメリットはない。ポルトガルが貿易によって人々の消費生活を豊かにするには、仮に90単位のぶどう酒を輸出するのであれば、80単位以上の綿布を手に入れることが必須となる。イギリスとポルトガルの双方が貿易による利益を得るためには、交易条件が両国の国内における交換比率である120：100と80：90の範囲に収まることとなる。これを示すのが図1-4である。同図の色つき部分のどこかで2財の交換比率（交易条件）が決まらなければならない。

　では、交易条件は上限と下限の間のどこで決まるのか。それを決定づけるのは、貿易される商品に対する需要の大きさである。このことを最初に指摘

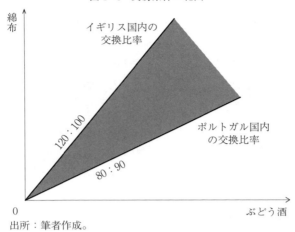

図1-4　交易条件の範囲

出所：筆者作成。

したのもミルである。彼は貿易当事国が相互に相手国商品にどの程度の需要を持つのかの相対的な大きさが交易条件を決定づけるとした。ミルのこの考え方は「相互需要説」と呼ばれる。

2）交易条件の決定

上記の相互需要説を精緻に描き出したのは、アルフレッド・マーシャル（Alfred Marshall：1842-1924）である。マーシャルは、交易条件の変化によって、貿易当事国がどれだけの利益配分を受け取れるのかを示している。つまり、ある国が輸出の見返りで得られる輸入量を徐々に増やしたいと考える様子を湾曲線で表したのである（図1-5）。描かれた曲線は「オッファー曲線」もしくは「マーシャル曲線」と呼ばれる。

ここでは先の設例を用いて、イギリスが綿布120単位を輸出することで、どれだけのぶどう酒を輸入し得るのかを示している。図1-5のオッファー曲線（E）の湾曲度合いが大きければ、それはイギリスが綿布120単位の輸出でより多くの輸入品（ぶどう酒）を得たいと考えることを示している。

図1-6には、ポルトガルのオッファー曲線（P）も描かれている。そして、交易条件は2つのオッファー曲線の交わるところで決まると考えられる。な

ぜならば、両者の交点でのみ、イギリスとポルトガルの双方が輸出したい量と輸入したい量が一致するからである。

結局、リカードの示した比較優位論に従えば、貿易当事国は互いに生産特化して得意分野の生産量を増やし、その後、双方が望む輸出量と輸入量を一致させるように調整しながら貿易を行うのである。

3　リカードから発展した貿易理論

1）相対的生産力の違いに着目した比較優位論

リカードの比較生産費説

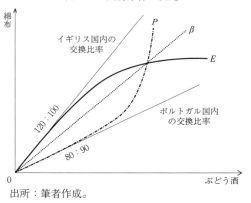

図1-5　イギリスのオファー曲線

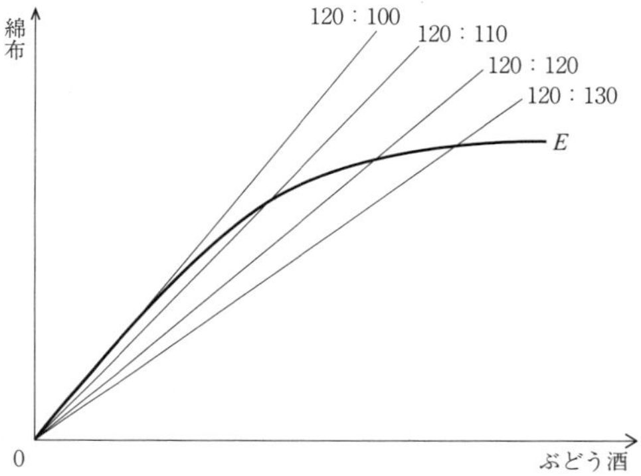

出所：筆者作成。

図1-6　交易条件の決定

出所：筆者作成。

には多くの改良が加えられてきた。また、新たな貿易理論も生み出されてきた。例えば、生産費の直接的な比較ではなく、各国の間にある相対的な生産力の差に注目した理論がある。相対的生産力差による国際分業理論である。ここでも2国2財モデルで説明がなされる。

ここでX国とY国がA商品とB商品を生産しているとしよう。図1-7の通りである。この図は両国の生産費の比較を示している。どちらの商品もY国で作った方が効率の優れていることは明らかである。ただし、先に述べたように労働者の国際移動は容易ではない。そこで、両国は自国に優位な商

図 1-7　生産費の比較

	X 国	Y 国
A商品（1個）	10人	5人
B商品（1個）	6人	2人

図 1-8　相対的生産力の差

	X 国	Y 国
A商品（1個）	2	1
B商品（1個）	3	1

出所：図 1-7、1-8 とも土屋（1991）から作成。

品を作って交換した方がよい。問題は X 国でどちらの商品を作るかである。図 1-7 からは、X 国も Y 国も B 商品に比較優位を持っているように見える。だからといって X 国と Y 国が揃って B 商品に生産特化してしまうと両国の間で貿易は成立し得ない。そこで、両国の間に生じている相対的な生産力の違いに着目して、国際的な分業生産をするのである。

図 1-8 は、2 財の生産に用いられる労働力の比率を示している。すなわち、A 商品の生産では Y 国の労働力 1 に対して、X 国では労働力 2 が必要なことが分かる。同様に、B 商品では Y 国の労働力 1 に対して、X 国では労働力 3 が必要となっている。こうした比較から言えることは、X 国は A 商品の生産の方が劣る度合いが少ないということである。つまり、生産能力に劣る国は、商品ごとの相対的な生産力の比較から、どちらの商品を作ればよいのかを判定するのである。

では、どのようにすれば貿易で利益が生じるのか。具体的な数値を用いて計測してみよう。図 1-9 は労働者 1 人当たり生産量を示している。こうした表は比較産出高表と呼ばれる。ここで両国の労働者が 2000 人ずつで、しかも 2 つの商品の生産に各 1000 人ずつが従事しているとしよう。すると、図 1-10 のように、A 商品と B 商品の生産量が決まってくる。

ここで先の相対的な生産力の差から、X 国は A 商品、Y 国は B 商品に比較優位があるとして、それぞれに完全特化すると、B 商品の生産量は大きく伸びる。だが、A 商品の生産量はかえって減少してしまう（図 1-11）。

そこで、Y 国内で部分的に特化した生産を行い、生産量の調整を行う。仮に Y 国内で図 1-12 のような労働者の配置を行えば、A も B も生産量が増え

図1-9　1人当たり生産量

	X国	Y国
A商品	0.1個	0.2個
B商品	0.167個	0.5個

出所：図1-7から作成。

図1-10　貿易前の状況

（貿易前）それぞれ1000人ずつで生産すれば

	X国	Y国	
A商品	0.1×1000人 =100個	0.2×1000人 =200個	300個
B商品	0.167×1000人 =167個	0.5×1000人 =500個	667個

出所：土屋（1991）から作成。

図1-11　完全特化の場合

（貿易開始）完全特化の場合

	X国	Y国	
A商品	0.1×2000人 =200個	生産中止 （輸入）	200個
B商品	生産中止 （輸入）	0.5×2000人 =1000個	1000個

図1-12　部分特化の場合

（貿易開始）部分特化の場合

	X国	Y国	
A商品	0.1×2000人 =200個	0.2×520人 =104個	304個
B商品	生産中止 （輸入）	0.5×1480人 =740個	740個

出所：図1-11、1-12とも土屋（1991）から作成。

ることとなる。2国2財モデルの世界は豊かになったことになる。

　先進国と発展途上国のような2つの国の間でも相対的な生産力の差を活かして比較優位を生み出し、貿易によって利益を生じることができるのである。

2）ヘクシャー＝オリーン（H-O）理論

　生産費の比較だけではなく、生産要素（労働や資本など）の多寡によって輸出商品が決定されると考えたのは、スウェーデン人経済学者のヘクシャー（Eli Filip Heckscher：1879-1952）とオリーン（Bertil Gotthard Ohlin：1899-1979）であった。2人は、各国がどの商品を生産するのかは、労働人口や資本などの賦存状況によって決定されるとした。

　例えば、働ける人が多い国では労働集約的な商品作りが好まれ、他国よりも有利な条件で生産することができるだろう。逆に、資本（技術）を多く持つ国は資本集約的な生産活動が相応しいだろう。

　以下では、図1-13を使って2人の理論を説明する。登場する国はアメリ

図1-13 生産要素の賦存状況に基づく貿易

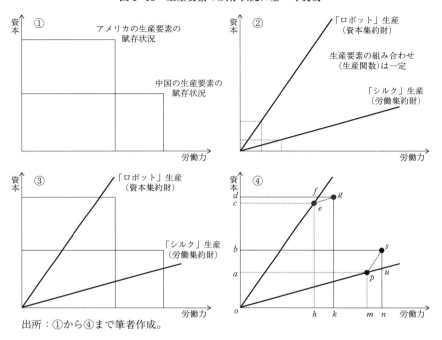

出所：①から④まで筆者作成。

カと中国である。それぞれアメリカは豊富な資本量を、中国は大勢の労働者を持っている。①の図はアメリカと中国の生産要素の賦存状態を示している。縦長の四角形で示されるように、アメリカは資本量が相対的に大きい。反対に横長の四角形で分かるように、中国は労働力の方が圧倒的に大きい。

②の図では、2つの商品を作る生産要素（労働と資本）の組み合わせが示されている。すなわち、ロボット生産には資本が比較的多く使われている。一方でシルク生産は労働力を多く使っている。それぞれの組み合わせは右上がりの直線で描かれており、生産要素の組み合わせ（生産関数）は一定である。

そして、①と②を重ね合わせたものが③の図である。さらに、③に加筆したものが④の図である。

ここから先は、④の図を利用して2財の生産を考えてみよう。図中のアメリカが資本をすべて使ってロボットを f 点まで生産した場合は、資本は od

まですべて使っている。一方、労働力は gf だけ余っており、これでは失業者が生まれていることになる。同じく、中国が労働力をすべて使い u 点までシルクを作る場合には、中国にとって希少な資本が su だけ使われずに余ってしまうのである。

そこで両国とも労働と資本を余すところなく利用するには、要素賦存率が低い（不得意分野の）商品も生産することとなる。すなわち、アメリカは e 点までロボットを作りつつ、残りの生産要素を使ってシルクの生産も行うのである。この時、e 点から g 点に向けて生産要素を組み合わせてシルクを生産する。すると、g 点において労働も資本もすべて使うことになる。同様に中国では、p 点までシルク生産を行う。その後は s 点に向けて、残りの生産要素をすべて使い切ってロボットの生産を行うのである。

つまり、各国は生産要素の賦存状態に基づき生産するのだが、生産要素をすべて使い切るために比較優位を持たない分野の生産も少しずつ行う。その際、生産要素の組み合わせはどこでも一定と考えるので、例えば、直線 eg の傾きと「シルク」の生産要素の組み合わせの右上がりの直線 ou の傾きは等しくなる。両線は平行である。中国側でも、直線 ps の傾きはやはり「ロボット」の生産関数（of の傾き）と同じとなる。

4　レオンチェフのパラドックス（逆説）

ヘクシャー＝オリーン理論では、各国における生産要素の賦存比率の相違が比較優位につながるとしている。これはH-O理論の「第一命題」と呼ばれる。第一命題を解釈すると、労働力を（資本よりも）多く持つ国は労働集約財を作り、一方で、資本をより多く持つ国は資本集約財を作ることで比較優位を生み出すとなる。つまり、国内で相対的により多く持つ生産要素を活かすような商品の生産を行うという、簡明な考え方である。

また、H-O理論の第二命題として「比較優位に基づき、貿易が行われると各国の要素価格は均等化する」というものがある。これを解釈すると、各国で比較優位分野への集中が競争を生み、生産要素の価格（つまり、労働者に

支払う賃金や資本を得るための借入金利）が均衡するということである。

　こうした理論は分かりやすさのゆえに注目を集めた。一方で、それが現実に適応しているかどうかを疑問視する声も挙がった。最も代表的な批判は、ワシリー・レオンチェフ（Wassily Leontief：1905-1999）のものである。レオンチェフは1947年と1951年の貿易統計を使って、アメリカの輸出産業の分析を行った。H-O理論が正しければ、アメリカは世界で最も資本を持つ国であるから、その輸出産業は資本集約財を作っていることになる。

　ところが、レオンチェフの分析結果によれば、アメリカの輸出産業は（他の産業に比べて）より多くの労働力を使った商品を作っていたのである。こうした資本豊富国のアメリカが労働集約財を輸出していたという事実は、ヘクシャー＝オリーンの理論に反するものだった。人々は驚きをもって「レオンチェフのパラドックス（逆説）」と呼んだのである。

　パラドックスが発生した理由にはいくつかの説がある。まず、商品に対する需要の大きさが影響したと言われる。例えば、資本を豊富に持つアメリカのような国でも、資本集約財への需要が大きくなり続ければ、やがては資本を使う費用（例えば、資本を借りる金利）が高まっていく。すると、資本の代わりに労働力を以前よりも多く使うようになると考えられる。

　パラドックスに関するもう1つの解釈として、アメリカの労働生産性の高さが指摘された。特にレオンチェフが調査した時代にアメリカの労働生産性は他国に比べて高く、労働集約的な生産方式を取ることができたという。同様に、アメリカの労働者が持つ資本（技術）も他国に比べて大きく、同国の労働者が集まって生産活動をする場合には資本の集約も行われていたという。例えば、アメリカの農民はトラクターや農薬散布機を他国よりも大量に使って農作業を行うといったことが考えられる。

　最後に付言すると、レオンチェフはH-O理論を批判したが、貿易のあり方を否定したわけではない。あくまでも理論に対する批判であった。言うまでもなく、古い時代から人々は暮らしの中で分業や貿易の持つ利点を理解して様々な工夫を生み出してきた。経済学では、その分業や貿易の理論的枠組みを考え、時代の変化にも対応しながら精緻化し続けているのである。

●引用・参考文献

伊藤元重（2005）『ゼミナール国際経済入門』日本経済新聞社
浦田秀次郎（2009）『国際経済学入門』日本経済新聞出版社
土屋六郎（1991）『国際経済学概論（第3版）』春秋社
三橋規宏・内田茂男・池田吉紀（2015）『新・日本経済入門』日本経済新聞出版社
安田信之助編著（2012）『現代国際経済論』八千代出版

第2章
国際経済の基礎理論2

本章では、国際貿易に影響を与える事項について考える。具体的には、政府の貿易政策、為替相場、国際資本移動（海外直接投資）の基礎理論を学ぶ。企業の国際的な活動（貿易や投資）に関わる要因を理解することは、これからのグローバル時代に働く人々にとっても有意義であろう。

1　政府による貿易政策

1）自由貿易主義と保護貿易主義

　現代の貿易は企業同士の自由な取引に基づいて行われる。自由な競争ゆえに、企業は国際競争力を増していこうとたゆまぬ努力をしている。

　ただし、国際市場では国ごとの競争条件や国内の事情も異なっている。そこで、条件に恵まれない国や産業には保護が与えられるべきだと議論されることがある。こうして民間の自由な貿易に対して国家が貿易政策を通じて介入することがある。そのうちの1つが保護貿易である。

　保護貿易の起源は16世紀から18世紀にかけての重商主義にさかのぼる。重商主義とは国際的な取引を行った結果として、自国に多くの財貨を蓄えようとするものであった。このため、海外から金や銀を入手することに重きが置かれた。貴金属の蓄積こそが国家の繁栄を測る尺度だったからである。こうした思想の下では貿易を行う場合も、輸出を伸ばす一方で相手国からの輸入量を制限して、貿易収支の黒字化を図り財貨の蓄積を目指したのである。

　その後、市場の自由な競争を重視したアダム・スミス（Adam Smith：1723-1790）が現れ、それ以降の古典学派によって管理貿易は批判された。同

時に自由貿易の利点についても精緻な理論化がなされ、今日では自由貿易が自国のみならず、貿易相手国へも利益をもたらすことが広く知られるようになっている。このことは、多くの国が相互互恵主義に寄って立つ理論的根拠ともなっている。

では、現代社会で保護貿易がまったく捨て去られたのかというと、そうではない。自由貿易が望ましいとしても、それぞれの国の国内事情により、保護貿易の方が有利と判断されることがある。国際的な貿易交渉の場でも、各国が国内産業の育成などを理由に保護貿易を打ち出すことが見られる。

それは、もし比較優位論に基づいて自由貿易が徹底して行われると、国際競争力を十分には身につけていない国では競争条件（交易条件）が不利化していくと懸念されるからである。例えば、農作物の輸出を行う発展途上国にとっては、仮に世界経済が成長しても農作物への需要が大きく高まるわけではない。工業製品に比べて、農作物の所得弾力性は低いので、前章で述べた交易条件が不利化すると考えられる。

また、保護貿易が勢いを増す時期には一定のパターンがある。歴史を振り返ってみると、世界に先駆けて産業革命を成し遂げたイギリスが19世紀に入り自由貿易を標榜するようになったのに対して、産業革命を遅れて開始したドイツなどでは自国産業の発展を守ることを目的に保護貿易が台頭した。

しかし、徐々に後発国が先発国に追いつくようになると、今度は逆に先発国が保護（貿易）主義に陥ることがある。20世紀に入り、イギリスの世界覇権が弱まり、アメリカやドイツが経済的な力をつけてくると、イギリスにおいて保護主義に基づく政策が生み出されたのである。

さらに、第2次世界大戦後に日本や西ドイツが戦後復興から高度経済成長を成し遂げると、今度はアメリカが自国産業の保護を名目とした政策を実施するようになった。

近年においても、先進国と発展途上国の双方がそれぞれの発展段階や政治的な場面において保護主義を主張している。特に最近は、政治家らが国内産業保護を旗印にして選挙戦を戦うことも見られる。2016年のアメリカ大統領選では、民主・共和両党の候補者の両者が保護貿易を訴えた。結果として、

より保護主義的だったドナルド・トランプ氏が大統領に選出されている。

2）幼稚産業保護論

今日に至る保護貿易の代表的なものは「幼稚産業保護論」に基づくものである。幼稚産業とは将来的な成長が見込まれるものの、現状では十分な発展を遂げる前の段階にある産業とされる。こうした揺籃期にある産業の発展の芽を守るために保護貿易が必要だとの論拠になっている。

幼稚産業保護論の基礎を築いたのはフリードリッヒ・リスト（Friedrich List：1789-1846）であった。リストの主張は、各国の経済発展には段階があり、例えば、発展段階の遅れた国が、最終段階に達した国との間で自由貿易を行えば、特に工業品の貿易で不利益を被るというものであった。

そこで図2-1で示すように、ある商品の単位当たり生産費がその国際価格を上回る間は保護貿易を行うべきと考えるのである。国際価格が下がるようであれば（図ではP_1からP_2へ国際価格が低下している）、それだけ保護貿易を行う時間が長くなる（aからbへ）。このことは、先述のような先進国と新興国の競争が激しくなることで国際価格が低下すると、保護貿易主義が台頭することの理論的説明としても有効である。

図2-1 幼稚産業保護論

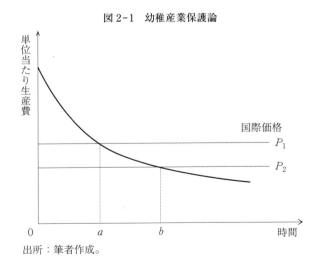

出所：筆者作成。

なお、リストは各国の経済発展段階は、①狩猟時代、②牧畜時代、③農業時代、④農工時代、⑤農工商時代の5段階に分かれるとしている。こうした比較的大きな枠組みで捉えた経済発展の段階に応じて国内産業の保護をすべきというのがリストの考えであった。

3) 関税政策

「幼稚産業保護論」で説明されたように、国内で作られている商品の価格競争力が弱い場合、安い輸入品が入ってくることで、国内産業が打撃を受けることがある。そこで、各国は国内産業を守ることを目的にして関税を用いることがある。すなわち、安価な輸入品により、国内産業が駆逐されてしまう可能性がある場合には、関税をかけることによって輸入品価格を引き上げるのである。

ただし、あまりにも高い関税をかけると国内の消費者の利益を大きく損なうことになる。つまり、国内産業を守る一方で、本来は安い輸入品によって得られるはずだった消費者の利益を失わせることになる。そのことを示すのは図2-2である。

ここでは日本が何らかの商品を輸入していると想定

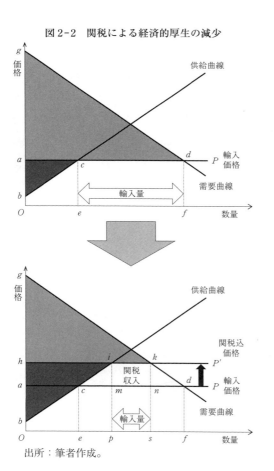

図2-2　関税による経済的厚生の減少

出所：筆者作成。

しよう。上図の P は輸入価格である。そこで、需要曲線と P（価格線）の交点から消費者の購入量は Of、同様に供給曲線と P の交点から国内企業の生産量は Oe と分かる。両者の差分（ef）が輸入量となる。この時の消費者余剰（買い物で得られる喜びと言える）を示すのは三角形 gda、同様に生産者余剰（生産者が感じる満足）は三角形 bca となる。2つの余剰の合計は総余剰と呼ばれる。比較的に消費者余剰が大きいことが見て取れる。

この状態から政府が関税をかけた時の余剰の変化を表すのが下図である。ここでは輸入価格が関税分だけ上昇し P' となる。これに伴い、消費量は Os へ減少する一方で、国内生産量は Op へ増加する。これに合わせて輸入量も ps へと縮小する。政府の関税収入は $iknm$ の四角形で表される。同時に消費者余剰は gkh、生産者余剰は bih となり、総余剰が当初よりも減少している。ただし、関税収入は社会へ還元されることから、総余剰の純減少分は三角形 cmi と dnk の和となる。

この下図から明らかなように、国家は関税を賦課することで国内価格を上昇させ、国内産業を保護する（生産者余剰も増加させる）ことができる。一方で、関税は消費者余剰を減少させてしまう。しかも、需要と供給の価格に対する弾力性の組み合わせ（需要曲線と供給曲線の傾き具合）によっては消費者余剰の減少分が大きくなってしまう。そこで、仮に政治家らが関税による国内産業の保護を訴えた場合には、私たちは消費者余剰が大きく減ってしまう可能性のあることを認識しなくてはならない。

昨今、TPP（環太平洋戦略的経済連携協定）などの自由貿易協定が話題になることが多い。こうした協定は加盟各国が貿易の自由度を高めることで、さらなる経済成長を狙っている。ただし、日本では安い農産物の流入が国内農家を苦境に陥れるのではないかとの懸念が強い。

しかし、相手国の関税が撤廃されることから、日本の農産品を海外へ販売する絶好の機会ともなる。最近はアジア各国でも中間所得層のボリュームが膨らんできた。彼らへ日本のいちごをはじめ、優れた農産品を販売する好機でもある。そこで、これからは国際競争で不利な状況にある場合、保護主義的な政策へ過度に依存することから離れて、自由貿易の利点を最大化するよ

うな施策も望まれるのである。

2　為替理論

1）為替の変動

　為替レートは日々刻々と変化する。午前中に1ドル＝100円だったものが、午後には1ドル＝99円になっているといったことはしばしば起こる。こうした為替レートの変動に関する説明は大別すると3つに分けられる。

　まず、イギリスの銀行家であり政治家でもあったジョージ・ゴッシェン（George Joachim Goschen：1831-1907）が唱えた「国際収支説」である。国際収支は貿易相手国との為替の貸借関係とも考えられるところから、国際収支説は「国際貸借説」とも呼ばれている。国際収支は図2-3の通りである。

　ゴッシェンは、為替相場は国際収支（特に経常収支）の変動によって決まってくるという。例えば、日本とアメリカの間で貿易が行われ、日本の輸出超過（貿易黒字）が発生したとする。この時、日本の輸出企業は商品の代金としてドルを受け取り、それを国内で日本円に転換する。ここから、ドル売り円買いが生まれ、為替相場は円高ドル安となる。逆に、日本の貿易赤字が発生する場合には、（日本企業は）貿易相手へドルを支払う必要から円売りドル買いを行うので、為替相場は円安ドル高となる。

　ゴッシェンの説明は論理的で分かりやすい。ただし、外国為替（ここではドル）に対する需要を経常収支に偏って捉えており、やや簡便に過ぎると批判される。特に1980年代以降に経常収支以外の外国為替取引（資本収支）が増大

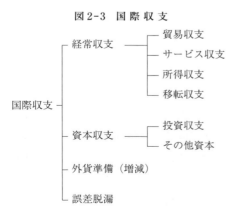

図2-3　国際収支

していることから、ゴッシェンの理論は古い過去のものとも言われる。それでもなお、最初に為替理論へ国際収支を取り込み、数量的分析を可能にしたことは評価されるべきであろう。

ついで、為替理論の有力な一つにスウェーデンの経済学者カール・グスタフ・カッセル（Karl Gustav Cassel：1866-1945）が唱えた「購買力平価説」がある。カッセルは異なった貨幣の購買力を比較することで、為替のあるべき相場（レート）が分かると考えたのである。

図2-4　購買力平価説

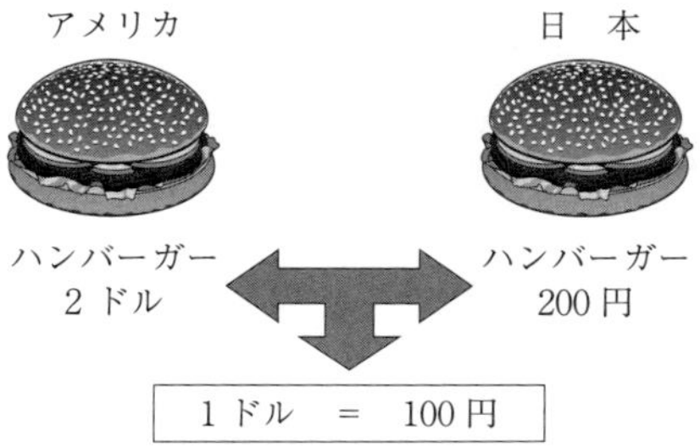

アメリカ　　　　　　　　日本
ハンバーガー　　　　　　ハンバーガー
2ドル　　　　　　　　　200円

1ドル ＝ 100円

出所：筆者作成。

購買力平価説による為替レートの変動はどちらかというと、普遍的な変化を説明したものである。例えば、ハンバーガーの価格がアメリカで2ドルとする。同じハンバーガーが日本では200円で売られている。ここで、ハンバーガーを真ん中に置いてドルと円の購買力が釣り合うようにするには、為替レートを1ドル＝100円にすればよいと分かる。

上記を数式で示すと以下の通りである。

$$為替相場 = \frac{ドルの購買力}{円の購買力} = \frac{日本の物価水準}{アメリカの物価水準}$$

今ではイギリスの経済誌 The Economist が世界中のビックマックの価格を比較して、各国貨幣の購買力を公表している。その名称は「ビッグマック指数」と呼ばれている。このビックマック指数と実効レートがずれている場合には、実効レートが指数に近づくと考えられる。

こうした特定の商品を軸にして為替相場を考えることは分かりやすい。ただし、貨幣の購買力や物価水準を測る際には幅広い商品やサービスを比較すべきだと批判がなされている。そこで、カッセルらはある時点の適切と考えられる為替相場を基準として、その後の物価の変化率（購買力の変化）で調整

すれば、現時点の適切な為替相場を計算することができるとした。数式は以下の通りである。

$$新しい為替相場 = 基準相場 \times \frac{日本の物価変化率}{アメリカの物価変化率}$$

最後に、為替理論のもう1つの説は「資産動機選択説（アセットアプローチ）」である。この考え方もごくシンプルなもので理解しやすい。例えば、ここに2つの国（A国とB国）があるとしよう。A国よりもB国の金利が高ければ、一体何が起こるだろうか。富裕層や企業を中心としてA国からは預金が引き出されて、B国の銀行へ移し替えられるだろう。資本の国際移動が激しい現代であればなおさらである。

上記の例のように、B国が金利（ないしは国債利回り）を高くすれば、B国への資金流入が発生して、それだけB国通貨の人気が高まる。つまり、B国通貨が強くなると言える。

2）為替相場と貿易収支

為替相場は貿易収支に影響を与える。ここでは日本からアメリカへ車を輸出するといった2国1財モデルで考えてみる。まず、1ドル＝200円の時に

図2-5　円相場と日本の輸出入

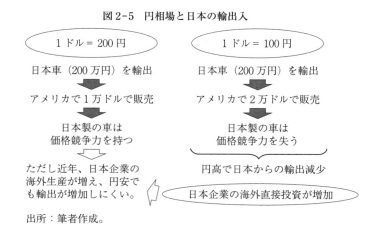

出所：筆者作成。

200万円の車をアメリカへ輸出すると、アメリカでは1万ドルで販売される。ところが、1ドル＝100円といった円高になると、同じ200万円の日本車のアメリカでの販売価格が2万ドルとなってしまう。これでは日本車はアメリカ国内での価格競争力を失うことになる。

こうして円高ドル安になると、日本からの輸出が縮んでしまう。逆にアメリカからの輸入品は日本国内での販売価格を抑えることができるので増えていくだろう。同様に円安ドル高になると、日本の輸出が増え、アメリカからの輸入は減ることとなる。

ただし、円高の場合は、日本からの輸出が減少するだけではなく、日本企業の海外直接投資を増加させる。このため近年では、日本企業の海外生産が増えており、円安でも日本からの輸出が増加しにくくなっている。

3　海外投資による資本の国際移動

先述のように円高が進むと日本企業は、国内からの輸出を減らし、海外での生産活動を活発化させていく。また、国際競争によって企業の生産性の上昇が鈍化してくると、労働賃金の増加をまかない難くなってくる。すると、国内の産業構造の転換が進むと同時に、やはり、当該産業の国外への進出が促されることになる。

図2-6は海外投資による資本移動の経済効果について説明している。上図が海外投資の実施以前、下図が実施後を示している。2国1財モデルである。

まず、上図を見てほしい。図の横軸は2つの国の資本量を示している。図の左から投資国（A国とする）、逆に右からは投資受け入れ国（B国）の資本量を表している。そこで、A国の持つ資本量は OE で、B国の資本量は $O'E$ となる。

A国もB国も資本の限界生産力は逓減する。かつ、資本レンタル料は限界生産力に等しいと仮定しており、A国の資本に対する需要曲線は右下がり、同様にB国のそれは左下がりになっている。

そこで、上図の国際資本移動が始まる前は、A国は C 点で、B国は D 点

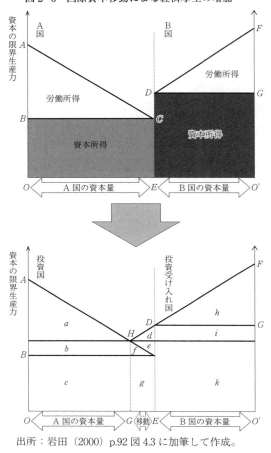

図2-6 国際資本移動による経済厚生の増加

出所:岩田(2000) p.92 図4.3に加筆して作成。

で生産活動を行っている。それぞれの需要曲線の下にある三角形が労働所得を、同じく四角形が資本所得の大きさを表している。

さてここでA国から海外投資としてB国へ資本移動が行われたとする。

下図では、A国からB国へGEだけ資本が国際移動したことを示している。両国の資本の限界生産力は均等化されており、H点で均衡している。

そして、A国では資本がB国へ移されたことで生産が縮小している。その縮小分はfとgの和($f+g$)である。同時に、A国はB国へ投資したことにより、投資収益を得ている。それは、以下のように計測できる。

A国の投資収益＝資本の限界生産力×投資資本量(GE) ＝ $e+f+g$

投資収益と先の生産の縮小分($f+g$)を差し引きすると、A国は三角形eだけ利益を増やしたことが分かる。労働所得が$b+f$だけ減少する一方、それを補うように資本所得が$b+f+e$増加しているのである。

一方、B国では資本を受け入れたことで$d+e+f+g$だけ生産量を増や

している。ただし、A 国の投資に対する見返りとして $e+f+g$ を（A 国へ）渡すので、d だけ新たな利益を得たことになる。また、B 国の労働所得は $d+i$ だけ増加している。しかし、資本所得は i だけ減少したのである。

結局、A 国から B 国への国際資本移動によって、両国の間で $d+e$ だけ経済的厚生が増大したこととなる。こうして、海外投資によって関係国の利益が増加することが説明され得るのである。

ここで留意すべきことは、A 国と B 国における労働所得の減少と増加の差引きがマイナスになる可能性である。すなわち、大きな資本の移動によって、労働所得の減少が大きくなるのであれば、それは労働者に不利益をもたらすことになる。こうした事態に対しては、税制による所得の再配分を促すことが求められる。資本の自由な移動が経済的厚生をもたらすことは理論的に証明し得るのだが、増加した所得の再配分に関しては税制による調整が必要と考えられる。同様に、投資国と投資受け入れ国の間の所得の配分に関しても国際的な経済政策を検討する必要性が指摘される。

●引用・参考文献
岩田一正（2000）『国際経済学（第2版）』新世社
小島清（1999）『応用国際経済学（第2版）』文眞堂
スティーヴン・ランズバーグ著、吉田利子訳（1995）『ランチタイムの経済学』ダイヤモンド社
土屋六郎編著（1997）『国際経済学』東洋経済新報社
ポール・クルーグマン著、山形浩生訳（2009）『クルーグマン教授の経済入門』筑摩書房

第3章
新たな国際分業論と産業集積

　これまで末廣（2000）が提唱したキャッチアップ型工業化論は、アジアの経済発展や工業化を的確に説明できると評価されてきた。しかしながら、グローバル化が進展した2000年以降、キャッチアップ型工業化論では説明できない経済現象がいくつか観察され、批判を浴びるようになった。代表的な批判の1つは、「キャッチアップの前倒し」である。これは、後発企業が生産量だけでなく技術面でも先行企業を追い抜く状況を表している（末廣 2014）。その他の批判については、佐藤（2012）や末廣（2014）などを参照されたい。本章では、キャッチアップ型工業化論を概観した後、最近の研究成果を踏まえて、国際分業という観点から、「キャッチアップの前倒し」を解明する手がかりを探る。

1　キャッチアップ型工業化論

　本節では、キャッチアップ型工業化論と「キャッチアップの前倒し」を概観し、本章の問題意識を抽出する。

1）コンセプトと特徴

　末廣（2000）は「キャッチアップ型工業化」を「一言でいえば、遅れて工業化にのり出した国、つまり後発国（late comer）、後発工業国（late-starting industrializer）がとろうとする、そしてとらざるをえない工業化のパターン」としている（末廣 2000：4）。そして、2つの特徴を指摘する。第1に、「後発であるがゆえに、先発工業国がすでに使用しているさまざまな技術や知識の体系を利用できる優位性をもつ点」としている（末廣 2000：5）。これは、後

発工業国が「後発性の利益」により、技術開発に必要な時間と費用を節約できることに加えて、先発工業国よりも早いスピードで工業化を推進できる機会を有することを意味する。第2に、「後発国であるがゆえに、工業製品はその大半を輸入から始めなければならない」（末廣 2000：5）。そのため、「ひとつの産業は輸入→国内生産→輸出（もしくは海外生産）→再輸入というサイクルを描く。同時に、輸入代替と輸出振興を軸とする貿易政策と、保護・育成を目的とする産業政策が重要になる」（末廣 2000：5-6）。すなわち、産業発展のパターンは概ね決まっており、そこでは政府の役割がポイントになる。

2）概 念 図

図3-1はキャッチアップ型工業化の概念図を示している。縦軸に製品の生産・輸出国、横軸に製品の技術集約度、時間の流れ、商品サイクルをそれぞれ取っている。技術集約度については、A製品が最も低く、B製品、C製品の順に高まり、D製品が最も高いと仮定する。まずアメリカがA製品の開発に成功し、生産・輸出を開始したとする。その後、日本がA製品の生産・

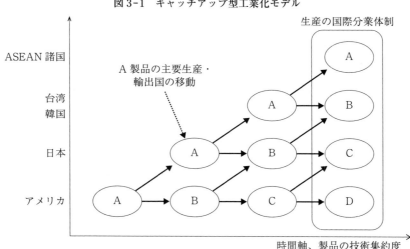

図3-1　キャッチアップ型工業化モデル

出所：末廣（2000）の図2-4Bを引用。

輸出に着手すれば、アメリカのライバルとなるが、アメリカはA製品よりも技術集約度の高いB製品の生産・輸出に移行する。次に、韓国・台湾がA製品の生産・輸出を始めると、日本はアメリカを追跡するようにB製品の生産・輸出に移行し、アメリカはB製品よりも技術集約度の高いC製品に移行する。すぐ後には、ASEAN諸国が韓国・台湾を追跡する形でA製品の生産・輸出に取りかかり、これまでと同様の重層的追跡が続いていく。

図の横軸は、特定の国（例えば、アメリカ）が主力製品を技術集約度の高いものへ移行させていく動き、縦軸は、ある時点での製品の生産・輸出の国際分業体制をそれぞれ表している。左から右への斜め上がりの流れは、特定製品（例えば、A製品）の主要生産・輸出国が先発工業国から後発工業国へ時間の経過とともに移っていく様子を示している。

3）工業化の社会的能力

後発工業国が「後発性の利益」をうまく利用し、上記のキャッチアップ型工業化を実現するには、当該国に工業化の社会的能力が備わっていなければならない。これは必要不可欠な条件である。末廣（2000）は工業化の社会的能力を3つに分類している。具体的には、政府の能力（①政策遂行の組織的能力、②情報の共有システム、③政治からの独立〔レントシーキングからの離脱〕）、企業の能力（①個人の起業精神の発揮、②経営諸資源の革新的結合、③企業組織改革の推進）、職場の能力（①個人の技術習得能力、②組織の技術形成能力、③社会の技術形成能力〔在来技術の蓄積と教育制度〕）である（括弧内は、工業化の社会的能力の指標、制度・組織を示している）。また、末廣（2000）は、工業化の社会的能力以外にも国や企業の間で同一市場をめぐる激しい競争がキャッチアップ型工業化の実現に必要であるとしている。

4）キャッチアップの前倒し

既述したように、グローバル化が進展した2000年以降、キャッチアップ型工業化論は批判にさらされるようになった。その1つが、「キャッチアップの前倒し」である。キャッチアップ型工業化論は、後発工業国が先発工業

国を追いかけ工業化を進めるとともに所得格差を縮めていく経済現象を想定していた。見方を変えると、後発工業国が先発工業国に追いついたり追い越したりする状況は想定外であった。末廣 (2003) は、電子製品に関して、中国が図 3-1 の ASEAN 諸国と韓国・台湾の間に割り込んできたことにより、アジアにおいて従来の重層的追跡や国際分業体制が崩壊したことを指摘している。さらに、川上 (2012) は、エレクトロニクス産業の分析により、韓国・台湾企業がキャッチアップを実現し、日本企業の市場シェアを凌駕したことを報告している。赤羽 (2014) は、液晶パネル産業における韓国・台湾企業のキャッチアップと日本企業の競争力低下を示している。吉岡 (2012) は、半導体産業に関して、韓国企業が日本企業の市場シェアを凌駕しただけでなく、サムスン電子は今や最先端の製品開発および技術開発の担い手として、世界を先導する地位に達したとしている。これらの先行研究をはじめ、「キャッチアップの前倒し」の背景を解明しようとする研究は多くあるものの、十分であるとは言えない。なぜなら、近年の工程・業務レベルの国際分業や産業集積と関連づけて、「キャッチアップの前倒し」を捉えていないからである。そこで、本章ではこの関連性の把握を試みる。

2　フラグメンテーション理論

　キャッチアップ型工業化論の批判の 1 つは、末廣 (2000) 自身が予測しているように、「国」を経済単位の基本としている点にある。グローバル経済下では、1 つの産業・業種が必ずしも 1 カ所に立地しているわけではなく、工程・業務単位による国際分業が多国間にまたがって行われている。典型的な例は、東アジアの機械産業である。このような経済現象は、Jones and Kierzkowski (1990) が提唱したフラグメンテーション (fragmentation) によってある程度説明できる。ただし、フラグメンテーションはどの産業にも起こるものではなく、産業・業種ごとの技術特性とコスト構造に左右されるところが大きい (木村 2004)。本節では、フラグメンテーション理論の基本的な枠組みを検討した後、その特徴について述べることにする。

1) コンセプトと SC

　フラグメンテーションとは、もともと 1 カ所で行われていた生産活動を複数の生産ブロック（production block：PB）に分解し、それぞれの活動に適した立地条件のところに分散立地させることである（木村 2004）。機械産業が産業全体としては、人的・物的資本集約的であったとすれば、比較優位の原理によると、この産業の生産活動は、人的・物的資本の価格が相対的に安価な先進国（例えば、日本）に立地すると考えられる。しかし、いくつかの PB については、労働を集約的に使用するかもしれない。少なくとも PB ごとに生産要素集約度の差異が存在すると考えられる。労働集約的な PB を相対的に賃金の安価な中国や東南アジアに立地させ、人的・物的資本集約的な PB を日本に残すというフラグメンテーションを行うことにより、生産コストを引き下げることが可能になり得る。この生産コストの低下は、比較優位の原理に基づき、PB を分散立地させたことによって、その PB 内の生産コストを削減できたことに起因する。厳密に言えば、日本に立地する企業が、比較優位を持つ PB に特化できることも、その PB 内の生産コスト引き下げに寄与する。ただし、PB を連結する追加的サービスにはサービス・リンク・コスト（service link cost：SC）と呼ばれる費用がかかる。SC は多様であり、部品・中間財の輸送費用だけではない。例えば、フラグメンテーションに伴って、各 PB 間の情報伝達費用、生産に関するコーディネーション・コストなどが追加的に必要となる。PB が国境を越えて分散立地する場合には、さらに貿易障壁に伴う費用、言語、法制度、社会制度の違いに伴う費用なども新たに必要となる（若杉 2003）。SC は一貫生産時には存在しなかった費用であり、フラグメンテーション後に生じた「広義の輸送費」と解釈できる。フラグメンテーションがコスト面で有利となるには、SC が十分に低くなければならない。

2) フラグメンテーションと総費用の関係

　図 3-2 は、フラグメンテーションが総費用を低下させるケースを示したも

のである。このケースでは、生産活動の分解に伴い PB 数が増加するにつれて、可変費用は減少する。このことは、PB 数を表す下つきの添え字（$n = 1, 2, 3$）が増加するとともに、総費用関数 TC_n の傾きが緩やかになることによって図示されている。その一方で、PB 数が増えるにつれて、PB を連結する SC は増加していく。ただし、$n = 1$ のケースでは、一貫生産が行われるため、SC は発生しない（$SC_1 = 0$）。つまり、フラグメンテーションが進行するとともに、可変費用は減少するが、SC は増加する。これらの仮定の下では、$0 \leq X \leq X_1$ の時 TC_1、$X_1 \leq X \leq X_3$ の時 TC_2、$X_3 \leq X$ の時 TC_3 を選択する（図 3-2 の太線の経路をたどる）ことにより、総費用を低くすることが可能となる。

そして、フラグメンテーション後の $X \geq X_1$ の範囲では、平均費用が逓減する。このことは、$\angle b0X_4$ が $\angle a0X_1$ よりも小さくなることから見て取れる。この平均費用の低下は、生産量が増加するとともに、固定的な SC がより多くの財に分散される、すなわち、企業レベルにおける規模の経済が作用することに起因するものである。

図 3-2　フラグメンテーションと生産費用

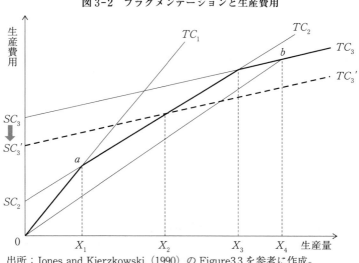

出所：Jones and Kierzkowski（1990）の Figure3.3 を参考に作成。

ところで、固定的なSCの低下は、総費用関数が下方シフトすることによって示される。TC_3 が TC_3' に下方シフトすると、より少ない生産量（このケースでは、X_3 から X_2 に減少する）でもフラグメンテーションを行うことにより、総費用を低くすることが可能となる。輸送技術および情報通信技術の進歩、貿易の自由化、規制緩和などにより、SCは低下する傾向にあることから、現実経済、特に東アジアにおいて、フラグメンテーションは拡大している。

3）特　　徴

フラグメンテーションは近年の国際貿易の拡大を説明する上でも有用である。最終財の生産量が変わらない場合でも、多国間にまたがって分散立地したPB間での企業対企業の部品・中間財の貿易取引を通じて、総貿易量はフラグメンテーション前よりも確実に増えることになる。図3-3は日本から中国への輸出動向を中間財と最終財に区別して表している。両財とも増加傾向にあるが、中間財輸出は最終財輸出よりも急速に増加していることが分かる。

これまでの論議から、フラグメンテーション理論の特徴は次のように整理

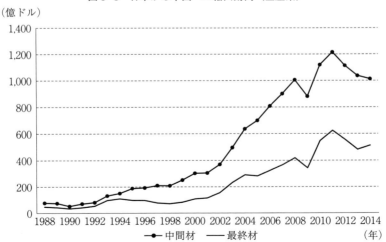

図3-3　日本から中国への輸出動向（全産業）

出所：RIETI-TID2014 より作成。

できる。①国際分業の単位が産業・業種でなく工程・業務であること、②外資系企業の生産活動が多国間にまたがって分散立地するという状況が前もって想定されているため、企業対企業の部品・中間財の貿易取引と関連づけて、近年の国際貿易の拡大をうまく説明できること、これらの点でこれまでの貿易理論と異なっている。なお、木下（2006）によれば、企業と最終消費者の取引のみを議論していた新古典派貿易理論は、フラグメンテーション論に至って初めて企業対企業の取引を本格的に分析対象とすることとなった。

3　産業集積と「キャッチアップの前倒し」

フラグメンテーション理論の中にSCという変数が組み込まれたことによって、工程・業務レベルの国際分業と産業集積を関連づけて論議できるようになった。本節では、まずその基本的な考え方を紹介する。次に産業集積の進展が集積地の企業の競争力を引き上げるメカニズムを説明し、最後に産業集積と「キャッチアップの前倒し」の関係を検討する。

1）SCと産業集積

PBは均一に分散立地するのでなく、SCが相対的に低かったりPB内の生産コストを相対的に大きく引き下げられたりするところに集中立地する。Kimura and Ando（2005）によると、PBの集中立地は、少なくとも以下の2つの要因によって起こり得る。1つめは、SCのばらつきによって生じるPBの集中立地である。発展途上国の投資環境は国ごとに大きく違っており、一国内でも地方、都市、工業団地ごとに異なっている。したがって、SCは、必然的に不均一となる。しかも一般的にサービス・リンクには強い規模の経済が存在する。サービス・リンクの構成要素の多くは、大きな固定費用もしくはサンク・コスト（sunk cost）を有しているものの、それらのランニング・コスト（running cost）はきわめて小さい。したがって、例えば、フラグメンテーションを受け入れる国の政策によって、SCの低い立地が人為的に作られると、PBがそこに集中立地し、そのことがさらにSCを引き下げるとい

った循環的な経済現象が起こり得る。

　２つめは、SCと地理的な近接性の関係から生じるPBの集中立地である。フラグメンテーションが企業の境界を超える場合、取引相手との取引費用が追加的に生じることから、それをどのようにして抑制するかが問題となる。この取引費用を軽減する１つの方法は、企業同士の地理的な近接である。というのは、企業同士が近くに立地することで、ビジネス・パートナーの検索、スペックの相談、品質・納期の管理、問題が発生した際の敏速な解決などがより容易になるからである。このような理由から、企業間取引を容易にするための集中立地が起こり得る。

2）集積の経済

　産業集積はSC以外の要因により形成されることもある。多くの場合、複数の要因が絡み合うと考えられるが、ここでは、簡単化のため、「キャッチアップの前倒し」との関連を想定しやすい単一の要因に絞り、産業集積のメカニズムを検討することにしよう。具体的には、黒岩（2014）に依拠して、特殊技能労働者のプールおよび知識、技術のスピルオーバーを取り上げる。これら以外にも、黒岩（2014）は価格指数／自地域市場効果、産業連関効果、輸送ハブを集積の経済の要因と見なしている。

　特殊技能労働者の市場を創設することにより、集積の経済が働く。集積の経済は、産業や企業が地理的に集中する場所では、その集積の規模が大きくなるとともに、個々の経済主体が費用逓減のメリットを享受できることを意味するものとする。優れたIT技術者（特殊技能労働者）を雇用する必要があるIT企業の例を見ることにしよう。個々のIT企業のIT技術者に対する労働需要は、不安定で過度に変動する懸念がある。そのため、少数のIT企業しか立地していないところでは、IT技術者にとって雇用機会が十分とは言えない。しかし、IT企業が多く立地する地域では、IT技術者に対する労働需要が平準化し安定することに加えて賃金水準も高くなるであろう。また、このような地域では、IT技術者は転職しやすいというメリットを有する。そのため、多くのIT技術者が集まってくる。IT企業の側からすると、豊富

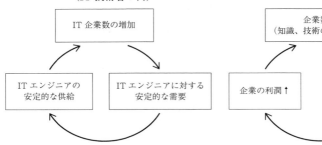

図3-4a　特殊な技能労働者のプール（IT技術者の例）

図3-4b　知識、技術のスピルオーバー

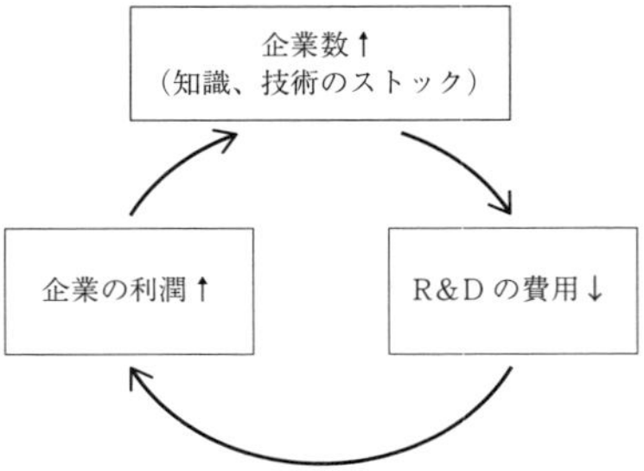

出所：黒岩（2014）の図9-4を引用。

出所：黒岩（2014）の図9-7を引用。

な労働供給の中からIT技術者を選択できるようになるため、より優れたIT技術者をこれまでよりも低いコストで獲得できる。さらに、労働生産性の上昇も期待できる。したがって、IT企業はさらに集中立地する。このようにして、IT技術者の市場とIT企業の集中立地（産業集積）の間には、図3-4aで示されたような循環的因果関係が成立すると考えられる。

　技術や市場に関する情報、知識がスピルオーバーすることによっても、産業集積は形成される。技術革新の例を検討することにしよう。特定地域に立地する企業数が増えると、情報や知識のスピルオーバーが頻発し、域内で蓄積される知識や技術のストックが豊富になる。また、山本（2005）によると、スピルオーバーしてきた他社（者）の知識を自社（者）の知識と結合させて新しい知識を作り出すというメカニズム（シナジー効果）が、産業集積地の絶えざる技術と知識の向上を保障する。これらのことを受けて、研究開発が容易になり、R＆Dの費用が低下するとともに企業の利潤が増加する。その結果として、多くの企業がこの地域に引き付けられる。このようにして、特定地域における情報や知識のスピルオーバーと関連産業の集積との間には、循環的因果関係が生じる（図3-4b）。

3）産業集積と「キャッチアップの前倒し」

　上記のメカニズムにより、産業集積が形成されたり発展したりする。企業

がいったん集積地に立地すると、集積の経済により企業をそこにとどまらせる力が働く。また、集積の経済は新たな企業を集積に誘引する。これらのことは、ロックイン（凍結）効果と呼ばれる。ロックイン効果が働くケースでは、いったん一定規模以上の集積ができると、地価や賃金が上昇したり交通渋滞や大気汚染（混雑効果）が発生したりすることによって、集積の負の効果が増加しても、集積はしばらくの間、維持される。したがって、集積地では、比較的安定した産業構造が構築され得る。

　これらのことは、集積の経済を通じて、産業集積地に立地する企業の競争力、ひいては当該産業の国際競争力を引き上げる。産業集積地は地図上では非常に限定された場所でしかないものの、その経済的な影響力は大きい。浜口（2006）によると、東アジアにおいて、産業集積を有する地域とその他の地域との経済格差は拡大を続けている。同様に、先発工業国では当該産業の集積が形成されていなかったり発展していなかったりする一方、後発工業国の産業集積は十分に発展している場合、後発工業国の産業集積地に立地する企業が先発工業国の企業を生産量と技術の両面で追い抜くかもしれない。すなわち、「キャッチアップの前倒し」が実現し得る。要するに、産業集積は企業や産業の競争力を飛躍的に高める可能性を秘めているため、「キャッチアップの前倒し」を招く一因となり得る。この点に、産業集積と「キャッチアップの前倒し」の関連を見出すことができるのである。フラグメンテーションと産業集積（PBの集中立地）に着目して、「キャッチアップの前倒し」を解明していくことが期待される。

●引用・参考文献

赤羽淳（2014）『東アジア液晶パネル産業の発展―韓国・台湾企業の急速キャッチアップと日本企業の対応―』勁草書房

川上桃子（2012）「東アジアエレクトロニクス産業からみた『キャッチアップ型成長、再考』」佐藤幸人編『キャッチアップ再考』（調査研究報告書）アジア経済研究所、pp.44-61

木下悦二（2006）「世界生産ネットワークをめぐる諸理論について（上）」『世界経済評論』7月号、pp.19-27

木村福成（2004）「国際貿易理論の新たな潮流と東アジア」嘉治佐保子・白井義昌・柳

川範之・津曲正俊編著『経済学の進路―地球時代の経済分析―』慶應義塾大学出版会、pp.77-106

黒岩郁雄(2014)「産業立地」黒岩郁雄編著『東アジア統合の経済学』日本評論社、pp.275-297

佐藤幸人編(2012)『キャッチアップ再考』(調査研究報告書)、アジア経済研究所

末廣昭(2000)『キャッチアップ型工業化論―アジア経済の奇跡と展望―』名古屋大学出版会

末廣昭(2003)『進化する多国籍企業―いま、アジアでなにが起きているのか？―』岩波書店

末廣昭(2014)『新興アジア経済論―キャッチアップを超えて―』岩波書店

浜口伸明(2006)「東アジアの地域経済統合の空間経済学分析」平塚大祐編『東アジアの挑戦―経済統合・構造改革・制度構築―』アジア経済研究所、pp.67-86

山本健兒(2005)『産業集積の経済地理学』法政大学出版局

吉岡英美(2012)「韓国半導体産業の新局面―『キャッチアップ』を超えて―」佐藤幸人編『キャッチアップ再考』(調査研究報告書)アジア経済研究所、pp.62-83

若杉隆平(2003)「フラグメンテーション」『経済セミナー』No.579、pp.16-17

Jones, R. W. and Kierzkowski, H. (1990), "The Role of Services in Production and International Trade: A Theoretical Framework," in Ronald W. Jones and Anne O. Krueger, eds., *The Political Economy of International Trade: Essays in Honor of Robert E. Baldwin,* Oxford: Basil Blackwell.

Kimura, F. and Ando, M. (2005), "Two-dimensional Fragmentation in East Asia: Conceptual Framework and Empirics," *International Review of Economics and Finance* (special issue on "Outsourcing and Fragmentation: Blessing or Threat" edited by Henryk Kierzkowski), 14 (3), pp.317-348.

第4章
メガFTAとWTOの将来

1 FTAと関税同盟

　バラッサ（Balassa 1961）は、第2次世界大戦直後の欧州における3つの共同体（1951年の「欧州石炭鉄鋼共同体」、1957年の「欧州経済共同体」および「欧州原子力共同体」）をベースとする地域統合の動きなどからヒントを得て、国々が一定のルールの下で展開する地域統合（Regional Integration）のプロセスを5つの発展段階で説明した。

　第1段階は自由貿易地域（Free Trade Area：域内の関税撤廃）、第2段階を関税同盟（Customs Union：＋共通域外関税の設置）、第3段階を共同市場（Common Market：＋＋人・サービスなど生産要素の域内移動の自由化）、第4段階を経済同盟（Economic Union：＋＋＋共通通貨や金融政策の統一など域内経済政策の調和化）、そして第5段階を経済統合（Economic Integration：＋＋＋＋完全な経済統合）、と名づけて1つのモデルを示した。

　今日、われわれがイメージする「FTA」（自由貿易協定：Free Trade Agreement、日本ではEPAと呼称）は、このバラッサ・モデルの第1段階に相当する。

　もしバラッサ・モデルが現代の地域統合にも当てはまるならば、今、世界に数百も存在し、さらに増加傾向にあるFTAのいくつかは、いずれかの時点で関税同盟へ、さらには共同市場や経済同盟へと発展的に移行するのだろうか？　このような視点から本章では、WTO体制下の地域統合が今後どのように展開して行くかを、特に関税同盟に焦点を当てて展望する。

　1948年に発足したGATT（関税および貿易に関する一般協定）は、その後1995年にWTO（世界貿易機関）に引き継がれたが、WTOに加盟した国々は

自由貿易の維持拡大を定めたGATT／WTOの諸協定を守る義務がある。

WTOでは、FTAや関税同盟など2国間や複数国間の自由貿易協定を総称してRTA（Regional Trade Agreement：地域貿易協定）と呼称している。最近ではPTA（Preferential Trade Arrangement：特恵的貿易取極め）の呼称も用いられている。

RTAの数は、特にWTO発足（1995年）の前後から増加の一途をたどり、今や全世界の国の総数（約200カ国）を優に上回る。1948年のGATTの発足時から形成されたRTAの累積数で見ると、その約70％は途上国間で締結されたRTA、約20％が先進国と途上国の間、先進国間のそれは全体の10％にも満たない。GATTおよびWTOでは、EU加盟28カ国を全体で1つの先進国としてカウントしている（2016年の国民投票によりイギリスはEUからの離脱を決めたが、その発効は2016年10月現在未定である）。

2001年に中東のドーハで開会宣言が行われたWTO交渉（1948年から1994

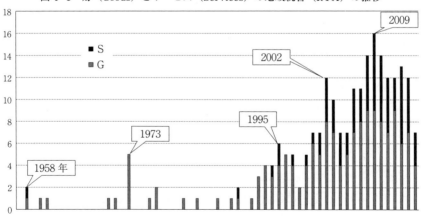

図4-1　財（Goods）とサービス（Services）の地域統合（RTA）の推移

注：Sはサービス（Services）、Gは財（Goods）を示す。縦軸はRTAの数、横軸は西暦。サービスの地域統合は1995年以降に増加、2002年から急増。同じRTAでも、財のみのRTA、財とサービス両方のRTAの2タイプがある。WTO協定上、財の自由化は、FTA（Free Trade Area／agreement）、財のサービスの自由化は、EIA（Economic Integration Agreement）がカバーする。1958年のRTAサービス貿易自由化はEU（当時EC）で発効した1件のみ。"WTO, RTA database"を参考に筆者作成。

年まで存続した「GATT」の時代に開催された交渉から数えて第9回目に当たる多数国間交渉であり「ドーハ・ラウンド」と呼ばれる）は、WTO全加盟国（2016年現在164カ国）が一堂に会して貿易自由化を促進するための多数国間交渉であるが、自由化をさらに進めたい先進国側と、国内産業の保護育成を優先したいBRICsを筆頭とする途上国側の意見が対立し、2008年に交渉は実質的に決裂した。

　GATTの下での多数国間交渉は1948年に第1回目、その後は第2回（1949年）、第3回（1951年）、第4回（1956年）、第5回（1960～1961年）、第6回（1964～1967年）、第7回（1973～1979年）、第8回（1986～1994年）までであり、WTO下でのドーハ・ラウンドと呼ばれる第9回目（2001年～）の交渉では、環境保全や農業の貿易自由化など8つの交渉議題を中心に進められたが前述のように2008年に事実上の決裂に至った。交渉議題の中には、その後になって実質的な妥結に至った議題もある。

　こうしたGATT／WTOの伝統的な多数国間の貿易自由化交渉とは別に、冒頭で述べたFTAに代表される2国間または複数国間の地域統合が増えている。WTOに加盟する日米欧などの先進国が主導する複数国によるTPPやTTIP、さらにAPECメンバーを中心とする16カ国で構成されるRCEPなどは、それらに参加する国々の多さや、それが完成した後の世界経済への影響の大きさから「メガFTA」と呼称される。

2　地域貿易協定（Regional Trade Agreement）

1）関税同盟のモデル

　一般に、GATT／WTO諸協定の下で関税同盟が形成されるためには、FTA締結の必須条件とされる域内の加盟国間の関税障壁の相互撤廃に加えて、対域外の国々に向けた「共通域外関税」（Common External Tariff：CET）の設置、および域内加盟国間の税関手続きの共通化などの「非関税障壁の調和化（ハーモナイゼーション）」が必要になる。

関税同盟のモデルとしては、EU（European Union：欧州連合）が挙げられることが多い。EU は世界中にいくつかある関税同盟のタイプの1つであり、EU と同じ仕組みで関税の徴収と配分を行う関税同盟はほかにない。特に途上国の関税同盟では、域外から輸入される産品に課される輸入関税を域内の当該輸入国が受け取れる仕組みを設けている場合が多い（EU の場合、輸入関税の大半は欧州委員会という超国家機関が徴収し、域外から産品を輸入した当該の EU 加盟国にその関税収入は配分されない）。

関税同盟では、それに加盟する国々が保持する主権の一部（例えば加盟国の政府が関税を変更したり徴収する権利など）が弱められてしまう点が常に問題となる。

関税同盟の利点は、一国のみでは政治経済的な影響力の弱い国々が Union

表4-1　関税同盟の数

(2014年現在)

関税同盟（Customs Union）の名称	発効日 Effective date	GATT／WTO への告知形態	加盟国の数
EC（European Union）	1-Jan-1958	GATT XXIV	28
Central American Common Market（CACM）	4-Jun-1961	GATT XXIV	5
Caribbean Community and Common Market（CARICOM）	1-Aug-1973	GATT XXIV	15
Andean Community（CAN）	25-May-1988	Enabling Clause	4
EU - Andorra	1-Jul-1991	GATT XXIV	29＊
Southern Common Market（MERCOSUR）	29-Nov-1991	Enabling Clause	5
Economic Community of West African States（ECOWAS）	24-Jul-1993	Enabling Clause	15
Common Market for Eastern and Southern Africa（COMESA）	8-Dec-1994	Enabling Clause	16
EU-Turkey	1-Jan-1996	GATT XXIV	29＊
Eurasian Economic Community（EAEC）	8-Oct-1997	GATT XXIV	5
Russian Federation - Belarus - Kazakhstan	3-Dec-1997	GATT XXIV	3＊＊
Economic and Monetary Community of Central Africa（CEMAC）	24-Jun-1999	Enabling Clause	6
West African Economic and Monetary Union（WAEMU）	1-Jan-2000	Enabling Clause	7
East African Community（EAC）	7-Jul-2000	Enabling Clause	5
EU - San Marino	1-Apr-2000	GATT XXIV	29＊
Gulf Cooperation Council（GCC）	1-Jan-2003	GATT XXIV	6
Southern African Customs Union（SACU）	15-Jul-2004	GATT XXIV	5
2015年1月現在における全18の関税同盟に加盟する国々の総数は125カ国		総計＝125	

注：Yasui（2014）を参考に筆者作成。重複を避けるために国の数を、＊は1、＊＊は0とカウントする。

（邦訳は「同盟」または「連合」）を形成して共通域外関税を含む協調的な通商政策を取ることで、域内の市場（マーケット）や経済力の大きな先進国や途上国に対し、より対等な立場で戦略的に行動できる点にあると言われる。

2015年1月にロシア主導の下で関税同盟として発効したEAEU（Eurasian Economic Union：ユーラシア経済連合）の仕組みはEUのそれに似ているが、EAEUは原油・天然ガスが豊富で圧倒的な政治経済力を有するロシアを中心に運営されており、EUのように加盟国の間である程度の相互依存関係がある関税同盟とは異なる。

本章で関税同盟の一例として掲げる中東6カ国（サウジアラビア、オマーン、バーレーン、カタール、クウェート、アラブ首長国連邦）から成る「GCC（Gulf Cooperation Council：湾岸協力会議）」、および南米のアルゼンチン、ブラジル、パラグアイ、ウルグアイ、ベネズエラの5カ国から成るMERCOSUR（以下「メルコスール」と略記）は、EUの統合プロセスを参考に形成されている。しかし、それらの国々が関税同盟を結成した動機、およびそれに伴って作り出された制度や仕組みは、EUのそれとは異なる。「関税同盟」を特徴づける共通域外関税の設置に伴う関税徴収の仕組みは、EUが行っているような、域外から域内へ持ち込まれる当該産品の最初の荷下ろし港（輸入国）で関税を徴収する方式と、GCCを含む他の多くの関税同盟で行われているような、域外から持ち込まれた当該産品の域内における最終仕向地（消費国）で関税が徴収される方式とがある。前者の方式は輸出国側の政府が課税する「原産地主義（origin principle）」、後者は輸入国側の政府が課税する「仕向地主義（destination principle）」に基づく。それら以外にも、上述のロシア主導のEAEUで導入されている「事前配分割当方式」（後述）などがある。

2）経済統合と域内貿易

一般にRTAは、加盟国間の域内貿易を活発化させる効果があると考えられている。その説明手段として、産品（モノ）の貿易を例に、貿易創出効果と貿易転換効果の2つの考え方が用いられる。

経済統合に期待される「貿易創出効果」とは、域内の関税が相互に撤廃さ

れることにより新たな貿易が創出されることを意味し、「貿易転換効果」とは、域内の加盟国間で関税が相互に撤廃されることによって、関税が課される域外産品から、相対的に安価になった域内産品へと代替（転換）されることによる貿易促進の効果とされる。

他方、現実を見ると中東・アフリカ地域の地域統合、すなわちLAS（アラブ連盟）、GCC、UMA（アラブ・マグレ連合）、WAEMU（西アフリカ経済通貨連合）などの域内貿易比率は、他の地域（EU、NAFTA、ASEAN等）に比べて極端に小さい。

GCCの域内貿易比率が他の地域統合に比べて小さいことの理由について、世銀（2010）は、域内6カ国がいずれもエネルギー資源（原油）の域外向け輸出中心の産業構造であるため域内加盟国間の相互依存度が弱いこと、域内物資の国境での手続きが非関税障壁となっていること、および王族企業または国営企業の下で自国産品を優先的に購入する産業政策が取られていること、などを指摘している。

3）RTAのタイプ

WTOでは、RTAを4つのタイプ、すなわちFTA、CU、EIA（Economic Integration Agreement：経済統合協定）、およびPSA（Partial Scope Agreement：部分自由化協定）に分離している。なお、PSAのPartial Scope（部分的領域）が何を指すのかについては、WTO協定に明確な定義があるわけでなく、一般に、財（Goods）のみを対象とする貿易自由化率の低い「途上国」による地域統合協定という意味で用いられている。

地域統合の基本原則を定めたGATT第24条のタイトル、すなわち「Territorial Application-Frontier Traffic-Customs Unions and Free-trade Areas」には、「関税同盟」と「自由貿易地域」の2つが併記されている。これはGATT発効（1948年）の数年前、1944年に（ベルギー、ルクセンブルグ、オランダの3カ国による）「ベネルクス関税同盟」がすでに締結されていたことなど当時の地域統合の現状を考慮したためと言われる。

WTO協定上、国々（先進国間または先進国・開発途上国間）が物品貿易に関す

る地域貿易協定を締結する場合は、GATT 第 24 条に基づき、関税その他の制限的通商規則を「実質上のすべての貿易（substantially all the trade）」について「妥当な期間内（within a reasonable length of time）」に撤廃（eliminate）し、また域外国に対し関税その他の貿易障壁を高めてはならないとされる。

4）関税同盟の動機

　国々が関税同盟を形成しようとする動機は、国家間の地理的条件や歴史的背景、あるいは宗教・文化的な背景によっても異なるが、あえて大別すれば次の３つになる。

　第１は、昔から経済的な相互依存関係が強かった国々が、関税同盟を形成することで以前の依存関係を回復させようとするケースである。例えば、1991 年 12 月のソビエト連邦崩壊に伴って形成された（ロシアを含む）12 の独立国家は、互いに干渉しない緩やかな組織体としての CIS（Commonwealth of Independent States：独立国家共同体）を形成した。その後 2001 年５月にはロシア、ベラルーシ、カザフスタンの３カ国を核に、後にタジキスタンとキルギスが加わり５カ国からなる「ユーラシア経済共同体」（EAEC）へ発展し、2015 年１月にはそれらをさらに発展させた共同市場（common market）としてのユーラシア経済連合へ移行した（EU も正確には「共同市場」である）。第２は、中南米やアフリカ諸国のように、欧米の植民地政策によって一時的に分断されていた国々が、地理的に隣接している国家間での往来が自由な１つのグループを形成することで、域内の貿易自由化および域外諸国との戦略的互恵関係の強化を図るケースである。

　第３は、周辺国の思想的または政治的な圧力を緩和する必要から、国々が１つのグループを形成し、これが関税同盟に変化してゆくケースである。GCC は 1970 年代後半に起きた「民主化とイスラム教崇拝」を掲げたイラン革命およびその後の湾岸戦争などへの対応策が契機となって形成された一面がある。アジアでも 1960 年代当時の中国の共産主義勢力の影響が自国に及ぶのを防ぐために（関税同盟ではないが）ASEAN の原型が生まれた。

　以上のように、国々が関税同盟を形成する動機は様々であり、１つとは限

らない上に、EUのように、独仏の対立によって第1次・第2次世界大戦が激化したことへの反省から、石炭・鉄鋼資源の共同利用と国家間の融合を理念に掲げてスタートした関税同盟もある。しかし、いずれの場合にも共通するのは、関税同盟が地理的に隣接する国々の間で形成されるのが常態だということである。いったん関税同盟が締結されれば、その中の1カ国だけが域外諸国とFTAを締結することは制度上困難になる。よって関税同盟に加盟した国はそれ以降、自由にFTAを締結できないというデメリットを抱えることになる。逆に、FTA加盟国が関税同盟に新規加入する場合は、当該FTAから脱退または当該FTA自体を破棄せねばならない。

5）FTAと関税同盟は共存できるか

　一般論で言えば、同じ一国が複数国との間で「FTA」と「関税同盟」を同時に併存させることは不可能である。なぜなら、GATT第24条の下で「FTA」は加盟国との間の関税を撤廃することが必須の条件であるのに対し、「関税同盟」は、加盟国と非加盟国との間に共通域外関税を設定することで有効になるからだ。

　今、輸入関税を相互に設定しているABCの3カ国だけから構成される単純な世界を想定する。もしA・B両国間で相互の貿易を活発にするために関税同盟が結成されたならば、両国の域内関税は撤廃されるが、C国に対しては共通域外関税が設定されることになる。この時、A国が域外のC国と自由貿易協定を締結すれば、A・C両国間の関税が撤廃されることになるので、当初に締結されたA・B国間の関税同盟の意義（域内貿易の拡大）は失われてしまう。ただしA・B両国の「関税同盟」が、財だけを対象とするもので、A・C両国の「FTA」が（WTOサービス貿易協定が定めるEIAではなく）、単にサービス（Services）だけを対象とする協定であるなら、A国がこれら関税同盟とFTAの2つに同時に加盟することは短期的に可能である。ここで「短期的」と記したのは、関税同盟もFTAも「長期的」には、財・サービスの両方の域内自由化を目指すはずだからであり、その段階になれば、冒頭で述べたように理論上はFTAと関税同盟を両立させることは困難である。

3　関税同盟とFTAの組み合わせ

1）2国間の地域統合

　RTAの最も単純なタイプは、2国間で締結されるFTAであり、WTO加盟164カ国（2016年12月現在）の大半の国々が締結しているのが2国間のFTAである。日本とシンガポール間で2002年11月末に発効したFTA（JSEPA）など、多くのケースがある。2008年12月に締結された日本とASEANのFTAは、東南アジア10カ国の国々で構成されるASEAN諸国とわが国が締結した複数国グループとのFTAであった。EUは、関税同盟の利点を生かして域外の多くの国々との間で個別にFTAを締結している（2016年現在、EUが域外国と締結済みの地域統合の数は、FTAが32、関税同盟が3、総計35である）。

2）関税同盟間の地域統合

　わが国のFTA（=EPA）にも見られるように、一般的にFTAは独立した国家または（例えばASEANのような）国家グループとの間で形成される場合が多い。しかし昨今のFTAにはそれらとは異なるタイプが散見される。例えば、EUとメルコスールのFTA交渉、EUとGCCのFTA交渉のように関税同盟同士でFTAを形成する動きがある。

　「関税同盟」同士のFTA交渉は、長期間にわたるケースが多い。GCCとEUのFTA交渉は、両者ともにFTAを重要視しているにもかかわらず、交渉は1990年からスタートし2009年4月までの約9年間に20回交渉されたが、2016年現在も、交渉は中断したままである。EUとメルコスールの場合も2000年4月から交渉がスタートし、交渉期限とされた2004年10月までの4年余りの期間に16回も交渉が行われたにもかかわらず、2016年現在、交渉は中断したままである。

　これは特に途上国の関税同盟には、EUにおける全加盟国の上位機関とな

る最高協議機関としての「欧州理事会」(European Council)、意志決定機関としての「EU 理事会」、さらに代表執行機関としての「欧州委員会」のような超国家機関が存在しないためと見られる。

　例えば、GCC には EU とやや類似した組織として GCC 加盟 6 カ国の首長から構成される「最高理事会」(Supreme Council) があるものの、同組織は、6 カ国の外相からなる「閣僚理事会」(Ministerial Council) で作成された議題について検討する組織であり、それら 2 つの組織の運営は GCC 事務局 (Secretariat General) が行い、最高理事会で決定された事項の執行も事務局が行うとされる。最高理事会では自国の利益を優先しがちな加盟 6 カ国の各首長による全会一致が原則となっているため、いずれの国にも損失とならない議題以外は、合意が得られ難い仕組みになっている (「手続き」に関する議題は 3 分の 2 の賛成があれば議決される)。GCC 事務局は、GCC 6 カ国のいずれの国からも独立しているため、表面上は EU の欧州委員会の位置づけに近いとも言われる。

　メルコスールは FTA 形成の必須条件となる「域内関税の撤廃」と、関税同盟の必須条件である「共通域外関税の設置」をほぼ同時期 (1995 年 1 月) に実施したために、厳密には FTA 形成プロセスの段階を経ずに一気に関税同盟の段階へ進んだケースと言える。2016 年現在、南米で実質的な関税同盟と呼べるものは、メルコスールのみである。

　メルコスールは、2012 年 6 月のメルコスール特別首脳会合で、ベネズエラを 5 番目の正式な加盟国として受け入れることを決定した (パラグアイからの加盟承認が得られた 2013 年 12 月 18 日に加盟)。ベネズエラはそれまで諸外国との間に締結していたほぼすべての FTA を撤廃してメルコスールへ加盟した。

　最近、メルコスールの加盟国であるブラジルは、単独で日本との FTA 交渉を提案したとされるが、そうなれば関税同盟としてのメルコスールの機能が弱体化するおそれがある。

　2011 年 4 月にチリ、コロンビア、メキシコ、ペルーの 4 カ国により設立された太平洋同盟、そして名目上は関税同盟となっているが共通域外関税が

機能していないアンデス共同体（1996年設立）、これらを含め、南米の地域統合はメルコスールを除けば、いずれも事実上は関税同盟ではなくFTAとして機能していると見られる。

3）FTAの中に関税同盟が形成される地域統合

1945年にアラブ民族主義の推進と各国の主権維持の目的で（エジプトを含む）中東・北アフリカの国々が緩やかな政治的集合体としてアラブ連盟を結成した。当初、アラブ連盟はエジプト、イラク、ヨルダン、レバノン、サウジアラビア、シリアの6カ国で構成されたが、その後に参加国が増え、1993年には（GCC 6カ国を含む）22カ国となった。このアラブ連盟を母体に、その中の18カ国で1998年1月に発効したのが大アラブ自由貿易地域（GAFTA）であり、WTOではPAFTA（Pan-Arab Free Trade Area）の標記で登録されている。GAFTAは1998年から域内関税率を段階的に引き下げ、2005年からは域内関税はすべて撤廃されたことになっているが、2003年にはその中の6カ国がGCCと呼ばれる関税同盟を発効させ、共通域外関税を5％に設定した。これは、前者（GAFTA）の域内関税撤廃が不完全な状態であったためと推察される。

4）二重の地域統合

EUは、財だけの分野で、トルコ、サンマリノ、アンドーラの3カ国と個別に3つの関税同盟を締結している。EUとサンマリノの関税同盟は、相互に石炭と鉄鋼製品を除くすべての財の関税を撤廃している。これらの関税同盟はいずれもEUから見て相手国の経済規模が小さく政治経済的な影響力が少ないこと、およびこれら3カ国から見ればEUという巨大な市場に輸出ができるというメリットがあるために、双方の利害が一致する形の関税同盟ということになる。EUとトルコ間の関税同盟（1995年）では、未加工の農産物が共通域外関税の対象から除外されている。これはEU側がトルコ産農産物の輸入から域内農業を守るためではなく、逆にトルコの農業を保護するためにトルコ側の要請に基づいて取られた措置と考えられる。このことは

図4-2 多様化する地域統合の形態

2国間のFTA

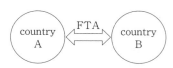

Japan-Singapore(2002；G&S)
Korea-Chile(2004；G&S)

関税同盟間のFTA

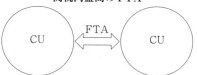

EU-GCC(交渉中)
EU-MERCOSUR(交渉中)

FTAの中に関税同盟

GAFTA(1998；G)＞GCC(2003；G)

FTA／CUと新規FTA

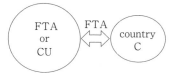

ASEAN-Japan(2008；G)
EU-Egypt(2004；G)
EAEU-Vietnam(2016；G)
GCC-Japan(交渉中)

関税同盟国のFTA

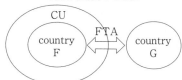

Bahrain-US (2006；G&S)
Oman-US (2009；G&S)

関税同盟の中に新規関税同盟

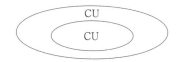

EAEC(1997；G)＞EAEU(2015；G&S)

関税同盟とFTAの経済統合

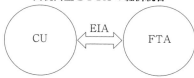

EU-EFTA(1996；S)

関税同盟と新規関税同盟

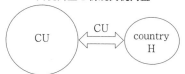

EU-Turkey(1996；G)
EU-San Marino(2002；G)
EU-Andorra(1991；G)

GAFTA：Greater-Arab Free Trade Area ／ EAEC：Eurasian Economic Community ／
EAEU：Eurasian Economic Union
Gは財、Sはサービスの域内自由化を指す。

出所：いずれも筆者作成。

2011年時点のトルコの全世界に対する農産物輸入関税が平均41.7%、EUのそれが13.9%であることからも容易に推察される。

5）関税同盟メンバー国による新たな地域統合

いったん関税同盟に加わった国は、理論上、その国だけが域外の国々と新たにFTAを締結することも、既存のFTAに加盟することもないはずである。だが、中東の関税同盟であるGCC（加盟6ヵ国、既述）には、それと異なる現象が見られる。

2003年5月、当時のアメリカ・ブッシュ（George W. Bush）政権は、中東との地域統合ブロック「米・中東FTA」（US-Middle East Free Trade Area；MEFTA）を形成する戦略をスタートさせた。これはアメリカが過去に取ったASEANとのFTA締結構想に似たもので、WTO体制の下では充分にルール化できなかった投資協定（investment agreement）を含む自由貿易協定を同時に複数の国々と締結しようとするものであり、経済的な貿易利益の確保よりも当該地域との安全保障（security）を確保することにあった。GCCは、2003年に関税同盟として発効した後、移行期間を経て2007年末に関税同盟が完成した旨、WTOへ通報した。しかし、同じGCC加盟国のバーレーンは2006年1月11日、同オマーンは2009年1月1日に、それぞれアメリカとの間で財・サービスの自由化を定めたFTAを発効させている。このことによって、GCC諸国が自らの地域統合に対して当初、期待していた域外諸国との戦略的交渉のメリットが弱まった可能性がある。

4　途上国の共通域外関税（CET）

バラッサ・モデルで言うFTAの上位段階である「関税同盟」が、WTO整合的であるための最低条件は、域内関税を原則10年以内に「実質的」に撤廃することに加え、共通域外関税を設けることとされる（ASEANは関税同盟を目指していないため共通域外関税も存在しない）。FTAの下では、域外輸入関税が最も低いFTA加盟国を経由して、域外産品がFTA域内へ流入する。

つまり、輸入関税が最も低いFTA加盟国の貿易取引量が理論上は最も大きくなる。これを防ぐには、すべての加盟国が域外産品に対して同一の関税、すなわち域外共通関税を設ける必要がある。ところがメルコスールの共通域外関税は、すべての品目に適用されているわけではなく、自動車や砂糖の部門は例外とされている。さらにメルコスールでは、加盟国が一時的に共通域外関税の税率から逸脱することも認められている。メルコスール加盟国のアルゼンチンは、ペソ危機（2002年）に際して、国内経済を安定させるために穀物を含む多くの消費財の輸出関税を35％に引き上げ、資本財の輸入関税をゼロにした（前者は国内の食料価格の引き下げを、後者は国内産業の発展を目的としたものである）。中南米のカリブ共同体（CARICOM：カリコム）は、15の国々による関税同盟として2003年に発効し、2015年までに域内の市場統合を目指している。また、1995年にEUとトルコの間で締結された関税同盟では、未加工の農産物および石炭・鉄鋼は、共通域外関税の対象から除外されている。

　2015年に締結されたロシアを中心とするユーラシア経済連合の共通域外関税は、基本的にロシアが設けていた輸入関税をベースとしたため、品目によってはベラルーシやカザフスタンの輸入関税が引き上がることになった。これによって貿易上の損害を被る域外国に対してWTO協定上の補償措置が必要になる可能性が指摘された。

5　地域統合は進化するか

　2016年時点での関税同盟の数はわずか17にもかかわらず、それらに加盟している国の総数は125カ国である。つまり世界約200カ国のうちの約半数以上の国々はすでに17の関税同盟の中のどれかに加盟しており、それら約125カ国は制度上、単独では新たにFTAを形成することも、既存のFTAに参加することも許されない。

　関税同盟が締結された後になって、その中の一加盟国が単独で他の非加盟国とFTAを締結することは、共通域外関税の例外を認めることになり、関

税同盟の対外的な交渉力を弱めることになる。

　GCCやメルコスールのような途上国の関税同盟において、（加盟国の関税収入への依存度が高い、あるいは共通域外関税そのものが不完全であるなど）加盟国は様々な理由で域外の産品に対する関税に関わる権利（徴税権など）を完全には放棄していない。これは政府の役割に関税収入の確保と国内産業保護があることに加え、関税同盟を運営する超国家組織が存在しないことにもよる。超国家組織が存在するEU型のような関税同盟では、独立国家が本来保有する（徴税権などの）権利を制度上で放棄している。よって関税収入への依存度が高い途上国の関税同盟は、EU型を完全に踏襲することは困難である。

　他方で、ロシアの主導下、旧ソ連邦の国々によって形成されるユーラシア経済連合では、リーダー国「ロシア」だけがエネルギー資源の域外向け輸出に際して「原産地主義」に基づき輸出税を課す可能性がある。

　EEA（欧州経済領域）は、EFTA（欧州自由貿易連合）とEUの合体、つまりFTA（前者）と関税同盟（後者）の間で締結されたサービス貿易協定（GATS第5条）だけを根拠とした唯一の新しいタイプの経済統合協定（EIA）であり、バラッサ・モデルの第5段階「経済統合」とは異なる。他方で、先進国間の自由貿易では、（一部の農産物など極少数品目の例外はあるが）"関税"の重要性が失われつつあり、必然的に"共通域外関税"の必要性も薄れていくと推察される。現在の日EU、米EUのように、（重要品目とも呼ばれる例外品目を除けば）関税そのものが主要な貿易障壁とはならないメガFTAが、仮に関税同盟へ移行したとしても、移行前と移行後では、大きな経済効果（貿易創出効果と貿易転換効果）の変化は生じないと推察される。

　バラッサの時代（1950～60年代）の関税同盟の典型がEUであるとしても、将来、途上国の関税同盟では各加盟国が関税の徴収と分配の権利を保有するタイプに向かい、先進国のそれは一部の例外品目を除けば貿易障壁としての「関税」の役割が終わり、域内統一の規格・基準がそれに代わるタイプに向かう可能性が考えられる。

　つまり、バラッサ・モデルが示唆する"FTAが加盟国の関税権を放棄してこれを上位の超国家組織へ移譲する形で関税同盟へ進化する"という発

展段階的なプロセスは、厳密には途上国、先進国いずれの場合にも当てはまらない。特に先進国間の地域統合では、共通域外関税ではなく例えば（域外と異なる規則・規格や基準の域内共通化・調和化を実現する）共通域外非関税障壁（Common External Non-Tariff barrier：CENT）と呼び得るものを設けた地域統合がFTAの次の段階として位置づけられる可能性がある（本章は、科研費基盤C「課題番号26380309」による）。

●引用・参考文献

岩田伸人（2015）「FTA/EPA は関税同盟へ移行するか（下）」『貿易と関税』2015 年 4 月号

Balassa, B. (1961), The Theory of Economic Integration (Homewood, Illinois: Richard D. Irwin.).

Viner, J. (1950), The Customs Union Issue (New York: Carnegie Endowment for International Peace).

World Bank (2010), Economic Integration in the GCC.

WTO database (http://rtais.wto.org)

Yasui, T. (2014), Customs Administrations Operating Under Customs Union Systems (WCC Research Paper No.29).

第5章
中国の経済成長の現状と課題

1　中国の経済成長を理解するための3つのポイント

　中国の経済的台頭は、多くの議論を巻き起こしている。これらの議論の中で最も注目される点は、長期にわたり中国は他国より高い経済成長率を達成し、経済規模（GDP）が急速に拡大していることである。

　2003年、アメリカの大手投資銀行であるゴールドマン・サックス社はある衝撃的なレポート「BRICsと夢見る―2050年への道」を発表した。このレポートでは、2003年のGDP水準がアメリカの10分の1、日本の5分の2しかなかった中国だが、47年後の2050年においてはアメリカと日本を大きく上回り、世界一の経済大国になると予測している。その予測を立証するかのように、2003年以降、中国の名目GDPはイタリア（2003年）、フランス（2005年）、イギリス（2006年）、ドイツ（2007年）、日本（2010年）といったG7の国々を次々と追い抜き、2010年において中国はアメリカに次ぎ世界第2の経済規模の国となった。

　中国の急速な経済成長は停滞している世界経済に大きな夢を与えていると同時に、世界に衝撃ないし「不安」も与えているようである。その要因の1つとして、前述のように30年にわたり中国は他の国と桁違いの経済成長率を達成し、その結果として経済規模が拡大されたことがある。しかし、将来の中国経済のポジションがゴールドマン・サックス社の予測の通りになるか否かは、不確実性の高い将来の経済成長に依存している。これを予測するには、まず、これまでの中国経済成長の要因、経済成長による中国経済社会の変化と影響を解明することが必要である。

この章では、将来の中国経済成長を予測するための手掛かりとして、これまでの中国の経済成長を3つの側面（ポイント）で明らかにし解説する。すなわち、①中国の経済成長はどのようにして達成できたのか（中国の経済成長戦略と成長の要因）、②中国の経済成長の結果をどう見るべきか（フロー面とストック面から見る中国経済成長の結果）、③これまでの中国の経済成長をどう評価すべきか（中国の経済成長がもたらした「光」と「影」）である。

2　中国の経済成長戦略と成長の要因

1）中国の経済成長の意義

　中国の急速な経済規模拡大を可能にしたものは高い経済成長率であることは言うまでもない。ハーバード大学のバロー教授は長期経済成長率のわずかな違いにより、長期的な経済ポジションが大きく変わることを複利計算方法で示した（Barro and Sala-i-Martin 2004）。バロー教授は1870〜2000年におけるアメリカの長期経済成長率が1％でも低ければ、2000年におけるアメリカの1人当たりGDPは実績値より71.6％も低くなることを明らかにした。このことは中国経済についても言える。

　表5-1によれば、1960年、1978年と2015年における中国の名目GDPはそれぞれ597億ドル、1495億ドルと11兆77億ドルである。よって、1960〜1978年と1978〜2015年における中国の名目GDPの平均成長率はそれぞれ5.23％と12.32％であることを確認できる。その経済成長の結果として、1978〜2015年における中国名目GDPの増加の度合いを示す倍率（2015年GDP対1978年GDP比）は74倍となった。もし、1978〜2015年における中国の名目GDP平均成長率が実績値（12.32％）より1％でも低くなれば、つまり、1978〜2015年におけるGDPの平均成長率が11.32％であれば、2015年GDP対1978年GDPの倍率は21も下がり、53倍となることを確認できる（表5-1）。この場合、2015年の中国名目GDP（試算値）は実績値（11兆77億ドル）より28％も低く、7兆9062億ドルとなる。これは試算値が実績値

表 5-1　各国の名目 GDP と成長率（1960-2015）

	名目 GDP（10 億ドル）			平均成長率（%）		倍率	
	(1) 1960 年	(2) 1978 年	(3) 2015 年	1960-78 (18 年)	1978-15 (37 年)	1960-78 (2)÷(1)	1978-15 (3)÷(2)
中国	59.72	149.54	**11007.72**	5.23	**12.32**	2.50	**73.61**
アメリカ	543.30	2356.57	18036.65	8.49	5.65	4.34	7.65
日本	44.31	996.74	4123.26	18.88	3.91	22.50	4.14
欧州連合（EU）	358.97	2769.59	16311.90	12.02	4.91	7.72	5.89
試算値（中国）			7906.18		11.32		52.87

注 1：最後の行の試算値（中国）は次のように算出されている。複利計算による成長率の関係式は「2015 年 GDP =（1 + 平均成長率）^{年数} × 1978 年 GDP」で表される。1978 ～ 2015 年（37 年）の平均成長率は実績値（12.32%）より 1% 低く 11.32% であれば（仮説）、「(1 + 平均成長率)^{年数}」の部分は $(1+11.32/100)^{37} = 52.87$（倍率）となる。よって、平均成長率が 11.32% である場合の 2015 年の GDP は次のように算出される。すなわち、2015 年 GDP（試算値）＝（1 + 平均成長率）^{年数} × 1978 年 GDP（実績値）＝ 52.87 × 149.54 ＝ 7906.18（10 億ドル）である。
　　 2：欧州連合（EU）の成立は 1990 年代以降のことであるが、World Bank の公表データで、1960 年以降の欧州地域について、European Union（欧州連合：27 カ国）と Euro area（ユーロ圏：17 カ国）という表現しかない。本表での欧州連合（EU）の表現は World Bank に従っている。
出所：The World Bank, World Development Indicators（http://databank.worldbank.org/data）より算出。

より 3 兆 1015 億ドル（約 51 兆 4096 億円；2016 年 12 月の為替レートによる試算）も少なくなることを意味する。

　以上の例のように、長期経済成長率のわずかな違いにより、その国の将来の経済規模である GDP の拡大に大きな影響を与えることが分かる。1978 年以降の中国の経済戦略は GDP を増やすための経済成長戦略であると言っても過言ではない。では、中国はなぜ GDP の拡大に執着するのであろうか。

　表 5-2 は経済統計の世界的権威であるマディソン教授が示した 1700 ～ 2003 年における世界の人口と GDP の分布に関するデータによりまとめたものである。表 5-2 で示されているように、中国は歴史的な要因および中国内在的経済循環（岑 2017）などにより、長年の経済停滞を経験した。

　表 5-2 によれば、1700 年と 1820 年における中国の世界に占める GDP の割合は同時期の世界に占める人口の割合とほぼ同じである。それは国民の生活レベルないし国民を養えるその国の経済力を示す 1 人当たり GDP におい

表 5-2　1700～2003 年における世界の人口と GDP の分布

	世界に占める割合（%）									
	人　口					GDP				
	1700年	1820年	1952年	1978年	2003年	1700年	1820年	1952年	1978年	2003年
中国	**22.9**	**36.6**	**21.8**	**22.3**	**20.5**	**22.3**	**32.9**	**5.2**	**4.9**	**15.1**
インド	27.4	20.1	14.2	15.1	16.7	24.4	16.0	4.0	3.3	5.5
USSR	4.4	5.3	7.1	6.1	4.6	4.4	5.4	9.2	9.0	3.8
アメリカ	0.2	1.0	6.0	5.2	4.6	0.1	1.8	27.5	21.6	20.6
日本	4.5	3.0	3.3	2.7	2.0	4.1	3.0	3.4	7.6	6.6
欧州	16.6	16.3	15.2	11.2	8.2	24.9	26.6	29.3	27.8	21.1

注：世界に占める GDP の割合と世界に占める人口の割合はそれぞれ「当該国 GDP ÷ 世界 GDP」と「当該国人口 ÷ 世界人口」で表される。よって、「当該国 GDP ÷ 世界 GDP」≦「当該国人口 ÷ 世界人口」であることは、「当該国 GDP ÷ 当該国人口」≦「世界 GDP ÷ 世界人口」、または、「当該国の 1 人当たり GDP」≦「世界の 1 人当たり GDP」であることを意味する。例えば、1952 年（1978 年）における中国の世界に占める GDP と人口の割合はそれぞれ 5.2%（4.9%）と 21.8%（22.3%）であったため、1952 年（1978 年）における中国の 1 人当たり GDP 対世界 1 人当たり GDP 比（中国の世界に占める GDP の割合 ÷ 中国の世界に占める人口の割合 × 100%）は 23.9%（22.0%）である。これは 1952 年（1978 年）における中国の 1 人当たり GDP 水準は世界平均の 24%（22%）しか満たしていなかったことを意味する。

出所：Maddison（2007：44）の表 2.1 と表 2.2 より算出。

て、中国は世界の平均水準と同程度であることを意味する（表 5-2 の注を参照）。しかし、その後の長年の外来による戦争と国内の動乱などにより、1952 年（1978 年）における中国の世界に占める GDP の割合は世界に占める人口の割合を大きく下回り、この期間の中国の 1 人当たり GDP 水準は世界平均の 2 割にしかならなかったのである（表 5-2 の注を参照）。長年の経済停滞から回復し、18 世紀と 19 世紀前半の経済水準に戻り、または 1 人当たり GDP を世界の平均水準に近づけることは中国の長年の夢であり、それを実現していくには、経済成長率を高める以外に方法は考えられない。これは中国政府が経済発展戦略として経済成長戦略に執着する最も大きな理由であると思われる。

2）中国の経済成長戦略

　中国の高成長をもたらすものは何であろうか。経済成長の要因を見るものとして、一般的に「成長会計」（供給側）と総需要寄与分析（需要側）という 2

つの方法がある。「成長会計」では、経済成長の主な要因を生産要素である労働、資本と技術（技術進歩）の増加であると考えている。一方、総需要寄与分析では経済成長率がマクロ経済における総需要（民間投資、民間消費、政府支出と純輸出）の各要素の貢献によって達成されるものと考えている。この項以降では、経済成長要因を見るものとして「成長会計」（供給側）に焦点を当て、中国の経済成長戦略とその経済効果を見てみよう。

中国の経済成長戦略とその経済効果にとって最大な要因は図5-1のように、1978年にスタートした2つの経済政策、すなわち、「開放政策」と「改革政策」である。1992年以降に本格化された中国の「改革・開放」という経済政策は中国の高成長を導いた。改革政策は中国国内向けの経済政策であり、市場経済を導入し活発化させるとともに、生産資源配分の効率化を図り、人的資源を含めた中国の豊富な余剰労働力を有効に利用し経済成長を促進した。

一方、開放政策は外資導入と貿易促進のための対外的な経済政策であるが、それによる多国籍企業の経済活動によりもたらされる生産性の向上などは、中国の国際競争力を高め、輸出主導型の経済成長を可能にした。そしてそれらの政策による貿易拡大と市場経済の活発化による可処分所得の増大は中国の民間貯蓄の増加をもたらし、外資と合わせて中国の固定資本形成の

図5-1　1978年以降の中国経済成長のメカニズム（供給側）

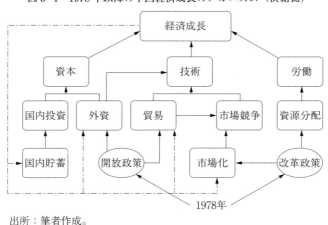

出所：筆者作成。

ための豊富な投資資金源となる。さらに市場化に伴う競争と外国直接投資による「技術移転」などにより、中国の技術進歩も一層促進すると期待される。このように、2つの経済政策は専ら中国の経済成長を促進させるための経済成長政策であり、中国の経済成長戦略であると考えられる。

3）中国経済成長の要因（供給側）

表5-3は王ら（2009）のデータを用いた中国の「成長会計」の試算結果である。

表5-3によれば、改革・開放政策以前の1952〜1978年における中国のGDP平均成長率は6.1％であり、その成長率をもたらした労働、資本と技術進歩を示すTFP（全要素生産性）の貢献度である寄与率はそれぞれ23.1％、92.7％と−15.8％である。これに対し、改革・開放政策後の1978〜2007年において、中国は9.8％のGDP平均成長率を達成した。この経済成長率を支えた労働、資本とTFPの貢献度（寄与率）はそれぞれ18.3％、69.4％と12.4％である。

2つの経済政策による経済効果を確認しよう。①2つの期間において、資本増加による中国経済成長への寄与が非常に大きかったが、改革・開放政策後の資本増加による経済成長への寄与率はやや小さくなったことが分かる。一方、図5-1で示されているように、1978年以降の中国の資本増加は、

表5-3 中国経済成長の要因分析（1952-2007）

	成長率（％）				GDP成長率への寄与率（％）		
	GDP	労働	資本	TFP	労働	資本	TFP
1952-1978	**6.1**	**3.7**	**9.3**	**−1.0**	**23.1**	**92.7**	**−15.8**
1978-1990	9.0	7.4	9.2	0.5	31.7	63.1	5.2
1990-2000	10.4	2.8	10.9	2.7	10.2	64.1	25.7
2000-2007	10.2	2.7	14.5	0.3	10.1	87.1	2.9
1978-2007	**9.8**	**4.6**	**11.0**	**1.2**	**18.3**	**69.4**	**12.4**

注：寄与率の計算方法は次の通りである。まず、王ら（2009）のデータを用いて、Cobb-Douglas型生産関数における資本分配率を推計した。この推計結果（資本分配率の推計値＝0.615）を用いて、ソローの「成長会計」、すなわち、「GDP成長率＝TFP成長率＋資本分配率×資本成長率＋（1−資本分配率）×労働成長率」に従いTFP成長率を計算し、労働、資本とTFPのGDP成長率への寄与率を計測した。

主に国内投資(固定資本形成)と外国直接投資によるものだと考えられる。王ら(2009)のデータを用いた、Grangerテスト(因果関係テスト)による調べでは、中国国内投資または外国直接投資の増加が中国の資本増加をもたらす要因であることが確認された。② 1952～1978年に比べて、1978～2007年における中国経済成長の中の資本増加の寄与率が少し小さくなったのに代わり、TFP増加による経済成長への寄与率がマイナスから12.4％へと増加した。これは「開放政策」による外資導入や貿易拡大と、「改革政策」による市場化、市場競争などにより、資本蓄積の効率性を示す技術進歩(TFP)が改善されたことを意味する。③ 2つの期間において、労働増加による経済成長への寄与はそれほど変わらないが、1990年以降における経済成長率への労働寄与率はやや低く10％という水準を維持している。一方、1990年代におけるTFPによる経済成長への寄与率は最も高く25.7％であった。これは中国の市場化が本格化に伴い、経済成長がより効率的になったことを示唆する。しかし、2000年代から過剰な資本蓄積などにより、TFPの経済成長への寄与率は再び小さくなった。図5-2は以上の成長会計を時系列的に図示し

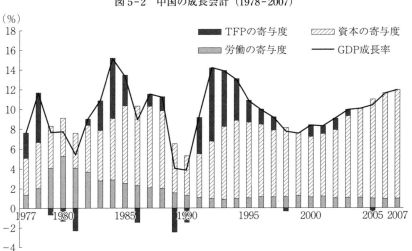

図5-2 中国の成長会計(1978-2007)

出所:表5-3と同様の計算方法で作成。

たものである。

　以上のように、「開放政策」と「改革政策」による資本、技術進歩と労働の増加が中国の高成長をもたらしたことは中国の成長会計で確認できた。とりわけ、長期経済成長を支えるものとして、TFPが大きく改善されたことは中国の経済成長戦略である2つの経済政策による経済効果だと思われる。

3　フロー面とストック面から見る中国経済成長の結果

1）経済成長による中国経済（フロー）の変化

　1978年から2010年までの32年の経済成長は中国の経済社会にどのような変化をもたらしたのであろうか。表5-4はこの32年間の中国各経済指標の世界における順位の変化を示している。

　表5-4のように、32年間の中国の経済成長は中国の経済を世界のトップレベルに導いた。ただし、外貨準備高を除き、表5-4で示した指標のすべては経済学におけるフローの概念である。つまり、フロー面においては中国の一部の経済指標はすでに世界のトップレベルに達していると言える。とりわけ、前述のように、2010年以降、中国のGDP（フロー）は世界の2位になっている。

表5-4　中国の主な経済指標の世界順位（1978-2010）

	1978	1990	2000	2009	2010
GDP（国内総生産）	10	11	6	3	2
1人あたりGDP	175（188）	178（200）	141（207）	124（213）	121（215）
貿易総額	29	15	8	2	2
輸出総額	30	14	7	1	1
輸入総額	27	17	9	2	2
外国直接投資		12	9	2	
外貨準備高	38	7	2	1	1
人間開発指数（HDI）		79（160）	96（173）	92（182）	89（169）

注：括弧の中の数値は国の数を表す。
出所：中国統計局『国際統計年鑑2012』
　　　（http://www.stats.gov.cn/tjsj/ndsj/2012/indexch.htm）。

しかし、経済成果を評価するに当たり、フローの経済指標とともに、ストックの経済指標を用いることも非常に重要である。例えば、80年代後半の日本経済の大きな特徴は経済のストック化である。日本経済のストック化は日本のバブル経済をもたらしたと指摘されたこともある。しかし一方では、ストック化は日本に大きな富である資産を与えた。小峰・村田（2012）によれば、2010年末における日本の総資産および正味資産の総額はそれぞれ8500兆円と3036兆円であり、それぞれ2010年の日本の名目GDPの1773.8％と633.5％にも及ぶ。一方、IMFによれば、2010年の日本の対外純資産は世界一の3.2兆ドル（約253兆100億円）となっている。では、30年の経済成長は中国にどれほどの富（資産）をもたらしたのであろうか。

2）中国経済におけるストック経済の現状

　現在の中国の総資産を正確に推計することは非常に難しい。原因の1つとして、現在中国における所得や資産に対する税制や申告制度は非常に不十分であることが挙げられる。海外に流出している資産を含め、中国の総資産レベルは決して低いものではないが、どのように計測するかが今後の課題である。

　しかし、中国の資産に関する統計はまったく存在していないわけではない。中国人民銀行が毎年公表している「貨幣当局資産負債表」や中国統計局が作成している中国国民経済勘定における「資産負債表」（未公開）などは中国の資産に関する経済統計である。

　中国の資産を測定する際に、最も難しい点は民間資産をどのように正確に把握するかということである。2012年5月に公表された中国西南財経大学と中国人民銀行の共同プロジェクトによる「中国家計金融調査報告」（以下では「調査報告」と称す）は、中国の一部の家計資産を明らかにした。ここでは、この調査報告と中国人民銀行の「貨幣当局資産負債表」を用いて、中国の総資産（一部）を推計してみる。表5-5はそのまとめである。

　まず、調査報告によれば、現時点における中国の都市住民と農村住民の1人当たりの総資産（平均値）はそれぞれ249.9万元（約3139万円；2010年12月

表 5-5　中国の「総資産」の状況（2011 年）

	平均値			中央値		
	都市	農村	合計	都市	農村	合計
(1) 金融資産（万元）	11.2	3.1	−	1.7	0.3	−
(2) 非金融資産（万元）：a+b	238.7	34.6	−	41.4	11.5	−
a．有形固定資産（住宅）	93	22.3	−	40	10	−
b．その他の非金融資産	145.7	12.3	−	1.4	1.5	−
(4) 総資産（万元）：(1)+(2)	**249.9**	**37.7**	−	**43.1**	**11.8**	−
(5) 負債（万元）	10.1	3.7	−	5.8	−0.4	−
(6) 純（正味）資産（万元）：(4)−(5)	239.8	34	−	37.3	12.2	−
① 人口（億人）	66,978	67,113	134,091	66,978	67,113	134,091
② GDP（億元）	401,202	401,202	401,202	401,202	401,202	401,202
③ 民間総純資産（億元）：(6)×①	1,606	228	1,834	250	82	332
④ 民間総資産（億元）：(4)×①	1,674	253	1,927	289	79	368
⑤ 中国人民銀行総資産（億元）	283,552	283,552	283,552	283,552	283,552	283,552
⑥ 総資産（億元）：④+⑤	**285,226**	**283,805**	**285,479**	**283,841**	**283,631**	**283,920**
民間総純資産対 GDP 比（%）：③÷②	0.400	0.057	0.457	0.062	0.020	0.083
民間総資産対 GDP 比（%）：④÷②	0.417	0.063	0.480	0.072	0.020	0.092
総資産対 GDP 比（%）：⑥÷②	**71.09**	**70.74**	**71.16**	**70.75**	**70.70**	**70.77**

出所：(1)〜(6)：中国西南財経大学・中国人民銀行（2012）『中国家計金融調査報告』によるものであり、①〜②は中国統計局『中国統計年鑑』によるものである。⑥は中国人民銀行公表の「貨幣当局資産負債表（2011）」によるものである。

の為替レートによる試算、以下も同様）と 37.7 万元（約 474 万円）である。しかし、現在の中国住民の生活実態から見れば、平均値よりも中央値の方が信頼できると考えられる。調査報告のデータを用いて、中国の民間総資産（総純資産）を計算したのは表 5-5 の③と④である。それによれば、現在の中国の「民間総資産」（中央値）総額は 368 億元（約 4621 億円）であり、2010 年の中国 GDP に占める割合は 0.092％ である。一方、政府資産を示す「貨幣当局資産負債表」による中国人民銀行の資産総額は約 28 兆 3552 億元（2012 年 4 月）であり、民間資産総額（中央値）と中国人民銀行資産総額を合わせた中国の資産総額

は約28兆3920億元（約357兆円、日本の2010年末の総資産の約4.2%に相当する）であり、2010年の中国GDPの70.77%である。

以上のように、中国は経済規模（フロー）の面では日本を超えているものの、ストックの面では、日本に比べるとはるかに小さいことが分かる。

4　中国の経済成長がもたらした「光」と「影」

1）世界2位の経済規模になった中国

以下の表5-6のように、32年間の中国経済成長の結果として、フローの面のGDPは110倍に増やし、1人当たりGDPは78.7倍に増加した。これほどの短い期間で経済水準を大きく上昇させたことは、近代の世界経済史において非常に珍しいことであろう。

前述の調査報告では、中国の家計資産状況が報告されているほか、自動車の所有率や持ち家の所有率なども報告されている。それによると、現時点での中国の持ち家の所有率は89.68%（全国）であり、アメリカ（65%）と日本（60%）を超えている。

2）経済成長の副産物としての所得格差と腐敗

中国の経済成長は中国に「光」を与えたと同時に、黒い「影」も残している。所得格差と腐敗問題は今日の中国において最も深刻な問題である。北京師範大学の李実教授は、中国都市部の不平等さを示すジニ係数は0.47を超えていることを指摘している。これは所得階層を5分位に分けた場合、最上位の第5五分位グループの20%の人が社会全体の富（所得）の50%以上を

表5-6　1978～2010年における中国の経済変化

	可処分所得(都市)	純収入(農村)	GDP	1人当たりGDP
成長率（%）	13.4	12.6	15.8	14.6
倍率	55.6	44.3	110.1	78.7

出所：中国統計局『中国統計年鑑2011』（中国統計出版社）により算出。

所有し、所得格差が深刻であることを意味する。

　一方、中国改革基金会国民経済研究所の副所長王小魯氏は、合法か非合法かを判断しにくい正式な報酬でない収入、いわゆる「灰色収入」の規模は中国のGDP（2008年）の17.2％も占めており、このような収入の源泉は、行政権乱用と賄賂などによるものだと指摘している。今の中国政府は正に以上の2つの問題点を真正面から解決しようとしている。

●引用・参考文献

小峰隆夫・村田啓子（2012）『最新　日本経済入門（第4版）』日本評論社
岑智偉（2017）「世界的経済循環における中国内在的経済循環」東郷和彦・森哲郎・中谷真憲編『日本発の「世界」思想』藤原書店
Barro, R. J. and Sala-i-Martin, X.（2004）, *Economic Growth*, 2nd ed., McGraw-Hill.
Maddison, A.（2007）, "Chinese Economic Performance in the Long Run, 960-2030 AD" (2nd ed., Revised and Updated), OECD Development Centre.
王小魯（2012）『灰色収入与発展陥阱』（中国語：灰色収入と発展のワナ）中信出版社
王小魯・樊綱・劉鵬（2009）『中国経済増长方式转换和增长可持续性』（日本語：中国経済成長方式の転換と成長の持続性）『経済研究』No.1、pp.4-16
中国家計金融調査と研究センター（2012）『中国家計金融調査報告抜粋』中国西南財経大学・中国人民銀行

第6章
中国経済におけるルイスの転換点について

1 ルイスの転換点

　1992年以降、社会主義市場経済体制の下で改革開放が再び推進され、それ以来、中国経済は年平均10％程もの高い成長率を約20年の長期にわたって持続してきた。この結果、2010年にはGDPで見た経済規模は日本を追い抜き、アメリカに次いで世界第2位の経済大国となった。この急速な経済成長の背景には、膨大な人口に起因する豊富な労働力の存在がある。その労働供給の豊富さゆえに労働力は安価であり、労働集約的な財を輸出することが経済成長に多大な貢献をしてきた。膨大な農村人口が存在すれば、賃金は上昇せず、安価な労働力を使い続けることができる。

　しかし、2004年頃より、中国においても労働力不足や賃金の高騰が叫ばれることが多くなってきた。労働力不足により賃金の高騰が生じれば、これまでの中国経済の成長を支えてきた労働集約的産業に依拠する産業構造が限界に達し、構造転換が必要となってくる可能性が生じる。現在の中国経済の国際的影響力を鑑みれば、中国労働市場において労働力不足が本当に発生しているのかは、世界的にも重要な論点と言えよう。

　このような問題意識から、中国経済が、Lewis（1954）にて提示されたルイスの転換点（the Lewisian Turning Point）を超えたか否か、が検証されてきている。つまり、中国にはまだまだ安価な労働力が存在しているのか、それともすでにそれらは枯渇してきているのか、である。仮に後者の発展段階に達せば、中国経済は産業構造の転換に直面しており、もはや、安価な労働力を前提とした経済構造から脱却し、先進国型へと転換が迫られていることに

なる。例えば、われわれが日常的に100円ショップ等で購入する安価な財の多くは中国製であるが、中国経済がルイスの転換点を超えたとすると、発展段階として中国は次のステージに入ったことを意味し、日中の経済的な関係にも変化が発生し得ると言えよう。本章では、ルイスの転換点を通して、中国の発展段階について実証的に考察していく。

2　ルイスの転換点の理論的背景

ルイスの転換点においては、農業を中心とした伝統部門と工業を中心とした近代部門の2部門から一国経済が構成されると考える。近代部門では賃金が労働の限界生産力で決定されるのに対して、伝統部門において、賃金は制度的・慣習的に決定される生存水準（subsistence level、以下ではSLとする）で決定されるとする。

ルイスの転換点の詳細に立ち入る前に、基本的な分析用語を確認する。まず、資本と労働といった生産要素から一国経済の産出である国民所得が生み出される関係を生産関数（production function）という。生産関数は、

$$Y = f(K, L) \tag{6-1}$$

のように表される。(6-1) 式は資本 K と労働 L を投入することによって産出 Y が産出されるという意味である。(6-1) 式を以下のように特定化したものをコブ＝ダグラス型生産関数と呼ぶ。生産関数の特定化には、コブ＝ダグラス型以外にもCES型やトランスログ型等ある。コブ＝ダグラス型では生産要素間の代替弾力性が1であることを仮定しており、他の特定化ではその仮定を緩めている。ここではコブ＝ダグラス型生産関数について説明する。

$$Y = AK^{\alpha}L^{\beta} \tag{6-2}$$

この (6-2) 式の α と β はそれぞれ、資本と労働の生産弾力性である。生産弾力性が大きくなればなるほど、同じ量の投入でも、より多くの産出が生み出される。生産弾力性とはそのことを示している。また、この (6-2) 式の両

第6章 中国経済におけるルイスの転換点について

辺に自然対数 log_e を乗じることによって、

$$log_e Y = log_e A + a\, log_e K + \beta\, log_e L \qquad (6\text{-}3)$$

となる。自然対数 log_e についての詳細な説明は紙面の都合上避けるが、直感的には以下のようなことが成立する。「$Z=X\times F$」という関係が成り立っている時、「Z の増加率＝ X の増加率＋ F の増加率」が導かれる。このため、(6-3) 式は Y の成長率が、A と K と L のそれぞれの成長率の和となると考えてほしい。

この生産関数から、労働の限界生産力（Marginal Product of Labor、以下ではMPLとする）が導かれる。MPLとは労働 L が1単位増加した時の、生産量 Y の増加分である $\Delta Y/\Delta L$ を意味し、労働者を1単位多く雇ったことによって生じる利潤の増加分である。労働の限界生産力 MPL は、

$$MPL = \beta \cdot (Y/L) \qquad (6\text{-}4)$$

とこのように求めることができる。これは、

$$\partial Y/\partial L = \beta \cdot AK^a \cdot L^{\beta-1} = \beta \cdot AK^a L^\beta \cdot L^{-1} = \beta \cdot Y \cdot L^{-1} = \beta \cdot (Y/L) \qquad (6\text{-}5)$$

となるためである。つまり、(6-4) 式のように平均生産性 Y/L に労働の生産弾力性 β を乗じることによって、MPL が得られる。

マクロ経済学の標準的教科書には必ず記載されているように、この (6-4) 式の MPL と実質賃金が等しい水準まで、企業は労働者を需要するというのが古典派の第一公準であった。ルイスの転換点においても、工業を中心とした近代部門においては同様であると考える。

これに対して、農業等の伝統部門では、労働力が土地に比して相対的に過剰な状態にあるとする。例えば、農地は狭いが人口は多く、労働力を持て余しているような状況をイメージしてほしい。モンスーンアジアの稲作といった開発途上国の多くではそのような状況が想定されよう。このような状況では、伝統部門の労働力が近代部門へと移動し、伝統部門の労働力が減少して

も、生産物は減少しない。もともと過剰な労働力が伝統部門に滞留しているためである。そして、伝統部門の労働力が減少していっても、生産が一定であれば、労働生産性である Y/L は上昇していく。言い換えれば、伝統部門から近代部門へと労働投入が減少することによってMPLが増大する。つまり、工業へと労働力が異動して農業労働力が減少することによって、農業に残った労働力一人ひとりの貢献分が大きくなっていく。工業のような近代部門であれば、このような過剰な労働力は利潤最大化行動に反するために雇用されない。しかし、農村共同体内部では仮にMPLに満たない労働力でも、見殺しにはできず、最低限度の生活保障がなされ、労働力を再生産することが可能なレベルの賃金が支払われ、雇用されることになる。この最低限度の賃金水準をSLと呼ぶ。まとめると、賃金は、近代部門ではMPL、伝統部門ではSLで決定されるとルイス・モデルでは考える。

　ルイスの転換点においては、伝統部門に過剰労働力が存在すると、ルイスの転換点に到達していないと考える。工業化がスムーズに進展すれば、農業部門から工業部門へと労働力が移動し、過剰労働力が徐々に消滅し、ルイスの転換点を越えた経済発展の段階に到達することになる。よって、ルイスの転換点とは、近代部門の労働供給が、伝統部門における制度的な賃金の水準において無制限に供給される段階から、限界生産力と等しい賃金率の水準で行われる段階への移行における一段階と言えよう。そして、ルイスの転換点を超えることにより、開発途上国が先進国的な発展段階に到達したとする見方もあり得るのである。

3　ルイスの転換点の推定方法と日本の経験

　ルイスの転換点を検証するためには、いくつかの方法がある。南（1970）ではそれを以下のようにまとめているが、その骨子は、実質賃金の推移を見ることと、MPLを推定して実質賃金と比較することからなる。

　まず実質賃金の推移であるが、農業部門の実質賃金がある一時点を境に急速に上昇すれば、その時点がルイスの転換点と言えるかもしれない。農業

部門の実質賃金の急速な上昇は、労働力の枯渇を示唆している可能性があるためである。実際、2004年以降、中国では賃金の高騰がしばしば観察され、これを根拠として中国経済は2004年に転換点を超えたとする意見もある。例えば、大塚（2006）等である。繰り返しになるが、実質賃金が突然キンクして上昇すれば、それは過剰労働力の枯渇、つまり労働力過剰経済から労働力不足への転換を意味するかもしれない。転換点以前には、賃金はSLであり、転換点以後ではMPLで決定されるために、実質賃金水準は転換点の直前で上昇傾向を持ち始める。SLで決定される転換点以前の賃金も上昇傾向を持つことがあり得るが、農業生産性上昇率は工業のそれには及ばないためである。しかし、これだけでは十分ではない。賃金の急速な上昇といっても、その上昇の程度は相対的な問題であり、ある一時点を境にトレンドが完全に変化するような場合を除き、きわめて曖昧な基準となってしまうためである。実際、転換点以前でもSLも工業部門の実質賃金も緩やかではあっても上昇するために、どの時点が転換点に相当するかは判断が難しいと言える。

そして、生産関数を推定し、MPLを求め、その推移から、MPLの急激な上昇傾向が観察されれば、転換点を超えたと考える判断基準もまた考えられる。しかし、MPLだけでは実質賃金の場合と同様に曖昧かつ恣意的なものとなってしまう。よって、単に実質賃金やMPLが上昇傾向にあるからだけでは、転換点を超えたと判断することは難しいと言える。

このような曖昧さを克服するには以下の判断基準が適切であると思われる。MPLと実質賃金を比較し、「ルイスの転換点以前では実質賃金＞MPL」であるが、「転換点ではMPL＝実質賃金」が成立すると考えられるため、この「MPL＝実質賃金」が成立した時点を転換点とする。実際、このMPL＝実質賃金こそが最も頑健なルイスの転換点の判断基準とされる。転換点の判別基準の詳細については南（1970）および南ほか（2013）を参照されたい。

図6-1は、このMPLと実質賃金との比較を行い、1960年前後に日本ではルイスの転換点があったとする南（1970）の分析結果を示している。

南（1970）では1960年頃にMPL＝実質賃金が成立したことが示されてい

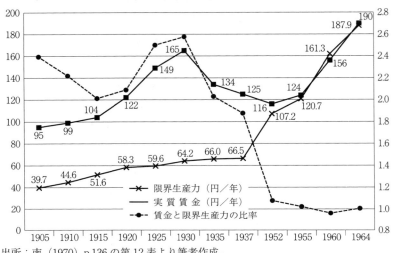

図 6-1 日本農業の限界生産力と実質賃金の推移（1934〜36 年価格）

出所：南（1970）p.136 の第 12 表より筆者作成。

る。ここから、1960 年頃に日本経済はルイスの転換点を超えたことが導かれる。この (6-3) 式等の推定であるが、Y や K や L といった実際に観察された統計データを用いて、α や β といった推定すべきパラメータを計算することになる。こうした手法は計量経済学分野の知識が必要となるが、基本的には回帰分析を用い、最小自乗法（Ordinary Least Square：OLS）等という推定量や使用データに適切な推定量を用いる。

　生産関数の α や β といったパラメータを推定するためには回帰分析・計量経済学の知識が必要となる。計量経済学についての入門書としては白砂（2015）や山本（2015）等が挙げられる。また、2017 年現在では R といった無料のアプリケーションで高度な計量経済学の活用が可能であり、パソコンを活用しデータ分析について理解を深めていただきたい。同様の手法を用いて韓国と台湾についてもルイスの転換点が分析され、台湾および韓国では 1970 年代に超えたとされる。

4　中国経済におけるルイスの転換点に関する実証研究

1）中国農業部門の概況

　ここでは、国連食糧農業機構『FAOSTAT』、世界銀行『World Development Indicator』、中国国家統計局『中国統計年鑑』を用いて各指標を推計し、中国農業部門の概況を確認していく。まず中国での全人口に占める農村人口比率を見ていく。1961年に約83.3％であり、1990年には約73.6％、2000年に約64.1％、2010年には約50.77％と減少し、2011年に50％を下回った。日本は、転換点を超えたとされる1960年頃には40％をすでに下回り、韓国および台湾の1970年代には、現在の中国と同程度であった。そして、GDPに占める農業部門の付加価値額のシェアを見ると、2012年では中国では約8％であり、転換点越えについての議論が出始めた2004年においては約13％であった。これは日本の1970年当時の5％、韓国の1978年当時の約4％よりもはるかに高い比率となっている。さらに、中国農村部門の1人当たり所得は上昇しているものの、都市と農村の所得格差は拡大しつつあり、2009年以降になると、所得格差が縮小傾向も観察され始めている。そして、作付け面積当たりの労働時間では、転換点に到達する時期の日本の比率を中国がすでに下回る値となっている。

　このような現状から、近年の中国経済の発展を日本・韓国・台湾と比較した場合、転換点への接近を示唆する指標もある一方で、それを否定するようなものも存在していると言えよう。このため、生産関数からMPLを推定し、ルイスの転換点を頑健に検証する必要がある。

2）中国を対象としたルイスの転換点に関する実証研究事例

　中国経済についての実証研究もこれまで数多く行われている。2000年以前のものとして、白砂（1986）、山口・王（1989）、新谷（1988）、本台・羅（1999）等が挙げられる。まず、白砂（1986）では『中国農業年鑑』のデー

タを用い、1980年における耕種農業を対象に生産関数の係数を推計している。生産関数はコブ＝ダグラス型を仮定し総生産額を産出として、労働・機械・肥料・土地を生産要素としたモデルを用いて、29の省・市・自治区別にMPLを推計し、これに付加価値率を乗じた値である付加価値限界生産力を同年の農村人民公社1人当たり分給額と比較している。推定の結果、分給額は付加価値限界生産力よりもはるかに高く過剰労働力が存在している旨を結論づけている。新谷（1988）では1952年から1995年を対象として、資本ストック・労働力・土地を生産要素とする生産関数からMPLを推定し、一次産業の賃金率の代理変数と比較し、過剰労働力の存在を確認している。本台・羅（1999）は新谷（1988）と同様の分析スタイルから1987年から1996年において一次産業労働力の61.8％が過剰労働力であると結論づけた。さらに本台・羅（1999）では郷鎮企業の生産関数も推定しており、過剰労働力者数の農業就業者数における割合は1987年から1996年にかけて平均約60％程度であり、概ね一定の割合で推移しており、明確な減少傾向は観察されないとしている。

　2000年以降を対象としたものとしては、Islam and Yokota（2008）、森脇（2008）、Minami and Ma（2010）、Ercolani and Zheng（2010）、Wang（2010）、稲田・山本（2012）、Era and Moriwaki（2013）等が挙げられる。Islam and Yokota（2008）では1989年から2005年を対象にクロスセクションデータとパネルデータを用い、生産関数の推定結果より、中国経済は転換点を超えていないとした。森脇（2008）においても、ES型生産関数から過剰労働力の存在を確認している。そして、Minami and Ma（2010）は1990年から2005年を対象にMPLを推定し、30から80％が過剰労働力とした。Ercolani and Zheng（2010）は農業部門と非農業部門の生産関数を1996年から2002年を対象に推定し、対象期間を通じて、農業部門と非農業部門のMPLは徐々に拡大傾向にあるとした。

　Islam and Yokota（2008）、森脇（2008）、Minami and Ma（2010）、Ercolani and Zheng（2010）等では労働力のデータとして労働者数、つまりストック・レベル・データを用いている。そのため、国内での移住労働力の影響を考慮

できていない。

　中国では、農村部から都市部へと、国内での労働力移動が広く行われているのが現状である。しかしながら、その実態を直接掌握できるデータは存在せず中国国家統計局も労働力市場の状況の変化を公式な統計データとして把握できていない。このため、地域別データを生産関数分析に用いると、実態としては都市部へ出稼ぎなどによって当該地域にて労働に従事していないにもかかわらず、農業労働者数としてカウントされてしまっているという困った問題に直面する。このような地域レベルの公表データを地域別データとして用いて生産関数を計測するとバイアスが発生し、実態を反映しない分析結果となってしまう。よって、生産関数の推計に用いられる労働力データに着目して、労働力を実態より過剰に評価してしまうという問題が発生する。

　このため、稲田・山本（2012）では、中国国家発展改革委員会価格司編『全国農産品成本収益資料匯編』を使用して、労働者数というストック・レベル・データではなく、フロー・レベル・データである労働投入時間を用いた。そして、8省における地域パネルデータから生産関数を推定し、過剰労働力の存在を確認している。

　同様にフローデータを用いたWang（2010）では1980年から2009年を対象期間に、ジャポニカ米の地域パネルデータを用いた生産関数から、MPLが急速に上昇しており、ここから転換点を超えたと主張している。

　Era and Moriwaki（2013）も同様のフローデータとしての労働力を投入要素としてパネル・フロンティア生産関数という手法を用い、2001年から2009年の地域別パネルデータから過剰労働力を求めた。その結果、転換点を超えて過剰労働力が消滅した省が沿岸部を中心にいくつか観察され、技術的効率性（Technological Efficiency : TE）が急速に上昇しているとした。主要作物である米を対象に、省別パネルデータを用いて生産関数を推定した。Era and Moriwaki（2013）では、2000年代の10年間を推定期間とし、さらに米をインディカ米とジャポニカ米に分け、さらにインディカ米も3種を対象として、合計4本の生産関数を推定した。その4種は[1]インディカ米（早生）、[2]インディカ米（中生）、[3]インディカ米（晩生）、[4]ジャポニカ米（梗米）

である。生産関数は、確率フロンティア分析によるコブ＝ダグラス型に特定した。その際に、上記の労働力データのバイアスを回避するため、中国国家発展改革委員会価格司編『全国農産品成本収益資料匯編』を用いて、投入した人数ではなく、面積当たりの労働時間を用いた。この結果、技術的効率性の向上が全体的に観察され、ジャポニカ米では2005年と2006年において過剰就業が消滅した結果が導かれた。さらに一部の省では2000年代後半を通じて過剰就業が消滅し、転換点を超えた兆候が観察された。ここから、品種と地域によっては転換点に近づきつつある兆候の存在可能性が示唆された。

　そして、江良（2016b）では『湖北農村統計年鑑』のデータを用いて、よりミクロな地域レベルでの生産関数の推計から転換点分析を行った。『湖北農村統計年鑑』のデータを用いると、出稼ぎで移動した労働力を控除した実態としてのフローの労働投入量を推計することが可能である。『湖北農村統計年鑑』では、「1から3ヶ月」「3から6ヶ月」「6ヶ月以上」の3つの分類にて、各地域別の「出稼ぎ者数」が記載されている。そこで、「1から3ヶ月」を平均2ヶ月、「3から6ヶ月」を平均4.5ヶ月、「6ヶ月以上」を平均9ヶ月として、各「平均出稼ぎ期間」と仮定した。この「平均出稼ぎ期間」に各期間ごとの「出稼ぎ者数」をそれぞれ乗じて、「総出稼ぎ者数」で除することによって、「一人当たり平均出稼ぎ月数」とした。そして、この1人当たり平均出稼ぎ月数に一次産業の就業者数を乗じることによって、「一年間の総出稼ぎ月数」が算出された。また、この一次産業の就業者数に12カ月を乗じることによって、「一年間の名目総労働月数」が算出される。この「一年間の名目総労働月数」は仮に出稼ぎを誰もせず、地域内ですべての農林畜産漁業就業者数が従事した場合の月数となる。「一年間の名目総労働月数」から「一年間の総出稼ぎ月数」を差し引くことによって、「地域内で"実際に"投入された農業労働月数」が導かれる。このフローの労働投入量である「地域内で"実際に"投入された農業労働月数」を用いて生産関数を推定した。この結果、転換点を超えている傾向は湖北省内ではまったく観察されなかった。Era and Moriwaki（2013）では、沿岸部等の先進地域では転換点越えが観察された省もあったが、湖北省は1人当たり域内総生産で見て、平均

的な水準の省であり、このような省では2000年代を通じて過剰労働力が存在したことが示唆される。

このような生産関数分析を用いて、既存研究では2000年代を通して、過剰労働力が存在し、ルイスの転換点を超えていないとの帰結を導いたものが多数を占めた。

5　今後の中国経済

これまでの既存研究を概観していくと、中国がルイスの転換点を超えたか否かについては、完全なコンセンサスに至っておらず、超えたと断定することができないのが現状であろう。2004年に超えたとする説も完全な根拠は存在しない。よって、中国経済には過剰労働力がまだ存在し、ルイスの転換点を超えていない可能性が否定できない。がしかし、転換点に近づいている兆候は広く観察されている。実際に図6-2は都市部と農村部の実質所得の推移と格差を示している。

図6-2は都市部の1人当たり所得である「城鎮居民家庭人均可支配収入」と農村部の所得である「农村居民家庭人均纯収入」を1978年価格にて実質化したものである。都市部の急速な成長に対して農村部のそれはやや緩慢で

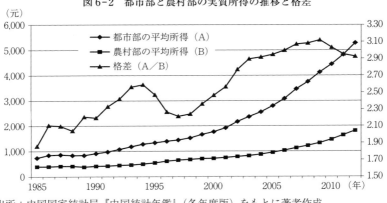

図6-2　都市部と農村部の実質所得の推移と格差

出所：中国国家統計局『中国統計年鑑』（各年度版）をもとに著者作成。

あり、都市部の所得を農村部の所得で除した割合は1985年に約1.86倍であったものが、1995年には約2.47倍、2010年に約3.03倍程へと拡大している。

このような所得格差は、都市部のみに注目すれば、1人当たり所得の上昇から転換点への移行を示唆するが、農村部の相対的に緩慢な上昇に起因する都市部と農村部の所得格差の拡大に着目すれば、農工間労働移動の余地が大きいことを示していると言えよう。しかし、2009年から2012年にかけて所得格差が縮小している。このような所得格差の縮小が継続する場合、転換点への接近の証左となり得る。この意味で、2010年代には中国経済はルイスの転換点へと大きく近づいていることも示唆される。

この意味で、中国経済が近い将来において、大きな産業構造の転換を迫られる可能性は高く、これは大きく世界経済に影響を与えるものと言えよう。

●引用・参考文献

稲田光朗・山本裕美（2012）「中国経済転換点の検証—ジャポニカ米生産の省別パネルデータに基づいて—」『中国経済研究』第9巻第1号、pp.1-22

江良亮（2015）「中国農業における米・ともろこし・小麦・大豆生産の過剰労働力」『城西大学国際文化研究所紀要』第20号、pp.1-15

江良亮（2016a）「中国経済に関する生産関数分析を用いた転換点論争」『国際開発学研究』Vo15, No.1、pp.1-17

江良亮（2016b）「2007年から2009年における湖北省での地域レベルでのルイス転換点の実証分析」『国際開発学研究』Vo16, No.1、pp.1-20

大塚啓二郎（2006）「中国 農村の労働力は枯渇—「転換点」すでに通過—」『日本経済新聞』2006年10月9日付朝刊、p.20

金昌男・渡辺利夫（1997）『現代韓国経済発展論』裕豊出版社

厳善平（1997）「中国の地域間労働移動」『アジア研究』XXXVIII-7、pp.34-59

白砂堤津耶（1986）『中国農業の計量経済分析』大明堂

白砂堤津耶（2015）『例題で学ぶ初歩からの計量経済学』日本評論社

新谷正彦（1988）「中国の経済発展下の農業部門における過剰就業」『西南学院大学経済学論集』第32巻4号、pp.111-136

本台進・羅歓鎮（1999）「農村経済の変貌と労働市場」南亮進・牧野文夫編著『流れゆく大河—動く農村労働の移動—』第3章、pp.57-80

森脇祥太（2008）「中国農業の生産関数と過剰労働力の推定」森脇祥太『経済発展の計量分析』成文堂、pp.135-162

南亮進（1970）『日本経済の転換点』創文社
南亮進・牧野文夫・郝仁平編著（2013）『中国経済の転換点』東洋経済新報社
山口三十四・王朝才（1989）「中国農業の地域差と生産関数—過剰就業問題について—」『農林業問題研究』第 25 巻第 2 号、p.49
山本勲（2015）『実証分析のための計量経済学』中央経済社
Era, A., and Moriwaki, M. (2013), "Labor Scarcity and the Turning Point in the Chinese Rural Sectors: Empirical Evidences from a Frontier Production Function Study," *China Economic Journal*, 6(1), pp.21-45.
Ercolani, M. and Zheng, W. (2010), "An Empirical Analysis of the Lewis-Ranis-Fei Theory of Dualistic Economic Development for China," *Discussion Papers from Department of Economics,* University of Birmingham.
Islam, N. and Yokota, K. (2008), "Lewis Growth Model and China's Industrialization," *Asian Economic Journal*, 22(4), pp.359-396.
Lewis, W. A. (1954), "Economic Development with Unlimited Supplies of Labour," *Manchester School of Economic and Social Studies*, Vol. 22, May, pp.139-191.
Lewis, W. A. (1958), "Unlimited Labour : Further Notes," *Manchester School of Economic and Social Studies*, Vol. 26, Jan, pp.1-32.
Minami, R. and Ma, X. (2010), "The Lewis Turning Point of Chinese Economy: Comparison with Japanese experience," *China Economic Journal*, 3(2), pp.163-179.
Wang, M. (2010), "The Rise of Labor Cost and the Fall of Labor Input: Has China Reached Lewis Turning Point?," *China Economic Journal*, 3(2), pp.137-153.

第7章
韓国経済の現状と課題

1 韓国の経済発展と展開

1) 漢江(ハンガン)の奇跡と称される韓国経済

　韓国の経済成長は、奇跡であると言わざるを得ない。日本の植民地支配から解放された韓国はその喜びも束の間、朝鮮戦争が勃発し、全国土が戦場となった。朝鮮戦争後、韓国経済の状況は世界でも最貧国の範疇にあった。

　その後、韓国経済は、日本などの先進国との経済協力関係はもちろんながら、経済発展が最重要課題として位置づけられた。雁行形態論で言えば、韓国は先進国をキャッチアップする経済発展プロセスが進められたのである。特に、政府主導による「経済開発5カ年計画」は政府、企業、国民に浸透し、その成果が現れた。世界市場を舞台として競争に出た企業家、ハングリー精神に満ちた労働者によって韓国経済は高度成長を達成した。

　表7-1の1人当たり名目GDPに示したように、1965年、韓国の1人当たり名目GDPは、中国、フィリピン、タイ、インド、パキスタン、バングラデシュよりも低い105ドルに過ぎなかった。その後、1990年の1人当たり名目GDPは6642ドルとなり、2015年は2万7195ドルとなった。競争相手国に比べると、飛躍的な成長を遂げたことが分かる。

　また、国内総生産（GDP）の推移は、1965年に31億ドルしかなかったのが、2015年に1兆3768億ドルとなり、約444倍に増大した。同時期の日本は960億ドルから4兆1232億ドルで約43倍であったことを比較すると、韓国の経済成長の大きさが一目瞭然である。

表 7-1　1 人当たり名目 GDP

(単位：ドル)

	1965 年	1990 年	2015 年
中　国	158	354	7,989
韓　国	105	6,642	27,195
フィリピン	203	796	2,858
インドネシア	62	634	3,362
タ　イ	141	1,521	5,742
インド	119	385	1,617
パキスタン	144	483	1,449
バングラデシュ	128	326	1,286
日　本	920	25,140	32,485
アメリカ	3,658	23,914	55,805

出所：韓国貿易協会（http://www.kita.net）より筆者作成。

表 7-2　韓国の貿易規模の推移

	輸出額（億ドル）	世界輸出順位	世界貿易順位
1948 年	0.03	101	68
1964 年	1.2	90	68
1977 年	100	24	25
1995 年	1,251	12	12
2006 年	3,255	11	12
2011 年	5,552	7	9
2015 年	5,268	6	9

出所：韓国貿易協会（2016：2）。

　一方、表 7-2 の韓国の貿易規模の推移に示したように、韓国が建国された 1948 年の輸出額は 300 万ドルであり、世界輸出順位は 101 位であった。その状況から、輸出額は 1977 年に 100 億ドル、1995 年に 1251 億ドル、そして 2015 年には 5268 億ドルに達した。同時期の世界輸出順位は、1977 年に 24 位、1995 年に 12 位、そして 2015 年には 6 位となった。また、世界貿易順位は、1977 年に 25 位、1995 年に 12 位、そして 2015 年は 9 位となった。貿易額は、1964 年に 1.2 億ドルを達成した以降、2011 年は 1 兆ドルとなり、世界で 9 番目の貿易大国になったのである。正に、韓国の経済発展は、漢江(ハンガン)

の奇跡と称されるのである。

2）韓国経済の発展プロセス

　韓国経済は、貿易の拡大、経常収支の黒字化、そして商品の高度化の特徴を活かして発展してきた。戦後（解放後）、韓国は、アメリカの援助物資に頼る貿易から始まり、当時（1945～1960年）の主要輸出商品はスルメイカ、タングステンの鉱石、寒天などが主流であった。その後、1962年から「経済開発5カ年計画」が樹立され、主に労働集約的な軽工業製品が中心となり、カツラ、衣類、靴、ベニヤ板が新たな輸出商品として登場した。対外的には、GATTに加入し、国際基準の下で貿易を推し進めた。それにより、韓国経済は高度経済成長に成功したが、軽工業中心の輸出構造が限界に達していた。そこで、韓国政府は「経済開発5カ年計画（1973年）」で軽工業産業構造から重・化学工業産業構造に転換した。それにより、鉄鋼、造船、自動車、電機・電子産業などが次々と創業されたが、輸出商品の中心となるにはまだ時期尚早であった。1980年代になると、再び韓国経済が躍進できる三安（ドル安、原油安、金利安）の条件に恵まれたことにより、貿易黒字が大きく増加した。この時期（1981～1990年）の主な輸出商品は、船舶、衣類、そして靴が占めていた。

　1990年代になると、主要輸出商品は、半導体、自動車、船舶などのハイテク商品が貿易の主流になっていった。しかし、韓国市場は、対外的に開放化、輸入自由化の波が押し寄せてきたことにより、再び貿易赤字の急増などから通貨危機が引き起こされた。これまでの韓国式経済発展プログラムが通用しなくなったのである。

　その後、経済や産業、企業などの構造改革は、さらなる経済発展につながった。2001年以降、主に中国などの新興国の台頭や、世界最大のFTA網を構築し、グローバル化に効果的に対応したことによって、半導体、LCD、携帯電話などのハイテク製品が輸出拡大に大きく貢献した。

2　韓国経済の現状

　2016年1月の韓国の輸出は、前年対同期に比べ18.8％減少に転じた。輸入も20.0％減少となったが、貿易収支は、52億ドルの黒字にとどまった。このような輸出不振は、グローバル金融危機以後、最大の減少幅になった。その原因は、世界経済の成長鈍化や原油安などのグローバル景気の影響が大きいが、中国における中間財の自給率の上昇と韓国企業の海外生産拡大などの構造的な要因が複合的に作用したことにある。

1）対外的な要因

　第1に、世界経済の成長低迷により世界的に投資力が不足している。IMF（国際通貨基金）によると、世界経済の成長率は、2007年に5.7％であったが、世界金融危機を経て2013年に3.3％、さらに2015年に3.1％となり、長期停滞（Secular Stagnation）の可能性が懸念されていた。その中で韓国にとって最大の輸出相手国である中国の経済成長率（2015年）が6.9％にとどまったことが韓国の製造業の輸出に影響を及ぼした。

　第2に、原油安・原材料安により産油国や原材料生産国の輸出が減少したことで、それらの国の財政悪化が韓国企業の輸出減少につながる要因となっている。実際、原油輸出（2013～2014年）の割合が大きい国は、イラク（99.4％）、ベネズエラ（85.1％）、サウジアラビア（78.2％）、クウェート（68.5％）、ロシア（30.9％）の順であるが、それらの国の原油輸出減少により、韓国からの輸出が減少したのである。また、原油安により、石油化学・石油製品のみならず、グローバル供給過剰および競争力の激化により韓国の主力製品である半導体、鉄鋼などの主要品目の輸出単価も引き下げられた。

　第3に、主要国における通貨安により韓国ウォンはドルに対し相対的に高くなった。2015年7月末と2016年1月末における主要国の対ドル為替市場の変動幅を見ると、日本の円は4.32％下落、欧州のユーロは0.05％下落したのに対して、韓国のウォンが3.61％、中国の元が5.90％それぞれ上昇し

た。それにより、韓国企業は中国向けの輸出単価引下げおよび調達先の変更を余儀なくされただけではなく、グローバル市場において中国製品との競争が激しさを増している。

2）国内の構造的な要因

韓国経済の減速が鮮明になってきている。図7-1の輸出増加率の推移に示したように、1960年代と1970年代の輸出増加率はそれぞれ38.2％と35.6％を占めていたが、1980年から2008年までは概ね10％台を推移していた。さらに、2009年から2015年の間には3.2％まで落ち込んでおり、輸出が停滞している。

韓国経済は輸出不振により、新たな投資が控えられ、消費が減速するという三重苦になっている。図7-2で韓国の主要輸出13品目を2011年と2015年で比較したように、船舶、ディスプレーなどの製品は急速に輸出減少になっている。

船舶は、輸出占有率が2011年に24.5％であったが、2015年は21.2％となり、3.3％減少した。これまで最大の授受率を見せている現代重工業、大宇造船海洋、サムスン重工業の3社は、2016年授受目標の10％をかろうじて達成している。造船3社（7月末基準）は、年間授受目標である301億7000

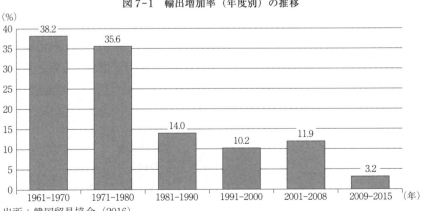

図7-1　輸出増加率（年度別）の推移

出所：韓国貿易協会（2016）。

図7-2 韓国主要輸出13品目の推移

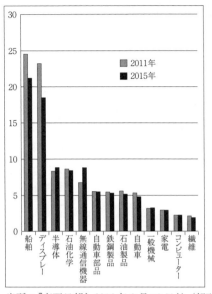
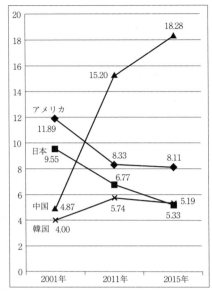

出所:『東亜日報』2016年9月19日付(朝刊)。

万ドルのうち10.1％の、30億3900万ドルしか授受できなかった。それより深刻なのは、海洋プラントの授受比率が高いサムスン重工業であり、2016年の授受目標は昨年の授受目標値の3分の1に相当する53億ドルであったが、新規授受件数は皆無であった。その後、サムスン重工業は2016年9月なると、2件の授受を受けることになり、授受件数は改善されるようになった。

　中国の景気減速と船舶の余剰感から、造船受注が低迷しているのは日本も韓国も同じであるが、韓国は中国の追い上げを受けて新境地を探り、2010年頃から相次いで海洋プラント事業を積極的に授受してきた。海洋プラントは海上で石油採掘に使うが、その採掘は施工や技術力が不十分であったため工事の遅延が多発し、各社とも数兆ウォン単位の損失処理を迫られた。また、原油安が、海洋プラントの受注落ち込みにも波及したのである(『日本経済新聞』2016年6月3日付)。

また、ディスプレーの韓国産占有率は、2011年の23.2％から2015年には18.5％へと大幅に減少した。しかし、同期間中、中国産ディスプレーは、26.2％から29.4％になり、3.2％成長した。

　図7-2の世界主要13大品目における占有率は、2001年に韓国は4.00％であったのが、2011年に5.74％に増加したものの、2015年は5.33％と減少に転じた。アメリカや日本も同様であったが、中国は2001年の4.87％から2011年には15.20％、2015年には18.28％と躍進している。中国は、主要13大品目の中で船舶を除く12品目の占有率が高くなっている。特に、無線通信機器は、2011年は31.3％であったが、2015年は38.1％となり、6.8ポイントの増加を見せた。アメリカは、船舶などの6品目が増加したが、半導体などの6品目は減少している。

　中国の追い上げは、2000年代はじめから予想されていたが、韓国政府と企業の対策の甘さが今日の現状を深刻化させている。韓国の企業は、医療、物質、化学、バイオ、製薬などの未来市場を開拓し、新たな分野を切り開く必要がある。

3）韓国企業の現状

　この状況の中で好調なのが、化粧品と医薬品である。アモーレパシフィックグループの化粧品は、韓流スターを広告モデルに起用し、若い女性を中心に中国や東南アジアなどで売り上げを伸ばしている。医療品では、バイオ製薬品の後発薬である「バイオ後続品」を生産するセルとリオンが連結営業利益を30％近く伸ばした。

　また、原油などの資源安で化学製品などが好調である。韓国取引所の上場519社は連結純利益が21兆4700億ウォン（約1兆9800円）となり、前年同期比（2016年基準）18％も増えた。原油など資源価格の低迷がエネルギーや化学産業の収益を大幅に押し上げた。その中で、韓国電力公社の純利益は2兆1400億ウォンと78％増加した。また、石油精製大手のSKイノベーションの純利益は5600億ウォンと90％増益である。石油化学のLG化学も4割増益になり、いずれも原材料価格の下落が寄与したものである（『日本経済新聞』

2016年6月3日付)。

このように、輸出企業は明暗が分かれているが、次のような構造的な問題を抱えている。

第1に、高コスト構造と主力産業の海外生産拡大である。競争相手国に比べ、人件費が高く労働市場の柔軟性の欠如と反企業的な感情や規制による主力産業の海外生産比重が益々拡大している。海外生産比重は、家電が77.8％と最も高く、ディスプレーが57.5％、自動車が40.2％、繊維が26.2％となっている（韓国貿易協会 2016：4）。

第2に、イノベーション不足による主力産業の高齢化である。輸出13品目の中ですでに22年前に10品目が主力品目に位置づけられた。特に、鉄鋼、自動車、そして半導体は38年前、船舶は29年前、合成樹脂は20年前となっており、産業の構造調整が必要である。

第3に、中小企業やサービス産業の輸出活動が不十分である。中小企業の輸出比率は、アメリカが5.2％、ドイツが10.8％に比べ、韓国は2.7％に過ぎない。また、2015年のサービス産業は、アメリカが14.4％、ドイツが5.5％であるが、韓国は2.2％しかない状況である。

第4に、高度（圧縮）経済成長による創造的な力量蓄積の不足である。大手財閥企業中心による大量生産、大量販売を主力としたために創造的な革新能力が十分に働かなかったのである。

3　韓国経済の課題

1）第4次産業革命と新興国消費者の対応

世界経済は、ニュー・ノーマル（New Normal）時代が到来している。世界金融危機以降、世界経済には3低（低成長、低所得、低収益率）現象が見られるのみならず、金利がゼロに近い水準にとどまるニュー・ニュートラル（New Neutral）時代も合わせて到来しつつある。

世界経済は、供給過剰と需要の不足、中国の成長戦略の変化などの不確実

性が高まっており、長期的な低成長が懸念されている。中国経済の低成長は続くと予想されており、韓国貿易において中国特需はもう期待できない状況である。世界工場としての中国は、技術高度化を推進し付加価値を創出する製造業強国として飛躍しようとしているのである。

破壊的な技術（Disruptive Technology）が、世の中を変え始めている。現在、世界はロボット、人工知能（AI）、モノのインターネット（IOT）、ビッグデータなど最先端の技術融合を通した第4次産業革命が推し進められており、不可測、不確実、不連続的な方向で展開されている。また、ICT（情報通信技術）を基礎とした産業再編によって産業間境界の崩壊が見られている。

新興国の消費市場は、世界消費の中心として注目を集めている。世界の国内総生産における新興国の割合は、2015年に39％であったが、2030年には63％に拡大される見通しである。中国、インド、ASEANの急速な経済成長により、世界経済の中心がアジアに移動することになる。これから30年間、世界は都市化が進行するが、その都市化は新興国が牽引することになる。そのうち、中間層人口は、2009年には世界人口の27％であったが、2030年には60％まで拡大され、そのうち80％以上は新興国に集中する。世界の中間層の66％は、アジアに居住する見通しである。

上述のように世界経済の変貌は、新たな韓国経済の成長の機会として捉え、持続可能な経済発展のための舵を大きく切る必要がある。また、今日の韓国経済の状況から見ると、漢江の奇跡と言われた時代を再び期待することはできない。輸出増加によってもたらされた付加価値と雇用拡大は、もはや通用しなくなったのである。2000年以後、輸出の付加価値率はアメリカが85％、ドイツが75％、日本が85％、中国が68％に対して、韓国は50％台にとどまっている。総就業の寄与率（2015年基準）は、403万人であり、総就業のうちの14～15％に過ぎないのである。

また、先進国をキャッチアップする経済発展プロセスも通用しなくなっており、これからの経済発展プロセスは海外移転ができない知識基盤産業の育成に転換する必要がある。貿易においては輸出額より付加価値の創出を最優先課題として位置づけ、世界の人々に愛される輸出製品の高品質化戦略を急

がなければならない。

　そのため、輸出は3S（スマート、シナジー、サービス）を中心としてアップ・グレードすべきである。製造業のスマート化は、主力産業の製造工程の生産性、迅速性、柔軟性を高め、新たな価値を創出し、競争優位を確保することになる。ICTと調和させる製造工程は、IOT、CPS（サイバーフィジカルシステム）など、ICT工程革新を融合させ、設備運営、効率化、コスト削減、多様性に基づいた柔軟生産システムの構築を通して顧客オーダーメイド型の製品生産力を確保することである。新たな技術の融合は、単なる技術の融合のみならず、消費者が必要とする部分において明確な価値を提供するものでなければならない。韓国のスマート工場のためのセンサーやソフトウェア、工程制御などの重要技術は、先進国の70％にとどまっており、産学官の連携を通じた研究開発が必要になる。また、バイオ、エネルギー、航空宇宙、新素材、ヘルス・ケアなどのスマート基盤産業は、輸出産業として育成していくことが課題になる。

2）FTA戦略

　さらに、アジア太平洋における経済統合のハブを目指す。韓国は、2016年現在52カ国と15件のFTAを発効しており、FTA領土は世界一である。東アジアではTPP、RCEPなど、アメリカや中国が主導する地域統合型のメガFTA論議が活発化されている。韓国は、域内メガFTAおよびアジア経済統合の礎になる役割を担うことでアジアをつなぎ、アジアに通じるゲートウェイにならなければならない。そのため、日中韓FTAおよびRCEP協議を通して東アジア統合市場でのイニシアチブを発揮する一方、すでに締結した韓中・韓米FTAを中心としたアジア太平洋経済統合のハブ役も担う必要がある。通商と産業の有機的な連携を通じて業種別にグローバル生産網およびアウトソーシングを構築することや、国内制度とグローバル・スタンダードの調和を通して、FTAを産業競争力の向上のために活用することも重要である。また、将来の通商は、デジタル取引の拡大と技術発展によって新たな通商問題の発生が予想される。伝統的な貿易に限られた既存の通商ルー

ルの限界を踏まえて、デジタル取引の利害関係を反映する新たな通商ルールの確立が求められる。とりわけ、日中韓は3カ国のデジタル単一市場を構築するため、統一されたデジタルルールと発展戦略を共有し、革新・投資活性化・制度改善とともに産業競争力の向上を推進すべきである。

3）韓流ブームと文化の商品化

　新興国の中間層に焦点を合わせるかが課題である。新興国の中間層は、世界消費財市場を牽引する消費の中心勢力になる。世界6位の輸出国にもかかわらず、韓国のブランド力は経済規模より低い水準にある。特に、差別化されない商品は日本と中国によりサンドイッチ化されているような状況に置かれており、韓国的な価値を含有させた魅力的な商品開発を通して競争力を高める必要がある。韓国における高級消費財輸出は、増加はしているものの、欧米・日本などの先進国に比べ、プレミアム製品やグローバルブランド力が乏しい。しかし、韓国は韓流ブームによって新興国の中間層に接近しやすくなっている。実際、韓流は、韓国製品のアジア市場開拓の先兵になってきた。韓国のドラマやK-POP、コンサートなどによる間接的な広告効果は、コンテンツの分野を超えて広がっており、ドラマや映画は、韓国製の家電製品や自動車、化粧品などが広告として大きく映し出され、韓国製品への憧れを誘う役割を果たしてきたのである。

　21世紀は文化時代が到来し、産業と貿易も文化的な要素が加えられた感性集約的な産業が主導すると予想される。韓国文化の感性活用（文化マーケティング）→文化投影を通した製品価値の増大（ストーリーテリング）→文化的価値の発現による商品価値の向上→製品供給者からバリュー・プロバイダ（Value Provider）に発展していくのである。すなわち、ドラマ、映画などの文化コンテンツの感性とブランドのストーリーを製品に溶け込ませ、商品の価値を向上させることである。また、韓国固有の韓方（漢方）および発酵技術を加味した韓方化粧品に代表されるような、韓国的な価値と感性を活かした伝統、趣、慣習なども差別的な価値として捉えることがより重要である。

●引用・参考文献

『日本経済新聞』2015 年 1 月 16 日付（朝刊）

『日本経済新聞』2015 年 6 月 22 日付（朝刊）

『日本経済新聞』2016 年 6 月 3 日付（朝刊）

전국경제인연합회『미래가 본 대한민국—2030 년 세계 10 대 경제강국프로젝트—』2013 년（全国経済人連合会『未来がみた大韓民国—2030 年 世界 10 大 経済強国プロジェクト—』2013）

기획재정부『대한민국 중장기 정책과제』2012 년（企画財政部『大韓民国中長期政策課題』2012 年）

한국무역협회『선진화된 구조로 세계경제와 조화된 한국무역』한국무역협회 국제무역연구원、2016 년（韓国貿易協会『先進化された構造で世界経済と調和された韓国貿易』韓国貿易協会国際貿易研究院、2016 年）

현대경제연구원『경제주평』16-15（통권 688 호)、2016 년（現代経済研究院『経済主評』16-15〔通巻 688 号〕、2016 年）

심혜정『수출이 우리 경제에 대한 기여와 시사점』한국무역협회 국제무역연구원,2016 년（シン・ヘジョン『輸出がわが経済に対する寄与と示唆点』韓国貿易協会国際貿易研究院、2016 年）

「元気のない韓国輸出主力製品」『東亜日報』2016 年 9 月 19 日付（朝刊）

韓国貿易協会（http://www.kita.net）

韓国統計庁（http://kostat.go.kr）

第8章
日中韓の貿易構造

1　日中韓貿易について

　1990年代に入り、中国経済の浮上に伴い、東北アジア3カ国——日本、中国、韓国——の経済的相互依存関係が非常に深化した（OECD 2009）。日本や韓国の企業が積極的に中国に進出して生産ネットワークを構築した結果、日中韓の域内貿易規模は大きく拡大し、同時に相互貿易依存度も上昇したのである。特に、1997年のアジア金融危機以降、日本と韓国の対中国輸出依存度が急激に増加した。中国が日本や韓国から資本財と中間財を輸入・加工して最終財を生産し、アメリカやEUなどの域外地域に輸出する貿易構造が定着したのである。このように、日本、中国、韓国の3カ国は、企業の積極的な直接投資および生産ネットワークを背景に、貿易補完関係を構築・維持してきた。

　しかし、2000年代に入り、日中韓における技術水準の変化に伴い、東北アジア3カ国の貿易構造も大きく変わりつつある。技術水準においては、日本と韓国の差が徐々に縮小しており、中国が韓国を猛烈に追撃している。実際に、日本が技術先進国として安定的な輸出構造を維持している一方で、韓国と中国の比較優位は労働集約型の低技術産業から資本集約型の高技術産業に移行している（OECD 2009）。日中韓における技術格差の縮小は、今後東北アジア地域の国際分業および貿易構造に大きな変化をもたらすと考えられる。

　そこで本章は、輸出産業の技術水準を考慮した上で、日本・中国・韓国における産業別貿易構造および比較優位構造の変化を分析し、東北アジア3カ国の輸出競争力および国際分業の位置づけを明らかにする。国や産業の比較

優位を測る方法としては、Balassa（1965）の顕示比較優位指数をはじめ、いくつかの方法が提案されている（Balance et al. 1987; Bacchetta et al. 2012）。本章では、経済統計データの中で最も利用しやすい貿易統計を用いて、各国における産業別の貿易特化指数と顕示対称比較優位指数を計算して比較優位構造を把握し、輸出競合度指数を算出して輸出産業の類似性を検討する。

2　分析方法

本章は、Lall（2000）が提示した産業分類方法を用いて、日本・中国・韓国における産業別貿易構造および比較優位構造の変化を分析する。そこで、まず輸出産業を一次産品（primary products：PP）と製造業（manufactured products）に大別した上で、製造業については技術水準を考慮して、資源基盤産業（resource based：RB）、低技術産業（low technology：LT）、中技術産業（medium technology：MT）、高技術産業（high technology：HT）に分類している。また、RB（資源基盤産業）は農水産加工（RB-1）とその他の資源基盤（RB-2）、LT（低技術産業）は繊維（LT-1）とその他のローテク（LT-2）、MT（中技術産業）は自動車（MT-1）、金属・化学（MT-2）、機械（MT-3）、そしてHT（高技

表8-1　技術水準に基づく産業分類

産業分類	主な品目
PP（一次産品）	果物、肉類、米、茶、木、石炭、原油、ガス
RB-1（農水産加工）	加工肉・果物、飲料、木材、植物油
RB-2（その他の資源基盤）	精鉱、石油製品、ゴム製品、セメント、ガラス
LT-1（繊維）	織物、衣類、履物、革製品、旅行用品
LT-2（その他のローテク）	陶器、家具、玩具、製紙、楽器
MT-1（自動車）	乗用車および同部品、商用車および同部品
MT-2（金属・化学）	合成繊維、肥料、プラスチック、鉄鋼、化学品
MT-3（機械）	エンジン、モーター、工業用機械、船舶
HT-1（電子・電気）	事務機器、通信機器、テレビ、発電装置
HT-2（その他のハイテク）	医薬品、飛行機、光学機器

出所：Lall（2000）、p. 341、Table 1。

術産業）は電子・電気（HT-1）とその他のハイテク（HT-2）にそれぞれ細分化している（表8-1）（産業分類に関する詳細はLall〔2000〕を参照）。

本章では、標準国際貿易商品分類（SITC、revision 2）の3桁で分類された計230産業に対して、Lall（2000）が提示した10の産業カテゴリーにそれぞれ対応させた。分析に用いるデータは、2005年から2014年まで10年間の日本・中国・韓国の輸出入額であり、すべて国際貿易センター（International Trade Centre）が提供するPersonal Computer Trade Analysis System（PC-TAS）CD-ROMから入手した。

3　貿易構造の特徴と変化

1）日　　本

　日本は、アメリカ、中国、ドイツに続く世界4位の貿易大国である。日本の貿易総額は2005年の9391億ドルから2014年の1兆2614億ドルとなり、約43％の増加となった。同期間中に日本の輸出総額は4987億ドルから5717億ドルに増加した一方で、輸入総額は4404億ドルから6897億ドルに増加した。結局、日本は583億ドルの貿易黒字から1180億ドルの貿易赤字に変わった。周知のように、日本の貿易収支は2011年の東日本大震災を契機に黒字から赤字に転じたのである。

　日本の産業別輸出入額および輸出入比率を見ると、まず比率の大きな変化は見られない。輸出面においてはMT-1（自動車）とMT-3（機械）の比率が比較的に高く、LT-1（繊維）やPP（一次産品）の比率が低い。輸入面においてはPP（一次産品）が最も大きなシェア（2014年時点で約42％）を占めている。そしてすべての産業において輸出入額の増加が見られたが、LT-1（繊維）とHT-1（電子・電気）の輸出は減少していることが分かる。このような結果は、一部の電子・電気部門における輸出競争力の低下や生産拠点の海外移転によるものであると考えられる。

表 8-2　日中韓の産業別輸出入の変化

(単位：億ドル)

産業	日本				中国				韓国			
	輸出		輸入		輸出		輸入		輸出		輸入	
	2005	2014	2005	2014	2005	2014	2005	2014	2005	2014	2005	2014
PP	74.3	150.5	1,607.1	2,889.8	286.4	590.5	845.0	3,902.0	52.9	127.3	743.1	1,733.3
RB-1	125.9	178.8	276.1	349.8	198.9	633.7	233.7	729.8	73.2	153.3	71.8	135.2
RB-2	303.4	514.1	406.9	691.3	335.6	1,088.2	700.8	2,845.5	227.6	667.3	226.8	563.5
LT-1	55.1	52.4	346.2	488.6	1,324.2	3,514.0	173.5	319.6	105.6	117.7	75.0	178.6
LT-2	359.5	427.6	271.8	405.0	885.0	3,596.8	295.9	470.4	179.4	364.5	129.1	268.2
MT-1	1,199.5	1,379.6	128.5	194.0	127.0	502.7	113.9	874.2	369.2	712.8	37.0	122.0
MT-2	481.7	620.0	201.1	295.9	418.5	1,170.4	719.7	1,285.8	274.4	562.6	234.9	355.9
MT-3	1,381.6	1,500.6	448.3	676.5	898.3	3,402.1	888.8	1,756.8	458.0	1,109.3	302.8	516.0
HT-1	753.3	531.7	478.5	519.8	1,716.7	3,624.2	949.3	1,493.6	397.4	440.3	218.8	263.0
HT-2	252.9	361.9	239.4	386.4	204.3	687.7	503.4	1,312.7	105.4	328.3	116.8	207.6
合計	4,987.1	5,717.2	4,403.7	6,897.2	6,395.0	18,810.3	5,423.9	14,990.5	2,243.2	4,583.4	2,156.0	4,343.2

注：PP：一次産品、RB：資源基盤産業（1-農水産加工、2-その他）、LT：低技術産業（1-繊維、2-その他）、MT：中技術産業（1-自動車、2-金属・化学、3-機械）、HT：高技術産業（1-電子・電気、2-その他）。
出所：PC-TAS より著者集計。

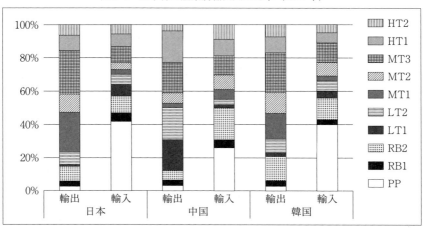

図 8-1　日中韓の産業別輸出入の比率（2014 年）

注：PP：一次産品、RB：資源基盤産業（1-農水産加工、2-その他）、LT：低技術産業（1-繊維、2-その他）、MT：中技術産業（1-自動車、2-金属・化学、3-機械）、HT：高技術産業（1-電子・電気、2-その他）。
出所：PC-TAS より著者集計。

2）中　　国

　中国は、世界1位の輸出国であり、アメリカに次ぐ世界第2位の輸入国である。中国の貿易総額は2005年の1兆1819億ドルから2014年3兆3801億ドルまで増加した。また2014年時点での輸出総額は1兆8810億ドルを記録し、2005年の6395億ドルに比べて約194％も増加した。輸入総額も大幅に増加し、2014年の5424億ドルから2014年の1兆4991億ドルに増えて約176％の増加となった。その結果、中国の貿易黒字は2005年の971億ドルから2014年の3820億ドルまで急増している。

　2014年現在、中国で輸出比率の高い産業は、HT-1（電子・電気）、LT-2（その他のローテク）、LT-1（繊維）、MT-3（機械）などの順となっている。中国はLT（低技術産業）の輸出比率が約39％の高いシェアを維持しており、さらにHT（高技術産業）の輸出比率が23％に達している。中国輸出構造の特徴としては、日本や韓国に比べてLT-1（繊維）の輸出比率が比較的に高いことである。他方、輸入面においては、PP（一次産品）の輸入比率が最も高く、続いてRB-2（その他の資源基盤）、MT-3（機械）などの順となっている。

3）韓　　国

　韓国の貿易規模は、日本や中国と比べると比較的に小さいが、輸出入ともに世界ランキングで10位以内に入る。韓国の貿易総額は2005年の4399億ドルから2014年の8927億ドルとなり、約103％の増加となった。輸出総額は2005年の2243億ドルから2014年の4583億ドルに増加しており、輸入総額も同期間中に2156億ドルから4343億ドルに増加した。中国と同様に韓国も継続的に貿易黒字を達成しており、2014年には240億ドルの貿易黒字を記録している。

　韓国の貿易構造を見ると、日本の状況と非常に類似していることが分かる。例えば、2014年の時点でMT-1（自動車）とMT-3（機械）の輸出比率が比較的に高く、輸入においてはPP（一次産品）のシェアが約40％を占めている。韓国の輸出構造は、MT（中技術産業）の比率が輸出総額の50％以上を維持

する中で、HT（高技術産業）の輸出比率が徐々に減少している傾向が見られる。

4　比較優位構造の変化

1）貿易特化指数

産業の輸出競争力を測る指標の中で、貿易特化指数（Trade Specialization Index：TSI）は簡単に計算が可能なのでよく用いられる。TSIは、ある産業の輸出額から輸入額を差し引いた純輸出額（$X-M$）を、その産業の輸出額と輸入額を合算した総貿易額（$X+M$）で除した値である。

$$TSI = (X-M) / (X+M)$$

TSIの値は-1から1の範囲内にあり、-1の場合は「輸入に特化」、0の場合は「輸出入均衡」、1の場合は「輸出に特化」となる。すなわち、1に近づくほど外国に対する輸出競争力が強く（比較優位）、-1に近づくほど外国に対する輸出競争力が弱い（比較劣位）。

表8-3は世界市場における日本・中国・韓国の産業別TSIの推移をまとめたものである。まず日本の比較優位構造を見ると、特にMT-1（自動車）で強い比較優位を持ち、LT-2（その他のローテク）、MT-2（金属・化学）、MT-3（機械）、HT-1（電子・電気）のTSIが正の値であり、比較優位を有していることが分かる。逆にPP（一次産品）やLT-1（繊維）は-1に近いTSIとなり、強い比較劣位を示している。また日本のRB（資源基盤産業）も輸出競争力が弱いと言わざるを得ない。一方で日本のHT-2（その他のハイテク）は、分析期間中に比較優位産業から比較劣位産業へ徐々に転換している。

次に中国の場合は、LT-1（繊維）のTSI水準が非常に高く、LT-2（その他ローテク）、MT-3（機械）、HT-1（電子・電気）において比較優位を持っている。逆にPP（一次産品）、RB（資源基盤産業）、MT-2（金属・化学）、HT-2（その他のハイテク）は比較劣位を示している。そしてMT-1（自動車）は、輸入増加率

第 8 章　日中韓の貿易構造

表 8-3　日中韓の産業別 TSI の推移

産業	日本				中国				韓国			
	2005	2008	2011	2014	2005	2008	2011	2014	2005	2008	2011	2014
PP	−0.91	−0.91	−0.90	−0.90	−0.49	−0.64	−0.73	−0.74	−0.87	−0.88	−0.86	−0.86
RB-1	−0.37	−0.29	−0.30	−0.32	−0.08	−0.10	−0.12	−0.07	0.01	−0.01	0.11	0.06
RB-2	−0.15	−0.14	−0.21	−0.15	−0.35	−0.40	−0.51	−0.45	0.00	0.08	0.04	0.08
LT-1	−0.73	−0.74	−0.78	−0.81	0.77	0.83	0.84	0.83	0.17	0.00	−0.13	−0.21
LT-2	0.14	0.20	0.17	0.03	0.50	0.66	0.68	0.77	0.16	0.00	0.14	0.15
MT-1	0.81	0.84	0.80	0.75	0.05	0.11	−0.24	−0.27	0.82	0.76	0.78	0.71
MT-2	0.41	0.35	0.36	0.35	−0.26	−0.10	−0.13	−0.05	0.08	0.04	0.17	0.23
MT-3	0.51	0.50	0.50	0.38	0.01	0.20	0.21	0.32	0.20	0.29	0.41	0.37
HT-1	0.22	0.23	0.16	0.01	0.29	0.40	0.41	0.42	0.29	0.16	0.24	0.25
HT-2	0.03	−0.02	0.01	−0.03	−0.42	−0.31	−0.28	−0.31	−0.05	0.30	0.24	0.23

注：PP：一次産品、RB：資源基盤産業（1-農水産加工、2-その他）、LT：低技術産業（1-繊維、2-その他）、MT：中技術産業（1-自動車、2-金属・化学、3-機械）、HT：高技術産業（1-電子・電気、2-その他）。
出所：PC-TAS より著者算出。

が輸出増加率を大きく上回っており、比較優位から比較劣位に転じた。

　最後に韓国では、TSI が負の値を示している産業が日本や中国に比べて少なく、2014 年時点で PP（一次産品）と LT-1（繊維）を除いてすべての産業で比較優位を維持している。ただし、強い比較優位を持っている産業は MT-1（自動車）のみであり、その他の産業は TSI が 0.4 以下でやや低い。分析期間中に LT-1（繊維）は比較優位から比較劣位に転じたが、逆に HT-2（その他のハイテク）は比較劣位産業から比較優位産業へ変わった。

　図 8-2 は各国の産業別 TSI の変化をグラフで表したものである。各々のグラフで、第 1 象限は 2005 年と 2014 年に当該産業の TSI がともに正で比較優位を持っている状況を示す。逆に第 3 象限では当該産業の 2005 年と 2014 年の TSI がともに負で比較劣位が続く状況である。第 2 象限（比較劣位→比較優位）と第 4 象限（比較優位→比較劣位）は、同期間中に比較優位の構造に変化が生じたことを表す。各国の産業別 TSI を見ると、ほとんどグラフの第 1 象限もしくは第 3 象限に位置しており、分析期間中に比較優位構造の変化が発生した産業は少ない。前述したように、日本の HT-2（その他のハイテク）、中国の MT-1（自動車）、韓国の LT-1（繊維）と HT-2（その他のハイテク）において比較優位構造の変化が見られた。また各国の TSI の分布状況を

図8-2 日中韓の産業別TSIの変化

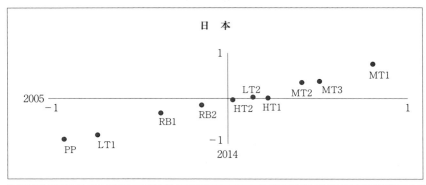

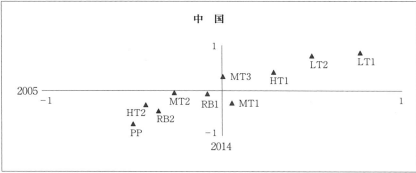

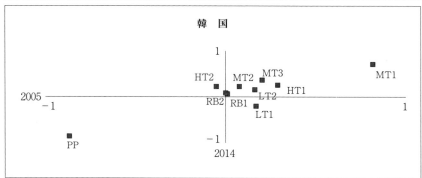

注：PP：一次産品、RB：資源基盤産業（1-農水産加工、2-その他）、LT：低技術産業（1-繊維、2-その他）、MT：中技術産業（1-自動車、2-金属・化学、3-機械）、HT：高技術産業（1-電子・電気、2-その他）。
出所：PC-TASより著者算出。

比較すると、日本と中国は各産業の TSI が原点から少し離れているが、韓国は一部の産業を除いて原点の周辺に密集していることが分かる。すなわち、韓国は比較劣位産業が少ない一方で、比較優位（輸出競争力）の度合いは高くないのである。

2）顕示対称比較優位指数

産業の比較優位を測る指標の1つとして、Balassa（1965）が提示した顕示比較優位（Revealed Comparative Advantage：RCA）指数がよく使用される。標準的な RCA 指数は、以下のように表される。

$$RCA = (X_{ij}/X_i)/(X_j/X)$$

ここで、X_{ij} は i 国の j 財輸出額、X_i は i 国の輸出総額、X_j は世界の j 財輸出総額、X は世界の輸出総額である。RCA 指数は j 財に対する世界における i 国の相対的なシェアを表しており、その値が1より大きければ、当該財に比較優位があることを意味する。RCA 指数は理論上 0 から無限大までの値を取り得るので、非対称の問題が生じる。RCA 指数は、産業規模が小さい時に、当該産業を過大評価する傾向がある。

そこで本節では、RCA 指数そのものではなく、以下のように RCA 指数を単調変換させた Laursen（1998）の顕示対称比較優位（Revealed Symmetric Comparative Advantage：RSCA）指数を用いて輸出競争力を計測する。RSCA 指数は、RCA 指数を －1 から 1 の範囲に収まるように加工したものであり、次のように定義される。

$$RSCA = (RCA-1)/(RCA+1)$$

RSCA 指数が 0 から 1 の範囲内であれば、他国と比べて比較優位を持っていることを示す。逆に RSCA 指数が 0 から －1 の範囲内であれば、当該国はある産業の輸出について比較劣位を意味する。他方で RSCA 指数が 0 であれば、全世界の平均と等しく、輸出について他国と比べて比較優位でもなく、比較劣位でもない。

表 8-4 は世界市場における日本・中国・韓国の産業別 RSCA 指数の推移をまとめたものである。まず日本の場合に、特に MT（中技術産業）に比較優位を持っており、HT-1（電子・電気）が弱い比較優位を示している。しかし、PP（一次産品）、RB（資源基盤産業）、LT（低技術産業）、HT-2（その他のハイテク）は RSCA 指数が 0 より小さく、比較劣位を示している。

次に、中国における産業別 RSCA 指数の推移は、TSI とほぼ類似している。中国は LT（低技術産業）と HT-1（電子・電気）で比較優位を持っており、MT-3（機械）でも弱い比較優位を示している。その一方で中国の PP（一次産品）、RB（資源基盤産業）、MT-1（自動車）、MT-2（金属・化学）、HT-2（その他のハイテク）は比較劣位である。

最後に、韓国における産業別 RSCA 指数の推移を見ると、TSI と若干異なる状況が見られる。韓国では RB-2（その他の資源基盤）、MT（中技術産業）、HT（高技術産業）で RSCA 指数が 0 以上であり、比較優位を持っていることが分かる。その中で、HT-2（その他のハイテク）は TSI と同様に分析期間中に比較劣位から比較優位に転じた。その一方で PP（一次産品）、RB-1（農水産加工）、LT（低技術産業）は比較劣位を示している。

図 8-3 で RSCA 指数の分布状況を見ると、日本の RSCA 指数はすべてグ

表 8-4　日中韓の産業別 RSCA 指数の推移

産業	日本				中国				韓国			
	2005	2008	2011	2014	2005	2008	2011	2014	2005	2008	2011	2014
PP	−0.83	−0.79	−0.77	−0.72	−0.56	−0.68	−0.68	−0.66	−0.76	−0.76	−0.73	−0.70
RB-1	−0.44	−0.42	−0.35	−0.36	−0.35	−0.35	−0.27	−0.31	−0.36	−0.37	−0.28	−0.31
RB-2	−0.22	−0.14	−0.17	−0.12	−0.29	−0.29	−0.32	−0.31	0.00	0.12	0.12	0.14
LT-1	−0.71	−0.72	−0.72	−0.75	0.52	0.53	0.55	0.52	−0.20	−0.32	−0.38	−0.40
LT-2	−0.11	−0.08	−0.01	−0.12	0.21	0.26	0.32	0.36	−0.09	−0.08	−0.02	−0.07
MT-1	0.41	0.49	0.46	0.47	−0.67	−0.53	−0.49	−0.51	0.22	0.21	0.31	0.31
MT-2	0.06	0.06	0.14	0.14	−0.13	−0.14	−0.08	−0.10	0.15	0.14	0.21	0.23
MT-3	0.27	0.27	0.32	0.25	−0.06	0.04	0.13	0.10	0.09	0.22	0.29	0.23
HT-1	0.15	0.10	0.09	0.06	0.41	0.44	0.48	0.42	0.20	0.06	0.09	0.10
HT-2	−0.15	−0.23	−0.05	−0.06	−0.36	−0.30	−0.22	−0.30	−0.21	0.06	0.08	0.02

注：PP：一次産品、RB：資源基盤産業（1-農水産加工、2-その他）、LT：低技術産業（1-繊維、2-その他）、MT：中技術産業（1-自動車、2-金属・化学、3-機械）、HT：高技術産業（1-電子・電気、2-その他）。
出所：PC-TAS より著者算出。

第 8 章　日中韓の貿易構造

図 8-3　日中韓の産業別 RSCA の変化

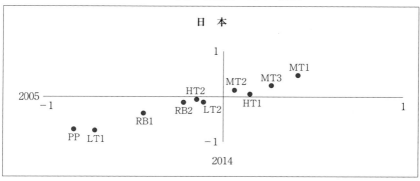

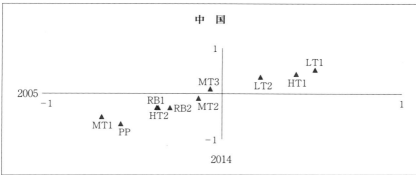

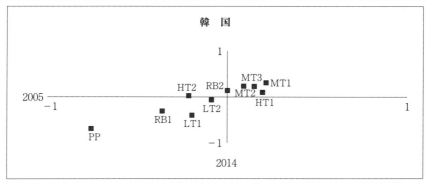

注：PP：一次産品、RB：資源基盤産業（1-農水産加工、2-その他）、LT：低技術産業（1-繊維、2-その他）、MT：中技術産業（1-自動車、2-金属・化学、3-機械）、HT：高技術産業（1-電子・電気、2-その他）。
出所：PC-TAS より著者算出。

ラフの第1象限と第3象限に位置しており、分析期間中に比較優位構造の変化は見られない。中国もRSCA指数の分布がグラフの第1象限と第3象限に位置しているが、MT-3（機械）は比較優位構造の変化が確認された。一方、韓国のRSCA指数の分布は、図8-2のTSI分布状況と異なる様子を見せている。特にMT-1（自動車）が弱い比較優位となり、LT（低技術産業）とRB-1（農水産加工）のRSCA指数が第3象限に位置していることが分かる。

3）輸出競合度指数

以降、上記のTSIおよびRSCA指数の結果に基づいて、各国の輸出競合度を確認したい。輸出競合度とは、2国間の輸出構造の類似性を指標化し、海外市場における輸出競争の度合いを示すものである。日本・中国・韓国における輸出構造の類似性を判断するため、本章ではFinger and Kreinin（1979）の輸出競合度指数（Export Similarity Index：ESI）を用いる。2国間のESIは、以下の計算式で求められる。

$$ESI_{AB} = \sum_{i=i}^{n} \text{minimum}\left(\frac{X_A^i}{X_A}, \frac{X_B^i}{X_B}\right)$$

A国とB国の輸出競合度は、A国とB国の輸出からそれぞれi産業輸出が占める比重の中で少ない値を選択し、すべての産業に対してその値を合計して計算される。ESIは1に近づくほど2国間の輸出競合度が高く、0に近づくほど競合関係が低いことを意味する。

表8-5は世界市場における日中・日韓・中韓のESIの推移をまとめたものである。まず日本と中国のESIを見ると、MT-3（機械）が相対的に高く、LT-2（その他のローテク）では若干の上昇が見られるが、HT-1（電子・電気）は漸進的に減少している。次に日本と韓国のESIは、MT-1（自動車）とMT-3（機械）で相対的に高く、HT-1（電子・電気）の低下が目立つ。最後に中国と韓国のESIは、MT-3（機械）が上昇する一方で、HT-1（電子・電気）の大きな低下が見られる。

結局、輸出構造の類似性が相対的に高い産業は、各国において比較優位産業であることが分かる。例えば、日本と韓国において強い比較優位を持っ

表8-5　日中韓の産業別 ESI の推移

産業	日中				日韓				中韓			
	2005	2008	2011	2014	2005	2008	2011	2014	2005	2008	2011	2014
PP	0.012	0.013	0.012	0.012	0.014	0.020	0.022	0.021	0.016	0.016	0.014	0.013
RB-1	0.014	0.015	0.020	0.020	0.021	0.020	0.023	0.024	0.016	0.016	0.021	0.021
RB-2	0.032	0.040	0.044	0.043	0.040	0.061	0.058	0.066	0.024	0.032	0.033	0.034
LT-1	0.011	0.009	0.009	0.009	0.011	0.009	0.009	0.009	0.035	0.023	0.021	0.023
LT-2	0.049	0.066	0.061	0.061	0.060	0.065	0.065	0.060	0.048	0.062	0.056	0.062
MT-1	0.020	0.027	0.024	0.027	0.165	0.139	0.144	0.156	0.012	0.020	0.018	0.020
MT-2	0.039	0.043	0.041	0.040	0.070	0.072	0.083	0.081	0.045	0.050	0.047	0.045
MT-3	0.097	0.129	0.140	0.131	0.134	0.150	0.167	0.163	0.099	0.121	0.134	0.133
HT-1	0.120	0.087	0.084	0.077	0.116	0.068	0.070	0.071	0.161	0.099	0.088	0.089
HT-2	0.022	0.021	0.031	0.031	0.018	0.017	0.026	0.032	0.027	0.030	0.032	0.032

注：PP：一次産品、RB：資源基盤産業（1-農水産加工、2-その他）、LT：低技術産業（1-繊維、2-その他）、MT：中技術産業（1-自動車、2-金属・化学、3-機械）、HT：高技術産業（1-電子・電気、2-その他）。
出所：PC-TAS より著者算出。

ている MT-1（自動車）は、日韓の ESI が相対的に高い水準を維持している。同様に、各国で高い TSI および RSCA 指数を示している比較優位産業の中には、他国との ESI が高く、世界市場において輸出競合関係にある場合が見られる。

5　日中韓における比較優位構造の特徴

本章では、日本・中国・韓国における産業別貿易構造および比較優位構造の変化を分析した上で、各国の産業別輸出競合度について確認した。その結果、以下のことが明らかになった。

第1に、東北アジア3カ国の産業別貿易構造を見ると、日本と韓国では特に MT（中技術産業）の輸出シェアが大きいが、中国ではまだ LT（低技術産業）の輸出シェアが大きいことが分かる。輸入面においては、日中韓ともに、PP（一次産品）のシェアが最も高く、PP（一次産品）と RB（資源基盤産業）が輸入全体に占める割合が50％以上となっている。

第2に、産業別輸出入比率の変化を見ると、まず日本では分析期間中に産業別輸出入比率がほとんど変化していない。その一方で中国では、輸出入と

もに産業比率に大きな変化が確認された。特に輸出ではHT-1（電子・電気）の比率が低下し、輸入ではPP（一次産品）の比率が上昇した。韓国では、輸入面における変化はほとんどなく、輸出面においてはHT-1（電子・電気）の比率が低下し、MT-3（機械）とHT-2（その他のハイテク）の比率が上昇した。

　第3に、TSIとRSCAで確認した各国の比較優位構造の特徴としては、まず日中韓ともにPP（一次産品）とRB（資源基盤産業）が比較劣位となっている。特に日本はLT-1（繊維）に強い比較劣位を示している。一方、日本と韓国はMT（中技術産業）に比較優位を持ち、中国はLT（低技術産業）に比較優位を持っている。ハイテク産業においては、日中韓ともにHT-1（電子・電気）に比較優位を持っており、韓国ではHT-2（その他のハイテク）の輸出競争力が徐々に上昇する傾向が見られる。

　最後に、ESIを計算して世界市場における日中韓の輸出産業の類似性を分析した結果、MT-3（機械）とHT-1（電子・電気）において相対的に高い水準の輸出競合度が確認された。また、日本と韓国の間ではMT-1（自動車）の輸出競合度が高い水準を維持している。

● 引用・参考文献

桑森啓・内田陽子・玉村千治編（2016）『貿易指数データベースの作成と分析─東アジア地域を中心として─』アジア経済研究所

Bacchetta, M., Beverelli, C., Cadot, O., Fugazza, M., Grether, J. M., Helble, M., Nicita, A. and Piermartini, R. (2012), *A practical guide to trade policy analysis*. World Trade Organization.

Balassa, B. (1965), "Trade liberalisation and "revealed" comparative advantage," *The Manchester School*, 33(2), pp.99-123.

Balance, R. H., Forstner, H., and Murray, T. (1987), "Consistency tests of alternative measures of comparative advantage," *The Review of Economics and Statistics*, 69(1), pp.157-161.

Finger, J. M. and Kreinin, M. E. (1979), "A measure of 'Export Similarity' and its possible uses," *The Economic Journal*, 89(356), pp.905-912.

Lall, S. (2000), "The Technological structure and performance of developing country manufactured exports, 1985-98," *Oxford Development Studies*, 28(3), pp.337-369.

Laursen, K. (1998), *Revealed comparative advantage and the alternatives as measures of international specialisation* (No. 98-30). DRUID, Copenhagen Business School,

Department of Industrial Economics and Strategy/Aalborg University, Department of Business Studies.

OECD (2009), *OECD Territorial Reviews: Trans-border Urban Co-operation in the Pan Yellow Sea Region*, Organization for Economic Co-operation and Development.

第 9 章
ASEAN 経済の現状と課題

1 ASEAN の設立

　ASEAN（東南アジア諸国連合）は「バンコク宣言」に基づいて、1967年にフィリピン、タイ、マレーシア、シンガポール、インドネシアの5カ国で設立された地域協力機構である（後にブルネイ、ラオス、ベトナム、ミャンマー、カンボジアが加盟して、現在10カ国）。第2次世界大戦後の東南アジアには、共産主義の浸透に対抗するための反共勢力結集の動きやマレー人の統一を目指した民族的な動き、安全保障上の必要性から地域連合を模索する動きなどが地域協力を推進しようとしていた。しかし、関係諸国の利害対立からこれらのいずれもうまくいかず、東南アジア諸国が1つに結束することは難しいと思われた。しかし、地域大国であるインドネシアの政変（これにより1965年にスハルトが権力を奪取する）がきっかけとなり、マレーシアとの対立関係が解消し、地域連合結成への大きな障害が取り除かれることになった。

　こうした経緯で設立された ASEAN の主目的は文化的・社会的側面での協力であり、政治対話はあくまでも非公式のものとされ、経済協力の追求も二次的なものとされた。したがって、ASEAN は地域の平和を目指すシンボル的な存在と見なされた。ところが、1970年代に入ると、米中和解による国交正常化など世界情勢の変化が ASEAN の存在意義を再確認させることになった。これまで非公式とされていた政治対話が公式な外相会議に格上げされ、ASEAN 内での政治協力が正規の目的として加えられた。さらに、経済協力プロジェクトも始動した。こうして、ASEAN は地域のシンボルから課題解決のための実質的な働きを行う機関へと脱皮した。

2　経済発展のプロセス

1）垂直分業体制からの脱却

　ASEAN諸国（タイを除く）はかつて植民地支配下にあり、宗主国との間で垂直的国際分業に組み込まれていた。そのため植民地は宗主国で製造された工業製品を輸入し、その原料である一次産品を輸出する役割を担わされた。植民地は天然ゴムやパームオイルなど少数の換金作物の生産に特化して経済活動を支える典型的なモノカルチャー経済であり、きわめて貧弱な経済構造であった。独立後もこうした状況から脱却することは難しく、ASEAN諸国（シンガポールを除く）の輸出工業化率（商品輸出に占める工業製品の割合）は1980年代前半でもせいぜい2割台に過ぎなかった（図9-1を参照）。天然ゴムなどの一次産品価格の変動が不安定であることに加えて、発展途上国の交易条件は長期的に下落傾向にあることから、これらの諸国の経済運営は厳しかった。

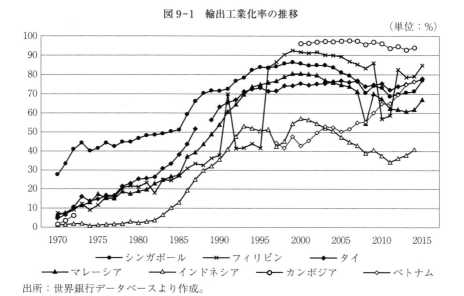

図9-1　輸出工業化率の推移
（単位：%）

出所：世界銀行データベースより作成。

そこで、一次産品依存型経済構造から脱却するために、ASEAN諸国は工業化を開始した。しかし、これらの諸国には、過去に工業化を本格的に推進した経験がなく、教育が十分に行き渡っておらず、国内貯蓄率が低いことから投資に回す資本が不十分であるという不利な条件が重なっていた。したがって、これらの諸国は技術水準が低く、投下資本が少なくても可能な非耐久消費財の国産化から着手した。つまり軽工業製品の輸入代替工業化戦略が採用されたのであった。

ASEAN諸国は外国資本や合弁事業をテコにして工業化を推進しようとしたため、対象企業には財政金融上の優遇措置が与えられた。当時最も外資を引きつけたのは、ベトナム戦争特需で景気がよかったタイであり、外資の受け入れ能力を超えた分がフィリピン、マレーシア、インドネシアへ流れる傾向にあった。

ただし、これらの諸国は所得水準が低い上、景気を下支えする中間層が薄いことから、国内市場は小さかった。したがって、最終消費財の輸入代替の初期的な機会は遅かれ早かれ消滅する運命にあった。

2）水平分業体制の構築

そこで、ASEAN諸国は発展途上国の中ですでに頭角を現していたアジアNIEs（新興工業経済群）にならって輸出志向型工業化戦略を採用する方向に舵を切った。1967年にはマレーシアで関税法が制定され、加工貿易のために輸入する原材料の関税が払い戻しされることになった。1970年にはフィリピンで輸出奨励法が成立し、輸出志向戦略が法的に後押しされた。1971年にはマレーシアで自由貿易区法が制定され、ペナンやマラッカなどに自由貿易区が設立された。こうして1970年代前後に東南アジアで外向き戦略へのシフトが明確になった。

しかし、資源ナショナリズムに影響された1970年代の一次産品ブームによる偶発的な外貨収入増によって、ASEAN諸国では重化学工業分野（製鉄業や化学工業など）の輸入代替工業化戦略を取る動きが出てきた。とはいうものの、重化学工業は高度な科学技術に加えて、プラント建設や装置の導入に

莫大な投資を必要とすることから、対外債務の累積に耐えることができない諸国は国際収支を悪化させるだけに終わってしまった。

　そこで、1980年代に入ると、ASEAN諸国は再び外向き戦略にシフトし、一次産品依存型経済構造からの大転換を果たした。これが可能になったのは、これらの諸国が外資規制の緩和などの制度改革を実施したこともあるが、それに加えて、これらの諸国へ直接投資が急激に流入したことが大きい。ASEAN諸国の中では、シンガポールが最も直接投資を引きつけ、マレーシアがそれに次ぐ存在であった。その他の諸国では、だいたい1980年代後半から直接投資の流入が顕著になった。また、1990年代に入るとベトナム、1990年代半ばになるとラオス、カンボジアへの直接投資が拡大した。さらに、2012年に入るとミャンマーが直接投資の受け入れ国として台頭してきた。

　直接投資流入の急拡大を導いた主な理由はプラザ合意による円高の急激な進行である。プラザ合意は、1980年代に勃発した累積債務問題に対処するためにアメリカが採った高金利政策がドル高を引き起こし、それがアメリカ経済を景気低迷に陥れたことから、ドル高の是正と引き替えに円高への誘導を企てたものである。その結果、円の対ドル相場（月平均値）は236円91銭（1985年9月）から124円74銭（1988年5月）まで一気に円高が進み、日本企業の国際競争力を削ぐことになった。そこで、ドルに自国通貨をペッグしていることから為替変動による国際競争力の弱体化の影響がなく、しかも、労賃がアジアNIEsと比較してもかなり安価である東南アジア諸国の魅力が高まり、多くの日本企業が生産拠点および輸出基地としてASEAN諸国に工場を移転させることになった。また、進出企業は完成品メーカーにとどまらず、それらの完成品メーカーに部品を供給する中小企業を含む部品産業も進出した。マレーシアは日本企業に対して積極的な誘致活動を展開し、これに多くの日本企業が呼応してマレーシアへ進出した。これは「歴史的日本機会」と呼ばれている。これによって、日本とアジアNIEs、ASEAN諸国との間で工業製品生産の下請け関係が構築され、その結果として東アジア地域で水平分業関係が成立したのである。

　この過程は雁行形態論（赤松要が1930年代に提唱した理論）によって明快に説

明することができる。これは一国において、ある工業製品が輸入商品から輸出商品へと転換するプロセスを示したものである。それによると、当初、この商品の国内需要は全面的に輸入に依存するが、国内需要が拡大すると国内生産が始まり（これを輸入代替と言う）、さらに生産能力が拡大し生産量が国内消費を上回るようになると輸出が始まる。しかし、そのうち、商品の成熟化に伴ってこの産業の国際競争力が失われ始めると（つまり斜陽産業化すること）、輸出の縮小、生産の減退につながり、再びこの商品の輸入国に転じるというものである。

　このような商品のライフサイクルは国家間にも適用され、当初は比較優位を持っている先進国においてある商品の生産が開始される。その後、労賃の高騰や技術の普及によってこの商品に対して比較劣位化が始まる。その一方で、先進国を追う中所得国は相対的に低い労賃と技術の習熟を武器にしてこの商品に対して比較優位を有することになる。そして、先進国から中所得国にこの商品の主要生産拠点が次第にシフトする。その後、この商品に対する中所得国での比較劣位化、低所得国での比較優位化というさらなる展開によって再び生産拠点が移転することになる。こうした既存の生産拠点の閉鎖と新たな生産拠点の設立がASEAN諸国を1つの舞台として東アジア地域で繰り広げられてきたのである。

　この結果として、ASEAN諸国の輸出工業化率は1980年代に新たな兆候を示すことになった。1980年代に入るとまずタイ、フィリピン、マレーシアで20～30％に、2000年には80～90％の水準にも達している（図9-1を参照）。インドネシアは工業化が本格化するのが若干遅れ、1990年代に入って3割台に達している。また、ラオス、カンボジア、ベトナムでは国内政治の混乱、市場経済への移行に時間を要したことにより、やはり1990年代まで工業製品輸出国としての台頭は待たなければならなかった。

3）フラグメンテーション型分業の時期

　東アジア地域の国際分業は既述の通り、日本を先頭にして、それを追うアジアNIEsと、さらにそれに続くASEAN諸国および中国という陣容で展開

してきた。そして、それは雁行形態論が説明する通り、きわめて単純かつ単線的な水平分業関係を示すものであった。これは、最終財の消費地である先進国を含めて図示すると、図9-2の左図のように日本で比較劣位産業になった製造業が東アジア地域で下請け生産を行い（資源の賦存状況により特化する産業が東アジア地域の中で異なる）、そこで生産された製品が最終消費地である日本や欧米へ輸出される。ASEAN諸国は、こうした製品の生産・輸出をめぐる三角形の貿易構造に組み込まれたことによって目覚ましい経済発展を遂げたと言える（表9-1を参照）。

しかし、国際的な生産・物流ネットワークの進展が国境を越えた取引の広義でのコスト（運送費のみでなく、輸送日数、手続き書類、汚職の有無などを含む）を引き下げたことによって、1990年代後半から従来の水平分業とは異なる生産工程レベルでの国際分業が顕著になっている（陸 2011：160）。ASEAN諸国や中国などの発展途上国におけるIT環境の整備は最終消費地と生産拠点との連携を容易かつ緊密にすることを実現し、製品のモジュール化は1つの製品を細切れにして、それぞれの生産工程を最適な生産地に立地させることを可能とした。これによって、企業の国際展開は産業全体という大がかり

図9-2　東アジア地域をめぐる国際分業関係の展開

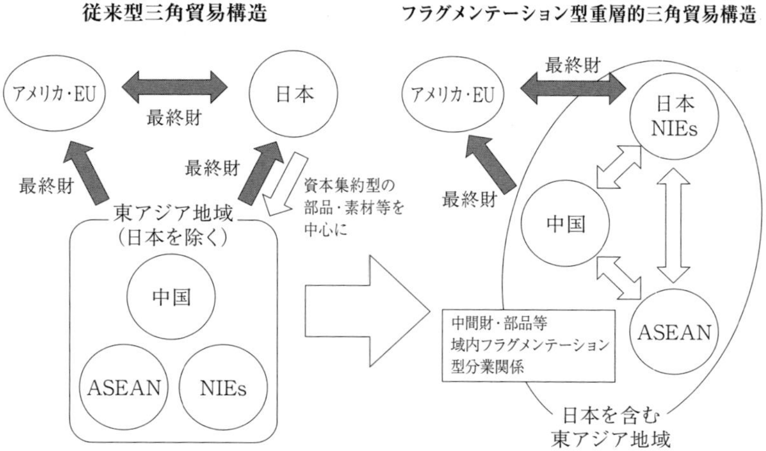

出所：陸（2011：160）。

表 9-1　ASEAN 諸国の貿易相手地域の変化

(％)

	アジア		欧州		北米・中米	
	1990	2014	1990	2014	1990	2014
輸出						
フィリピン	34.8	64.4	18.8	11.4	40.2	16.0
タイ	37.9	58.4	25.3	11.8	25.3	12.5
マレーシア	57.9	65.2	16.6	10.2	18.1	9.6
インドネシア	64.4	63.9	12.8	10.3	13.9	10.5
シンガポール	45.8	67.5	17.2	8.6	23.0	9.1
ブルネイ	91.6	82.4	0.2	0.2	3.4	0.4
カンボジア	90.9	25.8	7.8	37.7	0.4	32.6
ラオス	85.2	82.2	11.1	6.0	1.7	1.0
ミャンマー	67.4	94.0	10.3	2.2	2.5	0.4
ベトナム	39.1	46.8	48.1	20.7	0.6	20.9
輸入						
フィリピン	40.0	59.1	13.2	13.9	21.1	9.4
タイ	53.4	57.0	19.7	12.2	12.1	7.2
マレーシア	50.6	59.1	17.9	12.8	18.0	10.1
インドネシア	43.6	67.4	22.4	9.0	13.7	5.7
シンガポール	47.7	47.5	15.8	15.7	16.9	11.8
ブルネイ	61.5	81.1	18.6	8.7	15.4	8.7
カンボジア	64.8	89.1	28.5	2.9	0.1	2.4
ラオス	87.7	95.0	9.7	3.1	0.8	0.5
ミャンマー	69.2	94.4	23.3	2.9	3.1	0.5
ベトナム	34.1	79.7	21.3	5.4	0.4	3.5

注：ASEAN 各国からの各地域向け輸出（輸入）の対総輸出（輸入）比。
出所：ADB, *Key Indicators*; WB, *World Development Indicators*.

な移転から、生産工程単位での比較的簡便な移転に変化した。そして、図9-2 の右図で示されているように、中間財の相互供給を通じて、各国で製造された各パーツが 1 カ所の最終財組み立て拠点（労働集約的製品の場合には労賃が安い諸国）に集められて、最終財に組み立てられてから最終消費地へ輸出されるのである（これがフラグメンテーション型分業である）。今や東アジア地域で中間財が相互に行き交い、東アジア全体で一丸となって製品を製造する分業関係が成立している。こうした状況は ASEAN 諸国の貿易相手先の変化として表れている。表 9-1 にあるように、2014 年には 1990 年よりも対アジア輸出入が総じて相対的に増加していることで示されている。

3　経済発展の障害

1）アジア通貨危機

　ASEAN 諸国の経済発展は必ずしも順調であったわけではない。壁にぶち当たったこともあれば、今後も壁を乗り越えていかなければならない。アジア通貨危機は 1997 年に突然の通貨の大暴落が勃発したことによって引き起こされた経済危機である。1998 年にはいくつかの ASEAN 諸国でマイナスの経済成長を記録したものの、1999 年にはすでにプラス成長に転じた。この迅速な回復過程は V 字型回復と呼ばれることもある。しかし、1990 年代前半に 6 ～ 10% 前後の高水準の実質経済成長率を実現していたこれらの諸国にアジア通貨危機は冷や水を浴びせたことに変わりなく、これを機に健全な経済運営（ガバナンスの確保、アカウンタビリティの完遂）の導入が強く求められることとなった。

　特に通貨危機の影響を直接被ったタイ、マレーシア、インドネシアに注目すると、危機勃発直前の 1990 年代前半のマクロ経済状況は概ね良好であった。輸出の伸び率は 10 ～ 20% 前後を推移し、財政収支は黒字基調であり（赤字の時もあったが慢性化することはなかった）、消費者物価上昇率は 1 桁台であった。ただし、経常収支は慢性的な赤字であり（とは言うものの GDP の 1 割にも達しない程度であった）、対外債務に占める短期債務の割合が次第に上昇していた。特にタイでは通貨危機勃発直前の数年間、短期債務の割合が 4 割台に膨らんでいた。そういう中で通貨危機が勃発したのである。これにより、タイ・バーツやマレーシア・リンギットの為替相場は 1996 年比で 6 割、インドネシア・ルピアは同 2 割の水準にまでそれぞれ暴落した。1998 年の実質経済成長率は 10% 前後のマイナス成長に陥った。1998 年の株価指数の落ち込みもはなはだしく、1993 年比で 30%（インドネシア）から 85%（タイ）の大幅下落となった。

　アジア通貨危機の原因は、第 1 に、性急な金融自由化が短期資金の大量流

入を促し、それがバブル経済を引き起こしたこと、第2に、バブル経済が現地経済の過熱を引き起こした結果として輸入が拡大したこと、さらに、現地通貨のドル・ペッグによる為替相場の過大評価が輸出の伸びを鈍化させ、それら双方が現地経済の対外不均衡（経常収支赤字の慢性化）を招いたこと、第3に、対外不均衡の常態化が投資家に景気の先行きについて不安を抱かせたこと、第4に、経済状況の悪化にもかかわらず現地通貨は過大評価されたままで、この乖離状態をヘッジファンドなど国際投機筋に利用され、大規模な現地通貨の売り浴びせが実施されたこと、そして、それに呼応して投資家のパニック的な短期資本の引き上げが発生したことである。

こうした状況に対して、タイ、マレーシア、インドネシアは独自の対応をしていたが、それでも通貨の大暴落とそれに付随して発生する景気悪化に十分に対処できなくなった。そこで、これらの諸国はIMF（国際通貨基金）に支援を要請して、構造調整プログラム（①変動相場制の維持、②金融引き締め、③財政引き締め、④金融部門の構造改革、⑤関税の撤廃等）を実施した。しかし、IMFの楽観的な見通しとは反対に、タイとインドネシアの経済状況は悪化の一途で、IMFは構造調整プログラムを一部修正することを迫られ、失業者対策、公共事業を通じた雇用創出策、中小企業支援策など財政緩和措置の実施を余儀なくされた。

一方、IMFによる支援を途中で打ち切ったマレーシアは固定相場制を復活させ、金融規制を強化（マレーシア株式の海外取引禁止、外資による為替取引規制など）した。このような経済管理強化策はIMFが推奨する処方箋とはまったく逆の発想であるが、タイやインドネシアと比較すると、こちらの方がはるかに有効であったとされている（そのため経済自由化に必要以上にこだわったIMFは厳しい批判にさらされた）。

2）中所得国の罠

中所得国の罠とはいかなる概念か、その意味するところは曖昧である。生産要素の大量投入による規模の経済の追求のみに終始すると、資本の限界効率が悪化することによって、得られる実績は次第に悪化することになる。そ

うした状況に陥ることが中所得国の罠にはまった状態であるという。ラテンアメリカと中東の諸国がその典型例として挙げられている（Gill and Kharas 2007：18）。ただし、この考え方だけしかないわけではないので、本章では差し当たって、中所得国までは比較的順調に経済発展を遂げてきたものの、その水準に達して以降、経済成長が鈍化し、高所得国になりきれない状態のことを中所得国の罠と捉えることにしておく。

では、ASEAN 諸国の中で、いずれの国が中所得国の罠にはまっていると言えるのか。実のところ、1945 年の第 2 次世界大戦終結以降に発展途上国を卒業して先進国（なったかどうかは別として少なくともその水準）になった国はごくわずかに過ぎない。上位中所得国に分類されてからいまだに高所得国へ移行できていない ASEAN 諸国はマレーシアであるという説がある（1987 年から 1990 年にかけて一時的に下位中所得国に転落）（末廣 2014：127）。1979 年に OECD（経済協力開発機構）が公刊した報告書（OECD 1980）で発展途上国の中でも特に経済実績が優れていると注目されたアジア NIEs はおよそ 15 年で高所得国の仲間入りを果たした。一方で、マレーシアは 25 年間にわたって上位中所得国のままである。その意味では中所得国の罠に陥っていると言えるかもしれない。その他の ASEAN 諸国の中で上位中所得国は 2010 年に分類されたばかりのタイであり、まだ中所得国の罠に陥っているかどうかの判断は下せない。

次に、順調に高所得国へ移行することができた上位中所得国の特徴をアジア NIEs に見出してみる。OECD が注目した一般の発展途上国とアジア NIEs を区別した判断基準は、第 1 に、1 人当たり実質国民所得の伸びが先進国のそれを上回り、双方の間の所得格差が縮小していること、第 2 に、全雇用に占める工業部門の雇用割合が上昇していることであった。アジア NIEs は加工貿易による輸出志向型工業化によって高所得国の水準に到達した。1960 年代、アジア NIEs は安価な労賃を武器にして労働集約的工業製品の生産・輸出に特化して富を蓄積した。しかし、労働コストの優位性が消滅し始めた 1970 年代に入ると、積極的な技術導入や提携を通じて資本集約的製品の生産にシフトし、高い国際競争力を常に維持しようとした。

第 9 章　ASEAN 経済の現状と課題

　したがって、中所得国の罠に陥らないため、あるいは、そこから抜け出るためには、積極的な技術導入を行うか、研究開発投資を推進して自らの技術水準を引き上げて、輸出商品の高付加価値化を促進していくことが必要である。そうでなければ、1990 年代に巻き起こった東アジアの奇跡論争において、クルグマンが論じたように、発展途上国の経済発展は発想（inspiration）、すなわち、経営管理や経済政策に新機軸を打ち出すことにより投入物 1 単位当たりの産出高の向上を実現することではなく、汗（perspiration）、すなわち、投入物 1 単位当たりの産出高の比率はまったく変わらずに、労働力や資本の投入量を単に増加させたことによってでしか達成していないということになる（Krugman 1994）。つまり、中所得国の罠に陥るのは宿命となってしまうのである。

4　将来の可能性

1）チャイナ・プラス・ワン

　第 2 次世界大戦後に東南アジア諸国の結束が求められた 1 つの理由に中国と無縁ではない共産主義勢力の浸透への対抗があった。それから半世紀以上経った現在でも ASEAN 諸国にとって中国の存在は、プラスの意味でもマイナスの意味でも大きい。それは製造業の委託生産先が中国に一極集中していることと関係している。これは安価な労賃と積極的な外資誘致政策に対応した民間企業による合理的な選択ではあったが、一方で予測不可能な中国政府（地方政府も含む）による行政指導や国際関係の摩擦などで円滑な経済取引が滞ることもあった。こうした中国一辺倒のリスクを回避するために、事業展開先の分散という傾向が現れている。これがチャイナ・プラス・ワンであり、ASEAN 経済の可能性を広げている。
　図 9-3 は、国際協力銀行が日本の製造業に対して毎年実施している海外事業展開に関する調査報告の中で、中期的（3 年程度先の見通し）に有望と考えられる事業展開先国・地域に関する質問の結果の推移を示したものである。

これによると、2000年から2012年まで一貫して中国がトップの座を占めているものの、2000年代半ばからベトナムが有力候補として台頭し（2006年から2010年まで3位）、2010年以降、インドネシアが急浮上している（2013年にはトップになった）。さらに、2000年代前半にインドが有力事業展開先として存在感を示し、2013年には中国を退け、2014年および2015年には最有力事業展開先と見なされるようになった。

このような新たな展開には様々な原因が絡んでいる。第1に、中国における著しい人件費の高騰が挙げられる。第2に、2011年に生産年齢人口がピークに達し（人口ボーナス期から人口オーナス期へ転換した）、中国における若年労働者の供給が減少することが確実視されていることである。第3に、自由貿易協定の締結や世界貿易機関への加盟（2007年にベトナムが加盟）によってASEAN諸国を取り巻く日本や中国、韓国との間で生産拠点の再配置や最適化が可能となったことである。第4に、インドネシア（ジョコ政権）やインド（モディ政権）で新政権が相次いで誕生し、中国以外の諸国でも経済改革への期待が高まったことがある。

アジアにおける中国の存在感は依然として大きいが、その位置づけはイン

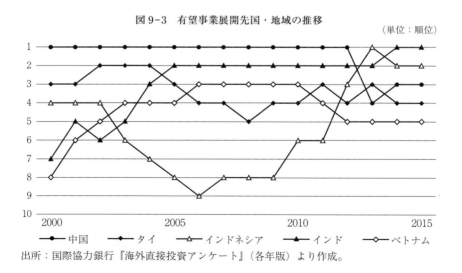

図9-3　有望事業展開先国・地域の推移

（単位：順位）

出所：国際協力銀行『海外直接投資アンケート』（各年版）より作成。

ドネシアとインドそしてベトナムの台頭によって相対的に低下している。それはASEAN諸国に新たな機会を提供していると言える。

2) ミャンマーの可能性

ミャンマーにおける文民政権の誕生は自国の経済発展のみならず、隣国を巻き込んでASEAN全体の経済発展を促進する可能性がある。

ミャンマーでは軍部による民主化運動の弾圧により1997年以降、アメリカによる経済制裁が科せられ、アメリカ企業の対ミャンマー投資の禁止、ミャンマーからの禁輸措置等が相次いで実施された。しかし、2011年にテイン・セイン政権が発足し民政移管したことで、アメリカによる経済制裁が徐々に緩和され、アメリカとの間で貿易が再開した。さらに、ミャンマー政府は外向き政策を採用し、外資導入による経済成長加速の方針を打ち立てた。ティワラ（日本とミャンマーとの合弁事業）、ダウェー（タイとミャンマーとの合弁事業）、チャオピュー（主に重工業）には経済特区が建設され、進出企業には税制優遇措置が与えられて、外資主導型の経済開発が展開し始めた。また、円滑な物流網の整備も同時に進められ、港湾施設や道路網の整備が行われている。特にタイとミャンマーを結ぶ高速道路はインドシナ半島を縦横に結ぶ経済回廊の1つであり、これまでミャンマーからシンガポールまで海路で2週間を要した輸送が、陸路でタイを経由することによって3日に大幅に短縮できることになった。物流網の整備が近隣諸国との経済的連携を強め、外資導入が一層促進されることが期待される。

このように着々と経済発展の準備が進む中、2015年の総選挙でアウン・サン・スー・チー率いる国民民主連盟（NLD）が大勝した。それを受けて、2016年3月には新政権（ティン・チョー大統領）が平和裏に発足した。ミャンマー経済のさらなる飛躍はASEAN経済にも新たな機会を与えることは間違いないと言える。

●引用・参考文献

OECD（1980）『OECDレポート　新興工業国の挑戦』東洋経済新報社

末廣昭（2014）『新興アジア経済論―キャッチアップを超えて―』岩波書店

陸亦群（2011）「東アジア新興国の経験とダイナミックキャッチアップ・モデル」『紀要』日本大学経済学部経済科学研究所、第41号

Gill, I.S. and Kharas, H. (2007), *An East Asian Renaissance: Ideas for Economic Growth*, World Bank.

Krugman, P. (1994), "The Myth of Asia's Miracle," *Foreign Affairs*, pp.62-78.

第10章
ASEAN 経済共同体とベトナム経済

　2015年末の ASEAN 経済共同体（AEC）の発足により、ASEAN の巨大な単一市場および生産基地が誕生した。6億2000万人を抱える ASEAN の総人口はアメリカや EU を上回り、中国とインドに次いで世界3位になっている。AEC の発足によって関税・非関税障壁が取り除かれ、域内外の貿易自由化、直接投資の促進、産業の国際競争力の強化およびメガ FTA（自由貿易協定）の活用による相乗効果が大きくなると期待されている。

　本章では ASEAN 設立から AEC の発足に至るまでの歩みを概説しながら、ASEAN の多様性や経済状況を詳説する。それに、AEC の誕生は ASEAN 地域にどのような影響をもたらすのかを考察し、特にベトナム経済に焦点を当てていく。

1　ASEAN 設立から AEC 発足への歩み

　ASEAN は1967年8月8日に結成された。当初は5カ国（インドネシア、マレーシア、フィリピン、シンガポール、タイ）でスタートし、紛争の平和的解決および経済協力を互いに約束するものであった。その背景には加盟各国が領土・国境などの政治的な問題を抱えながらも、相互不信を払拭して協力し合うことの必要性を認識したことがあった。さらに、当時はベトナム戦争中であり、米中対立の動きなどの国際環境変化の中で、共産主義が他の東南アジア諸国に広がることが懸念され ASEAN は「反共産主義国の同盟」という政治的な色彩が強かった。

　1984年にブルネイが ASEAN に加盟した。1985年のプラザ合意は超円高・ドル安の事態を招き、ASEAN は世界経済の構造変化の中で「外資依存的輸

出指向型の発展成長戦略」へと転換した。その結果、シンガポール、タイやマレーシアなどのASEAN諸国が高度経済成長を実現し、ASEANにおける生産ネットワーク作りが始まった。ASEANは設立当初の政治目的から経済連携への協力に変わりつつあった。それまで敵対してきたベトナムも1995年にASEANに正式に加盟した。ベトナムの加盟は重要な意義を持ち、過去の対立よりもASEANがより一体となることを重視するという当事国の思惑の表れである。1990年代末にラオスやミャンマーそしてカンボジアが順に加盟し、10カ国体制で、東南アジアほぼ全域を覆うASEANが形成された。ASEANの性質は時代の変化に合わせ大きく変わろうとしている。

　ASEANは経済成長戦略がうまくいくことばかりではなく、失敗も含めて様々な試みを経験してきた。1990年代に入って冷戦が終結し、世界政治・経済構造が大きく変化した。中国の経済改革・開放による市場経済化の政策は、中国への外国直接投資の急増をもたらし、高い経済成長を実現した。それを受けてASEAN域内の経済協力の動きがさらに活発になった。画期的なのは、1992年にASEAN自由貿易地域（AFTA）が推進されたことである。AFTAは共通効果特恵関税協定（CEPT）により、域内関税の引き下げに合意し、重要な変革を起こした。それ以降、経済統合に向けた制度作りを着実に進めてきたが、1997年に起こったアジア通貨危機は東アジアやASEAN諸国に大きな打撃を与えた。これまでASEAN諸国の高い経済成長を支えてきたのは外国資本の流入であったが、その外国資本の急速な流出がアジア通貨危機の一因であることが明らかになった。ASEANの持続的な経済成長を実現するためには、新たな成長モデルの模索が求められ、今までのように外資依存の経済成長モデルは明らかに不十分であった。

　アジア通貨危機のみならず、中印の台頭などの一連の経済状況の変化を背景に、ASEANは外的ショックから回復力を強化するだけではなく、国際競争力を発揮するために、さらなる域内経済協力が求められている。すなわち、各国単体ではなく、ASEANという経済圏の地位を確立しなければならないというASEAN共同体創設の意識が高まった。1997年12月に、ASEANは2020年までに「ASEAN共同体」を目指す「ASEANビジョン2020」を

宣言した。その主要な合意は「安全保障」「経済」および「社会・文化」という3本を柱とした「ASEAN共同体」の創設であった。さらに2003年、AECの構築が合意された。2009年には3つの共同体のブループリントから成る「ASEAN共同体ロードマップ」、および2010年に「ASEAN連結性マスタープラン」が採択された。2015年末にASEANは政治・経済的なプレゼンスを高め、FTAをさらに進化・高度化したAECを発足させたのである。

2　ASEANの推進力とAECのもたらす経済効果への期待

1）ASEANの推進力

　AECの狙いは物品・サービス貿易、投資、資本および熟練労働者が域内で自由に移動できるように巨大な単一市場と生産基地を創設し、国際競争力を強化し、域内の社会経済格差を是正し、グローバル経済への統合を実現することである。その野心的な狙いを定めるのに重要な役割を果たすのが、ASEANの推進力である。現在、ASEANが前面に打ち出している「中心性」「連結性」および「ブループリント」の3つの推進力が発揮されれば、今後AECはさらに進化するであろう。

　第1にASEANの「中心性」であるが、同概念は2007年のASEAN首脳会議の議長声明および「ASEAN憲章」の中で初めて言及された。その基本的な意味はASEANが中心的役割を果たすことである。その中心性というのはリーダーシップの役割ではなく、緩衝国の役割であることが強調される。地理的特性から見ると中国・インド・オセアニアの三角形の中心地であり、そしてインド洋と太平洋とを結ぶシーレーンの役割を果たすということである。シーレーンの観点から見ると、ASEANは日本や中国などの関連国にとって貿易とエネルギー供給のルートとして重要な地域となっている。政治面から見ると、ASEANの中心性も無視できない。それは例えば、アメリカのASEAN重視へ転換するアジア回帰やリバランス政策、中国の周辺外国重視政策、インドのASEANを視野に入れた「ルック・イースト、アクト・イ

ースト」政策、日本の価値観外交などの東南アジア重視という一連の政治的な動きに見られる。

第2にASEANの「連結性」についてであるが、2010年10月にASEAN首脳会議において「ASEAN連結性マスタープラン」が採択された。その内容は物理面・制度面・人的交流面の3つの要素から成り立っている（図10-1参照）。域内の道路、海路や港湾などインフラ整備（物理面）および非関税障壁の撤廃、税制統一やASEANシングルウィンドウ（ASW）などの貿易・投資における手続き・制度の整備（制度面）、そしてビザ発給条件の緩和や相互認証協定整備（人的交流面）によるASEAN連結性を強化していく。ASEAN連結性の狙いは物流、資本、人的な移動の円滑化を促進し、ASEANの国際競争力の向上および経済活発化、ASEAN全体の発展に寄与することである。

第3にAEC構想実現のためのマスタープランとしての「ブループリント」であるが、AECブループリントに挙げる4つの戦略目標は17コア・エレメント（図10-2参照）に分かれており、2008年から2015年の間に具体的な措置の実施が計画されている。その4つの戦略目標とは①単一市場・生産基地、②競争力のある地域、③公平となる経済発展、④グローバル経済への統合であり、それぞれにおいて何を、いつまで実施するのかが示されている。4つの戦略目標の中で最も重要なのが1番目に挙げた「単一市場・生産基地」で

図10-1　ASEANの連結性

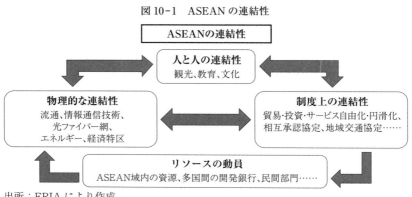

出所：ERIAにより作成。

ある。その理由としては、詳細は後述するが、「単一市場・生産基地」戦略の成功度合いが他の戦略目標に大きく影響を及ぼすからである。

2）AECのもたらす経済効果への期待

　AECの発足が域内外経済にどのような効果をもたらすのかを考えていこう。AECのブループリントが示すように、AECが発足するとまずは域内の貿易・サービスが自由化され、投資、資本および熟練労働者移動が円滑化していく。次に域内の広範囲でインフラが整備され、通関の円滑化および基準認証の調和化により、ASEANへの期待感が高まり、生産性の向上や生産拠点はもちろんのこと、成長市場としての魅力も増していく。その結果として経済成長を押し上げる効果をもたらす好循環を生み出していく。少し詳細に説明すると、ASEAN加盟国間の貿易における関税撤廃が進み、非関税障壁も徐々に取り除かれると、域内貿易の活性化・投資の促進化とともに域外からの直接投資が一段と加速することになる。物理的・制度的なインフラが整備され、そのハード面およびソフト面の連結性の改善によって、取引コスト

図10-2　AECブループリント

ASEAN経済共同体			
AECブループリント（2008年〜2015年）			
単一市場・生産基地	競争力のある地域	公平となる経済発展	グローバル経済への統合
・物品の自由な移動 ・サービスの自由な移動 ・投資の自由な移動 ・資本のより自由な移動 ・熟練労働者の自由な移動 ・優先統合分野の設定 ・食料・農業・林業における安全検査基準調和	・競争政策 ・消費者保護機関設立 ・知的所有権保護システム構築 ・インフラ整備 ・税制整備 ・電子取引に関する域内オンライン取引	・中小企業開発による域内の競争力の強化 ・域内での格差是正およびカンボジア、ラオス、ミャンマーとベトナムの統合促進を目指すASEAN統合イニシアチブ	・対外経済関係・協調システムの構築 ・グローバル・サプライネットワークへの参加・技術開発への援助

出所：A Blueprint for Growth AEC 2015 より作成。

が大幅に削減できるようになる。実際に、多国籍企業は生産拠点の再編・集約を行い、生産・流通拠点の最適化を進めており、特定の国で特定の製品・部品を調達、生産するようになっている。安価な人材を活用できる地域では労働集約型生産に特化し、集積・付加価値の創出の高い地域では技術集積産業が展開する。これからはASEAN域内で分業ネットワークがより進化していき、加盟国間の競争の激化により競争力の弱い産業は他の国に取って代わられる可能性が出てくる。生き残るために、他国と差別化をすることが重要となる。この点に関してはベトナムの事例を取り上げる第4節で詳細に述べる。

　ASEAN域内統合の深化はこれにとどまらず、ASEAN＋1FTAが利用できるようになり、中国、インド、日本、韓国、オーストラリアおよびニュージーランドのような重要な国々および地域と次々にFTA協定の整備が行われている。その狙いはASEANをハブとするFTA網の連携拡大である（図10-3参照）。

　FTA網の連携拡大によりASEANで事業を進める時、1カ国のみにおい

図10-3　ASEANをハブとするFTA網・域内・域外の連携拡大

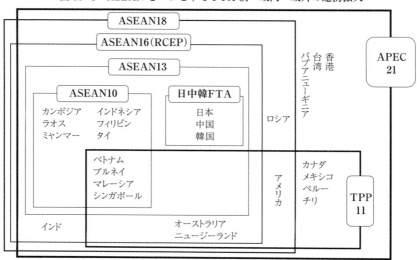

出所：各種資料より作成。

てではなく、2あるいは3カ国以上で域内の事業を進めることが可能になる。例えば、「アジアのデトロイト」と言われている集積の高いタイの自動車産業の変化を見てみよう。今まで、高い集積産業を有するタイの強みを利用して、日本や欧米などの自動車メーカーはタイに生産拠点を置いて、FTA網を活用して国外に輸出していた。しかし、タイでの大洪水や賃金上昇および労働者の確保難などリスク回避の観点から、「タイ・プラス・ワン」という戦略を展開する企業は、タイの周辺国であるカンボジアやラオスなどに労働集約的な業務を分散化している。また、物流網や東アジア地域包括的経済連携（RCEP）および環太平洋戦略的経済連携協定（TPP）などによる制度的統合の進展によって深化された「新たな地域統合」を利用する企業の増加が予想される。

　次に、メコン圏での各国の強みを生かしつつ、相互補完の戦略が展開されているケースを見てみよう。一部の企業は既存自動車産業や電気機器産業の集積を有するタイから原料・中間財・部品を調達し、労働集約産業に強みを持つカンボジアで加工・生産し、欧米や中国南部への良好なアクセスやTPP協定を生かせるベトナムから輸出するという戦略を構築している。これからAECが本格的に稼働すれば、各国の生産拠点や市場を有機的に活用し、広域インフラ整備、ASEANプラスワンなどのFTA協定を利用して効率化およびリスクの分散化を行い、分業・相互補完の体制が整備されるようになるだろう。また今までのように、単なるコスト削減・効率追求のみが重視されるのではなく、将来の単一市場における消費者の多様なニーズにタイムリーに対応できるように、企業は自社のブランドの確立、意思決定の過程などの戦略的な枠組み作りにも重点に置くようになるだろう。

　上述のように、AECで行われる地域経済統合は、加盟国間における関税や非関税障壁の撤廃によってもたらされる経済効果のみならず、メコン圏の経済回廊などの広域インフラ整備およびメガFTAの活用によって、マクロ経済成長・産業発展、貧困層の減少および域内経済格差の是正にも効果をもたらす。さらに、AECの経済効果がASEAN域内にとどまらず、中国やインドそして日本、韓国およびオセアニアにまで波及することが考えられる。

3　ASEAN 経済状況とその多様性

　前述のように、2015 年末の AEC 発足により ASEAN の巨大な単一市場および生産基地が誕生した。6 億 2000 万人を抱える ASEAN の総人口はアメリカ、NAFTA（北米自由貿易協定加盟国）および EU を上回り、中国とインドに次いで世界 3 位になっている。その総人口は巨大な消費市場として大いに期待されている。2025 年には中間層と裕福層の合計比率が 75％に達するという予測もある。人口規模の大きさのみならず、30 歳以下の人口が 50％以上を占め、豊富な労働力を構える。ASEAN の堅調な経済成長は世界で最もダイナミックな地域の中にランキングされ、2 度の金融危機を乗り越え安定した経済成長を見せた。2007 年から 2014 年にかけて世界平均の GDP 成長率は 3.3％であったが、ASEAN は 5.1％であった。その間に GDP 総額は 2 倍に増加し、約 2.5 兆ドルに達しアジアにおいて 3 位、世界全体の 7 位に上った。2020 年には GDP 総額は 3.5 兆ドルに達成すると見込まれる。2007 年から 2014 年までの間に貿易総額は 1 兆ドル増加し、2.5 兆ドルに達した。2014 年の ASEAN の対内直接投資額は 1336 億ドルで、2007 年の世界全体では 5％から 2014 年に 11％に拡大していた。そして ASEAN の加盟各国は都市化が進んでおり、中間層と裕福層の増加による消費構造の変化が本格に進んでいる。

　ASEAN 経済は大きな成果を納めている一方で、多くの課題を抱えている。特に、ASEAN の多様性は今まで共同体のデメリットとして捉えられているが、経済統合によってその多様性をいかにして強みに変えられるかが重要な課題である。

　上述のように 10 カ国から構成され東南アジアのほぼ全土を覆う ASEAN は、多様性を有し、国によって民族や文化、宗教、言語および政治体制は異なる。それだけではなく、人口規模、年齢別構成、そして経済発展段階、産業構造などのマクロ経済の視点から見ても多様性に富んでいる。GDP 成長率を見ると ASEAN 各国の足並みが乱れる状況にある。外的ショックによ

る影響度は加盟各国にばらつきが存在する。マクロ経済のファンダメンタルズや経済管理方法においても、賃金や生産性および研究開発においても、ASEAN各国の格差は大きいと見られている。

　ASEAN域内のGDPシェアを見ると6カ国のGDP総額が全体の95％以上を占める状態であり、IMFの2016年データによるとシンガポールの1人当たりGDPはカンボジアと50倍近く開いている。シンガポールの1人当たりGDP額は5万2887ドルで日本の額を超え、先進国の中でも上位にランキングされている。次にブルネイは産油国として1人当たりGDP額が3万993ドルと高く、工業化が先行したマレーシア、タイ、インドネシアはそれぞれ9500ドル、5742ドル、3362ドルとなっている。中間にあるフィリピンは2862ドルで、後発国のベトナム2088ドル、ラオス1786ドル、ミャンマー1212ドルおよびカンボジア1144ドルと差をつけている。

　次に、ASEAN域内の人口構成を見てみよう。ASEAN総人口の40％を占めるインドネシアを筆頭に、フィリピンやベトナムもそれぞれおおよそ15％を有している。一方で、人口規模の小さい順から見るとブルネイの人口は40万人、シンガポールは約540万人である。さらに詳細に見ると人口規模のみならず、生産年齢人口の変化や少子高齢化の状態にも国ごとにばらつきが見られる。少子高齢化が最も進んでいるのはシンガポールとタイであり、2020年以降この2つの国は高齢化社会から高齢社会に移行すると予測される。少子化の進展は将来的に総人口や生産年齢人口の減少につながる。一方、カンボジア、ラオスでは子どもの人口割合が高く、生産年齢人口の割合が低い状態にある。ベトナム、ミャンマーおよびインドネシアでは生産年齢の人口割合が高く、街に溢れる活気の象徴となっている。一般に、少子高齢化の進展により、医療費や年金などの社会保障の増加が財政や家計を圧迫し、経済成長の鈍化につながっていくことがある。人口規模や構成で見たように、国によって大きな違いが存在することは、単体で考えるとデメリットとして捉えられるが、全体で見ると相互補完になり、社会保障や経済成長の課題に解決策が見えてくる。

　人口問題に象徴されるように、ASEANは各国の特性や強みを生かしつつ、

相互補完によって地域全体として一体化することが問題解決につながり重要である。ASEAN 域内では関税撤廃などのソフト面の整備と、メコン圏を横断的に結びつける経済回廊などのハード面の整備を土台にし、さらに各国の比較優位を生かしながら域内の産業分業を後押ししていく方策が考えられる。具体的には、労働集約型産業に優位性を持つカンボジア、ラオスおよびミャンマーは他の国の協力を得ながら高度産業を育てていく。一方で、ベトナムは労働力と生産設備を組み合わせた加工組立産業に優位性を発揮しつつ、地理的な優位やメガ FTA 網を利用し、工業化を推し進めることが重要である。そして、高い集積産業を持ちながら多くのリスクを抱えるタイは自国の地理的な優位を生かし CLMV の周辺国の国境沿いに経済特区を設置し新たな生産体制を構築している。シンガポールでは技術革新を通じて新たな市場を創造するようなイノベーションを起こすことが求められる。

　このように、各国単体ではなく ASEAN 地域全体の戦略を展開しながら、生産ネットワーク型経済を生かすことで、外国直接投資の増加につながると期待できる。豊富な天然資源や労働力を生かし、「世界の工場」を誇った中国に代わって多様な製品を域内外に輸出することは不可能ではない。巨大な人口を抱えながら、中間層の増加で成長を続ける消費市場は世界的にも魅力的な市場である。

4　ベトナム経済と AEC による影響

　ドイモイ政策が導入されるまでのベトナム経済は、アメリカや西ヨーロッパ諸国の経済から封鎖され、コスト感覚に乏しい重工業指向政策に傾斜しがちであった。この方向は資源の著しく誤った配分をもたらし、非効率性と低生産性を生み出していた。それに労働者に対するインセンティブの全面的な欠如によって経済活動は深刻な状況にまで縮小した。

　その情勢の中で、1986 年 12 月の共産党大会にて「市場経済の導入」と「経済の対外開放」を 2 つの柱とするドイモイ政策が導入された。ドイモイ政策が施行されてから重要な制度改革や法律改正が相次いで公布された。そ

の中で、ベトナム経済に大きな影響を及ぼしたのは、1987年12月に実施された外国直接投資法である。同法律が施行された当初は、経済改革の混乱でハイパーインフレが起こりベトナムへの資本流入は減少していた。しかし、1992年に日本、1993年に世界銀行・国際通貨基金（IMF）の援助がなされ、1995年にASEAN加盟、そして同年にアメリカとの国交正常化など国際社会復帰の一連の動きによって、外国直接投資は1996年に約96億ドルに達した。図10-4に示すように、1990年代半ばは第1次投資ブームに沸いた。当時のベトナムが注目された理由は、原油などの豊富な天然資源や勤勉な国民性で比較的高質で安価な労働力が評価され、東アジア構造転換連鎖の新参者として急速に台頭してきたからである。しかし、1997年のアジア通貨危機を機に状況が一変した。新興工業経済諸国（NIEs）の景気後退によって対ベトナム投資ブームは収束し、以後減少を続けた。第2次投資ブームは2005年に始まり投資件数とともに認可額が回復した。そして、2007年にベトナムがWTOに加盟したことで投資先として再び世界的に注目された。その結果、投資認可額は2008年にピークを迎え、約717億ドルに達した。しかしリーマンショック発生後、2009年の対ベトナムの外国直接投資は2008年の3分の1まで激減した。翌年の2010年と2011年も継続的に減少したが、

図10-4 対ベトナムの外国直接投資

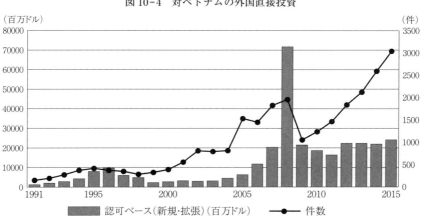

出所：計画投資省外国投資庁資料により作成。

2012年からは回復基調になり、2013年の認可件数は2120件で、認可額は223億5200万ドルで前年比36.7％増となった。2014年には前年とほぼ同水準を維持し、2015年には認可額が更新され、241億1500万ドルとなり、投資件数は過去最高の3038件になった。過去に見られなかった第3次投資ブームの特徴は、①「多国籍企業の生産拠点の他国からベトナムへのシフト」、②「大都市から地方への投資額の増加」、③「小規模な案件の堅調な増加」である。これらの特徴はAECの誕生に大きく関連していることを指摘したい。

　まずは、①「多国籍企業の生産拠点の他国からベトナムへのシフト」についてである。この時期にベトナムに新しくシフトしてきた生産拠点は縫製や履物のような安価な労働分野のみならず、電子・ITのハイテク産業にも及んでいる。大手IT企業としていち早くベトナムに進出したのはアメリカ・インテル社であり、2010年に10億ドルの投資にまで拡大した。インテルの動きに続いてサムスン電子が進出し、北部地域の世界最大級のスマートフォン生産団地以外に、現在では、大規模な家電工場を新しくホーチミン市に建設する案件が承認された。サムスン電子はスマートフォン製造部門の80％を中国からベトナムにシフトし、スマートフォンの最大生産拠点として育成している。さらに、アメリカ・マイクロソフト社が買収したノキアの生産拠点のうち、メキシコ、ハンガリーおよび中国の工場が閉鎖されたり規模が縮小された生産分がベトナムの北部に移管された。日系企業の動きを見るとすでにプリンターの輸出拠点を構えていたキヤノンに加え、富士ゼロックス、京セラミタおよびパナソニックなどの電機メーカーが相次いで工場を新設した。なぜこの時期に大手企業が自社の生産拠点をベトナムにシフトしているのか。その理由は、ベトナムでは比較的質の高い労働力を安価なコストで確保できること、AEC加盟国であるベトナムが関税面で有利に適用できるほか、第三国FTAやTPPの活用が可能となることや、欧米市場などへ向けての輸出が有利なためである。さらに物流網が整備されつつあり、生産拠点から消費市場へのアクセスが以前より便利になり、コストも抑えられること、そしてベトナムの政情や社会の安定性など、幅広い視点から見てもベトナム

次に、②「大都市から地方への投資額の増加」であるが、第2節にも述べたようにAECの連結性強化によりベトナムのインフラ整備が進み、物流網が形成され、ベトナム国内外へのアクセスが便利かつ低コストに抑えられるため、大半の大手企業は大都市への投資だけではなく、地方への投資を広げてきた。それ以外の理由は現在、大都市であるホーチミンやハノイで用地や労働力の確保が困難になってきたからである。そして、③「小規模な案件の堅調な増加」は近年に強い傾向であり、中小企業がベトナムに積極的に進出していることを示している。特に裾野産業に関連する企業が以前より目立っている。それ以外は、小売や飲食などのサービス業に関連する企業も多くなっている。つまり、これらの企業はベトナムを魅力な市場として見ている。一方で、先にも述べたようにAECの加盟国であるベトナムはメガFTAやTPP交渉が順調に進み、今後はアメリカやEU向けの縫製品輸出拠点としてベトナムの優位性を生かしたい大手企業だけではなく、台湾や中国などの縫製関連の中小企業も積極的に投資している。

　第3次投資ブームの特徴を見てきたように、外国直接投資はベトナム経済に多くの変化をもたらし、世界経済への統合を進めながら、国際競争力も年々強化されている。今までの脆弱な経済基盤が改善されるとともに、世界の各国市場に浸透するMADE IN VIETNAM製品は増加している。輸出関連産業はベトナムの経済成長の牽引役となっている。特に2015年の外資系企業の輸出額を見ると前年比18％増の1106億ドルであり、全体の68.2％を占める。慢性的貿易赤字の問題を抱えていたベトナム経済は、20年ぶりに3年連続で21億3700万ドルの黒字となった。外国直接投資による雇用創出効果は毎年22万人ずつ増え、2013年12月現在、外資系企業で働いている人は322万人である。1990年に1人当たりGDPはたった98ドルであったが、2014年は2048ドル、大都市であるホーチミン市では同年で5000ドル強となっている。2015年の実質国内総生産GDPの伸び率は前年比6.7％に達し、ASEANの中で最も高い水準を維持している。

　しかし、2018年までに関税がすべて撤廃されるため、ベトナムへの輸入

品の増加が懸念されている。再び貿易収支が悪化すれば、外貨準備の減少によりベトナム通貨が不安定になるおそれがある。つまり、経済統合が深化するにつれて、ベトナムが負け組となるのではないかという懸念も出ているのである。現在、多くの外資系企業がベトナムを選んだ理由は、市場の潜在的な成長や関税撤廃、消費市場へのアクセスのよさおよび安価な労働力による生産コストの低さである。しかし、中長期的にミャンマー、ラオス、カンボジアが成長すれば、ベトナムの比較優位が維持できない可能性が大きいのである。そのために、2011年に党大会が掲げた成長戦略は「これまでの安価な労働力と資本の投入型の経済成長モデルから脱却し、高度人材の育成とハイテクなどの知的集約産業を軸とした新成長モデル」である。具体的にハイテク技術、人材育成、裾野産業の育成、天然資源の効果的な利用および環境にやさしい案件を優先するような戦略産業が選定された。それは①電気・電子産業、②農林・水産食品加工業、③農業機械産業、④造船産業、⑤環境・省エネ産業、⑥自動車産業である。これらの産業がもたらす経済効果は量的・質的インパクトの期待はもちろんのこと、幅広い産業分野との強いリンケージも期待できる。これからも時代の変化に応じて変革政策をいかに実施できるかどうかがベトナム経済にとって重要な課題である。

●引用・参考文献

石川幸一・助川成也・清水一史編著（2013）『ASEAN経済共同体と日本―巨大統合市場の誕生―』文眞堂

浦田秀次郎・牛山隆一・可部繁三郎編著（2014）『ASEAN経済統合の実態』文眞堂

山影進（2008）『新「ASEAN」の課題と日本』総合研究開発機構 NIRAモノグラフシリーズ No.8

ASEAN (2015), *ASEAN Economic Community 2015: Progress and Key Achievements.*

ASEAN and UNCTAD (2014), *ASEAN Investment report 2013-2014 FDI Development and Regional value Chains.*

第11章
南アジア経済の現状と課題

1　南アジア近現代史

1）分離独立とインドとパキスタンの対立

　南アジア諸国には、インド、パキスタン、バングラデシュ、スリランカ、ネパール、ブータン、モルディブの7カ国が含まれ、1980年からSAARC（南アジア地域協力連合、2007年からアフガニスタンも加盟）を結成し、2006年にはSAFTA（南アジア自由貿易協定）が発効している。本章では、インド、パキスタン、バングラデシュ、スリランカの主要4カ国を取り上げる。この4カ国は旧イギリス植民地（英領インド）であり、インド亜大陸とも呼ばれる。英領インドは宗教の違いにより、独立時にヒンドゥー教のインド、イスラム教のパキスタン（現在のバングラデシュを含む）、仏教のスリランカに分かれた。その後、カシミール地域の帰属問題等により、インドとパキスタンは3度戦火を交えた。1971年の第3次印パ戦争は、バングラデシュのパキスタンからの独立戦争に端を発したものであった。

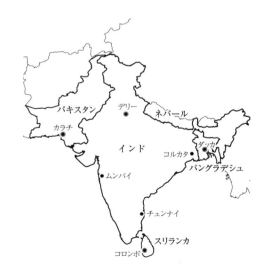

2）経済成長と人間開発

　1940年代後半の独立から1980年代まで、南アジア諸国の経済成長率は低かったが、1990年代から成長率は高くなった。しかし、所得水準は依然として低く、世界の貧困人口14億人中6億人は南アジアに住んでいる。南アジア諸国はスリランカを除き、表11-1に見るように人間開発の諸指標（乳幼児死亡率、成人識字率、貧困比率）が悪いのが特徴である。特に、パキスタンで悪い。人口増加率は高いので、人口ボーナスを得られるということであり、適切な政策が取られれば経済成長を果たし、一大経済圏となる可能性がある。

表11-1　乳幼児死亡率・成人識字率・貧困比率

	バングラデシュ	中国	インド	スリランカ	パキスタン
乳幼児死亡率（‰）					
1960	166	–	157	73	–
1970	160	83	129	56	136
1980	140	46	107	34	117
1990	103	37	83	23	101
2000	67	30	68	17	85
2008	43	18	52	13	72
成人識字率（％）					
1981	29	66	41	87	26
1991	35	78	48	–	–
2001	47	91	61	91	43
2008	55	94	63	91	54
貧困比率（1人1日消費支出1.25ドル基準：％）					
1985	43	69	56	20	66
1991	67	60	54	15	65
1996	59	36	49	16	48
2005	50	16	42	14	23

出所：石上・佐藤（2011：7）を一部改変。

2　インド経済の変遷

1）混合経済体制

　インドは人口12億9000万人で世界第2位であり、国内に29州、7つの連邦直轄地が存在し、世界最大の民主主義国家となっている。公用語はヒンディ語であるが、州を越えると言語が異なるので、英語が日常会話に使用されている。デカン高原を境に北インドのアーリア系民族と南インドのドラビダ系民族に大別されるが、多民族・多宗教・多言語国家である。29州あるインドは、28カ国を束ねるEUと対比させるのが分かりやすいとされる。全人口の80％が信仰しているヒンドゥー教には、カースト制度と呼ばれる社会制度がある。僧侶、士族、平民、隷属民カーストの下にアウトカーストとして不可触民が位置している。不可触民は、指定カースト（SC）と呼ばれ、指定部族（少数民族：SB）、その他後進諸階級（OBC）と並んで保護政策の対象となっており、貧困者比率はSC、SB、OBCの順に高くなっている。

　このような多様性を抱えたインドの経済開発において、独立後貫かれた2大目標は貧困の除去と経済的自立であった。その実現のため、ネルー政権時代（1947～64年）に混合経済体制が確立した。混合経済体制の枠組みは、以下の通りである。第1に公共部門の拡大優先、第2に産業許認可に基づく民間部門に対する経済統制、第3に経済的自立を目指した輸入代替工業化、第4に小規模産業の保護である。また、生産財生産部門・重工業がその発展を通じて、消費財工業の発展とさらなる経済成長をもたらすというマハラノビス・モデルが採用され、重工業優先政策が取られた。混合経済体制下で、非効率な産業が補助金で支えられ、公共部門は拡大し、そのことが政治や官僚機構の腐敗を生み、成長への足かせとなった。インドは世界最大の民主主義下で貧困撲滅、雇用の確保を目指した。そのために、産業許認可制度によって外資の進出を抑え、小規模企業を優遇した。これらの保護措置により、市場競争原理は作用せず、品質や生産性の向上は遅れ、財政赤字と経常収支赤

字が慢性化し経済危機へとつながった。

2）新経済政策（自由化政策）とその効果

インドでは1980年代から徐々に経済の自由化が推進されていたが、混合経済体制の枠組みは温存されていた。1990年代になると、主要貿易相手国の旧ソ連の崩壊や湾岸戦争に伴う中東からの海外送金の激減により、経常収支赤字と財政赤字が拡大した。1991年1月、外貨準備高が輸入の2週間分にまで枯渇し、外貨危機に見舞われた。同年6月に成立したラオ政権はIMFと世界銀行から借款を受け、混合経済体制にメスを入れ、自由化を進める「新経済政策」を実施した。この新経済政策で、公共部門優位の政策が撤回され、民間企業の活動を制限していた産業許認可制度が事実上廃止された。また、貿易や外資導入にも自由化が図られることとなった。貿易面では、平均関税率が1991年の77.2%から2008年の9.2%まで低下し、輸入ライセンス制度も廃止された。外資参入では、ネガティブリストに該当しなければ100%の外資出資比率が自動認可されるようになった。

新経済政策による競争原理の導入は、価格低下、品質の向上をもたらし、国内市場の拡大、ひいてはインド産業の競争力強化に大きく貢献することとなった。経済改革の実施に伴い、インド経済はグローバル経済との接触が強まり、大きく前進することとなった。インド経済の成長率は、1950～70年代は3.5%と低かった（ヒンドゥー成長率と言われた）が、1990年代は5%台、2007年には10%を超えた。2003年、ゴールドマンサックスのレポートで新興国BRICsの一員に挙げられることとなった。

3）産業構造

インドの産業構造の特徴は、第1に農業部門の経済全体における構成比の高さである。GDPに占める割合は19%で、中国やブラジルより高い。農業従事者は労働者全体の51.5%を占め、労働者の約5割がGDPの2割しか生み出さない非効率な構造である。一方、気候変動による農業生産への影響は大きく、農業の動向は国全体の経済へ影響を及ぼしている。

第 2 の特徴は、経済発展の度合いに比べて、サービス部門の比重が高く（52.4%）、工業部門の比重が低いことである（29.5%）。インドは世界でも有数の理工系人材を抱えており、サービス部門の中でも IT 産業が強い競争力を保持している。インド人 IT 技術者への信頼性はコンピュータ 2000 年（Y2K）問題を経て高まった。インドの IT 産業は、ソフトウェア（IT サービス）が主で、売り上げの 8 割を占め、その 6 割以上が輸出である。インドは IT のアウトソーシングで世界 1 位である。

インドはコールセンターやビジネスアウトソーシング（BPO）等のサービス収支は黒字であるが、石油等の輸入増加により貿易収支が赤字のため、経常収支は赤字である。

工業部門の比重は低い（労働者の 22%）が、モディ現首相はインフラ整備に力を入れ、Make in India のスローガンの下奨励している。注目されているものの 1 つに医薬品産業がある。後発薬（ジェネリック薬）は世界の約 20% を占め、世界 4 位である。インドで後発薬が発達した原因は、特許法で物質特許を認めなかったため、医薬品の代替的製法の開発が促進されたからである。しかし、2005 年 WTO の TRIPS 協定との整合性を図るべく特許法が改正され、物質特許を認めることとなった。インド医薬品産業は後発薬での競争力低下を予測し、創薬企業への転換、外資のアウトソーシング先等といった多角化を図っている。

また、近年自動車産業も急速な発展を見せている。インドの自動車産業が拡大傾向を示すようになったのは、インド政府の要請に応えスズキが 1983 年にインドに進出し、日印合弁のマルチ・スズキが乗用車生産を開始するようになってからである。スズキのインド進出は、日本的経営や生産方式をインドへもたらし、インドの自動車産業に新風を吹き込むこととなった。1991 年以降、経済自由化が本格化する中で、産業許認可制度の適用対象から自動車産業は外された。国内市場の潜在的大きさから日米欧韓の自動車メーカー（と部品メーカー）がインドに進出した。タタ・モーターズが乗用車部門に進出し、インド自動車市場での競争が激しさを増している。乗用車部門では、マルチ・スズキ、現代自動車、タタ・モーターズの 3 強で市場の 7 ～ 8 割を

占めている。2016年、インドは自動車生産で世界4位となり、小型車の生産・輸出拠点としての地位を固めつつある。

医薬品、自動車に続いて競争力を有しているのは、化学産業と鉄鋼業である。

伝統的産業では、ダイヤモンド加工業と繊維産業の競争力が強い。繊維産業は、一部の大規模工場部門とその他大多数の小規模零細企業との二重構造で成り立っている。繊維産業全体の労働者の9割以上を小規模零細企業が雇用している。世界の繊維製品輸出において、インド以外の南アジア諸国の存在感が大きくなっている。これらの国々の賃金はインドより低く、近い将来国際市場においてインド繊維産業の強力な競争相手となる可能性が高い。

4）財閥と外資系企業

インドの売上高上位500社のうち450社は同族、あるいは財閥経営である。インドでは今日でも財閥の力が強く、同族経営によるコングロマリット（複合企業）の形で企業が発展している。インドの財閥は50以上あるが、タタ、ビルラ、リライアンスが3大財閥である。財閥は、家族あるいは一族によってグループ所有・支配を行い、各事業会社のトップにグループ総帥の血縁者が就く。家族経営では、事業規模が拡大し企業の多様化が進んでいくと、世代交代の過程において事業の分割や経営権をめぐる骨肉の争いが生じ、やがて家族経営は分裂することが多い（陳 2014）。3大財閥の1つであるリライアンスも2005年に分裂した。グループ連結売上高がインドのGDPの5％を占めている最大財閥のタタでは、経営のプロ化が行われ、同族経営の弊害が回避され、分裂からは無縁である。傘下に100のグループ企業を抱え、7つの業種にまたがっているが、タタ・モーターズ、タタ・スティール、TCS（IT企業、タタ・コンサルティング・サービシズ）の中核3社でグループ売上総額の70〜80％を占めている。一方、IT産業のインフォシス・テクノロジーズ、携帯電話のバルティ、アポロ病院グループなど新興財閥も事業を拡大している。ミッタル・スティールは世界最大の鉄鋼会社であるが、在外インド人（NRI：印僑）のラクシュ・ミッタルが一代で築き上げた企業である。ミッタルがグ

ローバル経営で成功した要因は、企業家精神に加え、民族・宗教・言語の多元的なインドの出身であり、コミュニケーション能力や共生力に富んでいたからであろう。在外インド人は全世界に約2800万人いると言われ、アメリカに450万人、中東に700万人、アフリカに300万人居住している。在外インド人は外資系企業のインド子会社に派遣されたり、インド企業の中東・アフリカ市場開拓の橋頭堡となっている。

　1991年の新経済政策への転換以後、外資系企業の進出が歓迎されるようになった。欧米系企業はソフトウェア産業のアウトソーシングやBPO、研究開発拠点としての投資が多い。韓国系企業は現地に適応した製品を開発し、成功している。特に、LG、サムスン、現代自動車はトップダウン型経営スタイルと現地事情に即したマーケティング戦略が功を奏し、シェアを獲得している。日系企業はスズキを除き、インド進出に慎重であったが、近年自動車関連を中心に製造業の進出が増加しており、2000～15年の対インド累計直接投資額で日本は4位である。

3　インド経済の課題

1）インフラの未整備と環境問題

　インド経済が今後も一層高レベルの経済成長を続けていく上で、カギを握っているのがインフラ部門（道路、鉄道、港湾、電力等）である。インドの道路は輸送の主役であるが、道路事情は劣悪である。都市部では交通混雑が深刻さを増す一方、農村部では全天候型の道路が整備されていないため、雨期には外部との流通面で支障をきたす地域が少なくない。全国ハイウェー開発計画が進行中で、その象徴的存在が黄金の四辺形（デリー・ムンバイ・チェンナイ・コルカタ）と東西南北回廊（シルチャル・ポルバンダル・カニャクマリ・スリナガル）である。鉄道は飽和状態に達し、安全性や輸送能力の面で多くの問題を抱えているが、近年コンテナ輸送に民間参入が認められるなど、急ピッチで効率性向上が図られるようになってきた。インフラ部門で改革が進まず、工業

発展に対する最大の制約要因となっているのが電力部門である。電力不足により、日常的に停電が起こり、電圧が不安定なため工場の寿命を縮めている。発電設備は火力が3分の2を占めており、その燃料の大半はインドの質の悪い石炭によるもので、大気汚染の原因ともなっている。電力部門の最大の問題は、政治的な理由から低く抑えられている農民向けの電力料金である。その結果、多くの州政府で電力公社は財政破綻しており、州政府の財政難を引き起こしている。

　インドでは急速な経済成長とともに、環境が悪化している。火力発電所や工場、自動車の交通量が集中している主要都市の大気汚染は、かつての高度成長期の日本の公害と同レベルである。また、鉛汚染や酸性雨も出現し、河川や湖沼の農薬による水質汚濁も進行している。

2）経済成長と貧困問題

　インドは独立当初から、経済成長とともに経済的公平と社会正義の実現、すなわち貧困の解消を目標として掲げ、経済政策を実施してきた。しかし、貧困の解消は現在も大きな課題として残っている。世界銀行が公表している貧困ライン（1日1.25ドル）以下で生活している人口は42％に達している。特に問題となっているのは、正規雇用が少なく、経済成長が「雇用なき成長」と呼ばれている点である。都市部での非正規雇用は1990年代に60％に達し、その後もグローバル化の進展とともに拡大している。膨大な農村の余剰人口と都市部における農村部からの流入者には非識字者が多いため、非正規雇用とならざるを得ない（陳 2014）。農村の貧困層における人間開発の改善（特に教育の普及）は、質のよい豊富な労働力を生み出し、雇用の増加につながる労働集約型産業の発展をもたらす意味でも重要である。

4 他の南アジア3カ国経済の現状と課題

1）パキスタン

　パキスタンは人口1億9000万人で世界6位である。治安と政治の混乱の問題を抱えているが、経済規模は市場として魅力的であり、成長の可能性を秘めている。1947年9月、旧英領インドからイスラム教徒の国として独立した。独立当初はインドを挟んで東パキスタン（現在のバングラデシュ）と西パキスタンに分かれていた。1960年代、緑の革命により農業生産が大幅に向上し、工業部門も発展し急速な経済成長が見られた。一方で、国民の間で経済格差が拡大し、特に経済成長の恩恵を受けない東パキスタン側で不満が爆発し、後のバングラデシュ独立運動へとつながった。

　パキスタンでは独立から今日まで、GDPは5％台の成長率を記録している。しかし、経済構造は農業に偏った単線型で、特に綿花の生産変動が農業、工業のみならず、GDP成長の変動と高い相関を持つ。貿易構造は、輸出総額の半分以上を繊維製品が占め、輸入超過を海外からの出稼ぎ送金が穴埋めする構造である。一方、パキスタンを中継地として、中国、イラン、アフガニスタン、中央アジア一帯で、将来的に貿易や人の移動が活発化する可能性がある。

　貧困者比率は改善が見られるが、人間開発指数は南アジアで最も低く、特にジェンダー関連指数が低い。女性識字率、女子就学率が低く、女性の労働市場への進出、乳幼児出生率・死亡率の低下が果たせていないため、豊富な労働力を有効に活用できていない。

2）バングラデシュ

（1）経済の発展過程

　バングラデシュは、1947年英領インドからのパキスタン独立により東パキスタンとなった。しかし、西パキスタンに主導権を握られ、独立直後

の1948年からベンガル語の公用語化を求める運動が広がった。その後東西間の経済格差は拡大し、1971年の独立戦争後、バングラデシュは誕生した。しかし、戦争で国土は荒廃し、貧困率72％という状況から開発を始めなければならないうえ、しばしば洪水に見舞われる厳しい状況であった。ところが近年、NEXT11の1つに数えられるほど、バングラデシュ経済に注目が集まっている。バングラデシュの繊維製品の輸出は世界2位で、人件費の高騰した中国から縫製企業の移転が相次いでいる。

　バングラデシュ経済の発展は、1980年代の緑の革命により農業部門が成長したことが契機となった。非作物部門は1990年代以降、作物部門を上回る成長を遂げ、漁業は1990年代に、畜産は2000年代に高成長を達成した。畜産の高成長にはマイクロファイナンスに支えられた女性の参入が影響している。

　マイクロファイナンスとは、担保となる資産を持たず、金融サービスから排除された貧困に苦しむ人のために提供する少額の無担保融資や貯蓄・保険・送金などの金融サービスをいう。マイクロファイナンスはバングラデシュのユヌス氏がグラミン銀行を設立して開始した（グラミン銀行での名前はマイクロクレジット）。現在は、アジア、アフリカ、ラテンアメリカ等世界130カ国以上で実施され、貧困削減に寄与している。

　1990年代にインフレ抑制政策が成功し、貯蓄率が向上し、海外からの出稼ぎ送金と相まって民間投資が増加した。また、同国の低賃金を目当てに外国投資も増加し、特に縫製業が発展した。バングラデシュの輸出品の80％は縫製品であり、縫製労働者の85％は女性であるとされ、縫製業の発展は女性の社会進出を大いに促した。1990年代以降経済成長が加速する前に、社会開発が成果を上げており、教育面では就学率と識字率が大きく向上した。保健面でも、乳幼児死亡率と出生率が低下しているが、これには女性の教育レベルの向上が大きく関係している。社会開発にはNGO活動の貢献が大である。

(2)　経済の課題

　バングラデシュは経済成長の基盤が脆弱で、繊維製品の輸出と出稼ぎ送金

に偏り、海外依存度が高い。貧困率は低下したが、まだ50％に達しており、地域格差も大きい。また、政治不安、公務員の汚職問題、地方行政がほとんど機能せずNGOが代替していることなど、政治・経済・社会あらゆる面で問題はなお多い。

3）スリランカ

スリランカは、1948年イギリス連邦内の自治領として独立した（当時の国名はセイロン）。人口は2000万人、74％が仏教徒のシンハラ族、18％がタミル族で、その他が8％である。スリランカ経済は、他の南アジア諸国と異なった特徴を持っている。1人当たりGDPは4000ドルで南アジア諸国で最も高く、識字率も高い（90％）。社会福祉が行き渡り、人口増加率も低い。スリランカ・モデルと呼ばれ、賞賛と批判を浴びてきた。1970年代の国有化政策により、公企業は非効率化していたが、社会福祉政策は継続され、財政赤字を増大させ、産業競争力の向上を妨げた。

1970年代以降、政府のシンハラ族優先政策（シンハラ語の国語化、公共事業のシンハラ族居住区への集中）への反発などから、タミル族の分離独立要求が強まった。1983年の暴動をきっかけに民族紛争は激化した。経済活動は停滞し、外国投資は減少し、外貨収入源の観光も打撃を受けた。軍事費は財政を圧迫した。

2009年、25年以上続いた民族紛争は政府軍による完全制圧で終わった。紛争終結後のスリランカ経済は平均6.4％成長しており、アパレル製品が輸出の45％を占めている。経済成長によるスリランカの人件費の上昇に伴い、アパレル生産は高付加価値品にシフトし、労働集約品はインド、バングラデシュへ移管している。スリランカの輸出の半分以上は欧米向けで、アパレルが9割に達する。日本企業にとって、スリランカは欧米市場向けの拠点となっている。また、アフリカへのゲートウェーとなる可能性もある。

●引用・参考文献
石上悦朗・佐藤隆広編著（2011）『現代インド・南アジア経済論』ミネルヴァ書房

岡橋秀典・友澤和夫編（2015）『現代インド4　台頭する新経済空間』東京大学出版会
小林守編著（2013）『アジアの投資環境・企業・産業　現状と展望』白桃書房
ジェトロ（2012）『アジア主要国のビジネス環境比較』ジェトロ
ジェトロ（2013）『アジア新興国のビジネス環境比較　カンボジア、ラオス、ミャンマー、バングラデシュ、パキスタン、スリランカ編』ジェトロ
「特集　南西アジア　ここから世界へ羽ばたけ」『ジェトロセンサー』2016年9月号、ジェトロ
須貝信一（2011）『インド財閥のすべて―躍進するインド経済の原動力―』平凡社
陳晋（2014）『アジア経営論―ダイナミックな市場環境と企業戦略―』ミネルヴァ書房
藤井真也（2014）『インド・ビジネスは南部から―知られざる南インドの魅力―』ジェトロ
南谷猛・浅井宏・松尾範久（2011）『成長著しい「次の新興国マーケット」　バングラデシュ経済がわかる本』徳間書店
渡辺利夫編（2009）『アジア経済読本』東洋経済新報社

第12章
インドの労働市場と教育

　新興国インドの労働市場は、近年の急速な経済発展とともに就業構造が大きく変わる一方で、不安定な雇用や児童労働など従来からの課題も少なくない。また、遅れていた教育の普及も、初等教育がすでに浸透した今、政府による今後の取り組みが注目される。

　本章では世界銀行のデータを概観しながら、ダイナミックに変化するインドの労働市場と教育の現状について解説する（本章で紹介するデータの詳細については、World Bank 2016 を参照）。

1　巨大な労働市場と就業構造の変化

1）男性中心の労働力

　2015年現在において13億人もの人口を抱えるインドの労働市場は実に巨大である。図12-1は1990年以降における労働力人口の推移を示している。労働力人口は1990年の時点で3億2000万人、その後人口の増加とともに労働力人口も拡大し、2014年には4億9000万人に達している。5億人に迫る規模の巨大な労働力の多くは男性で、女性の占める割合はわずか24％である。この割合は20年以上もの間、ほぼ一定で変わっていない。

　実際、女性の労働参加率（15歳以上人口のうち、経済活動に従事している者の割合）は2014年において27％であり、男性の80％と比べるとかなり低い水準である（データの出所は図12-1と同じ）。インドにおいても経済発展が進むにつれて主に都市部では女性の労働参加は拡大しているものの、多数の人口を抱える農村では女性の雇用機会が少なく、また家庭内にとどまって家事に専念

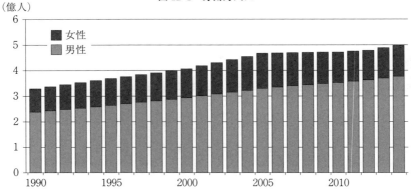

図12-1 労働力人口

出所：World Bank（2016）より筆者作成。原資料はILO（国際労働機関）。

することを選ぶ女性も多いため、労働市場への参加はまだ少ないのが現状である。このように男性に偏った現在の労働力構成を見ると、これからのインド経済において女性労働の活用の余地は大きいといえるだろう（2016年7月25日付『日経産業新聞』によれば、インド政府は2016年に繊維産業への大規模な支援計画を打ち出し、今後3年間で1000万人の雇用を創出し、特に女性の就業を拡大することを目標として掲げている）。

2）農業から工業・サービス業へ

次にインドの雇用の実態を就業構造から見てみよう。表12-1は就業者の産業部門別シェアを示している。最も多くの人が働いているのはやはり農業部門であるが、2000年に6割を占めていたシェアは年々低下し、2012年には47％となっている。一方、この10年余りで工業部門は約8ポイント、サービス業部門は約4ポイントもシェアを伸ばし、両部門の合計はすでに農業部門をしのぐ53％にまで拡大している。

また、工業部門と比べてサービス業部門の雇用がより大きいのはインドの労働市場の大きな特徴であり、これは石上・佐藤（2011）が示すようにインドでは1980年代から続く経済成長の過程でGDPに占める農業部門のシェアが大きく低下する中、工業部門に比べてサービス業部門のシェアがより大

表12-1 就業構造（産業部門別）

(単位：%)

	2000年	2005年	2010年	2012年
(全体)				
農業部門	59.9	55.8	51.1	47.1
工業部門	16.0	19.0	22.4	24.8
サービス業部門	24.0	25.2	26.6	28.1
(男性)				
農業部門	53.9	49.3	46.1	42.9
工業部門	17.9	21.0	24.0	26.1
サービス業部門	28.2	29.8	29.9	31.0
(女性)				
農業部門	74.8	70.9	65.3	59.7
工業部門	11.5	14.4	17.8	20.9
サービス業部門	13.7	14.7	17.0	19.4

出所：World Bank (2016) より筆者作成。原資料は ILO, *Key Indicators of the Labour Market* database.

幅に拡大してきたことに対応している。インドのサービス業部門の成長は、中国が「世界の工場」として相対的に大きな工業部門を中心に経済を発展させてきたのとは対照的である。

　就業構造には男女間で大きな違いが見られる。年とともに農業部門のシェアが大きく低下している点は両者で共通しているが、女性の場合は依然として農業部門が6割ものシェアを占めている一方で、男性の場合はサービス業部門のシェアが3割を超え、工業部門と合わせると6割に迫る規模になっている。全体として見ればインドの雇用の半分程度はいまだ農業部門にあるが、工業・サービス業部門も着実に成長してきている。

2　不安定な雇用と働く子どもたち

1）脆弱な雇用

　インドではいわゆる賃金労働者として企業に雇われて働く者よりも、自営業者として生計を立てている者の方が圧倒的に多い。就業者全体における自営・賃金労働比率を示した表12-2によると、自営業者が8割を超え、賃金

表12-2 自営・賃金労働比率と脆弱な雇用

(単位:%)

	1994年	2000年	2005年	2010年
(全体)				
自営	85.0	84.3	84.4	81.9
賃金労働	15.0	15.7	15.6	18.1
脆弱な雇用	83.1	83.4	83.1	80.8
(男性)				
自営	82.2	81.6	81.9	80.6
賃金労働	17.8	18.4	18.1	19.4
脆弱な雇用	79.8	80.5	80.3	79.3
(女性)				
自営	91.8	90.8	90.0	85.5
賃金労働	8.2	9.2	10.0	14.5
脆弱な雇用	91.1	90.4	89.6	85.0

注:就業者全体に占める割合。
出所:World Bank (2016) より筆者作成。原資料はILO, *Key Indicators of the Labour Market* database.

労働者は2割にも満たない。自営比率は特に女性において高く、2010年では86%となっている。

インドにおいて自営業者の多くは小規模・零細の自作農や商店主などであり、自営比率の高さはいわゆる貧困層や所得の不安定な人々が多く存在することを意味している。自営業者に分類される者のうち、従業員を継続的に雇わずに個人で事業を行っている者(own-account workers)や無報酬で働く家族従業者(contributing family workers)は「脆弱な雇用(vulnerable employment)」の状態にあるとされ、表12-2が示すようにインドの自営業者のほとんどがこれに当たる(自営業者のうち、従業員を継続的に雇って事業を行っている雇用主〔employers〕はこれに含まれない。雇用の分類については、ILOのInternational Classification of Status in Employment〔ICSE〕を参照)。特に女性の場合は2010年において就業者の85%が脆弱な雇用であり、安定した所得が得られるような雇用はかなり少ないのが現状である。

2) 長期失業とニート

続いてインドの労働市場の需給状況を失業率のデータで見てみよう。図

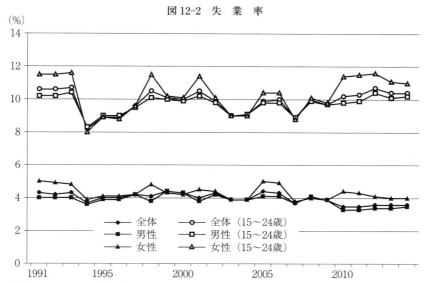

図 12-2　失　業　率

出所：World Bank（2016）より筆者作成。原資料は ILO, *Key Indicators of the Labour Market* database.

　12-2 は 1991 年以降の失業率の推移を示している。1980 年代に経済が成長軌道に乗り、1991 年の開放経済政策への転換を経て、2000 年代から現在まで続く高成長を背景として、ここ 20 年以上もの間、失業率は 4％前後の比較的低い水準で安定している。特に男性の失業率は低く、近年では 3.5％程度である。

　しかしながら 15 〜 24 歳の若年層に限ってみると、失業率は 10％前後の高い水準で推移しており、特に女性は近年では 11％を超えている。また表 12-3 が示すように、総失業者のうち 1 年以上の長期にわたって失業している者の割合は、2010 年において男性で 37％、女性で 41％とかなり高い。さらに、若年層は失業率が高いだけでなく、学校に通わず、働くこともなく、職業訓練もしていないいわゆるニート（NEET）の状態になる者も少なくない。表 12-4 によれば若年男性のニートの割合は数％にとどまる一方で、若年女性は 2010 年において半数以上がニートである。これは、インドでは特に農村において、若年女性は家庭内で家事を手伝ったり、幼い弟や妹の面倒を見

表12-3　長期失業者の割合
(単位：%)

	2005年	2010年
全体	39.6	38.2
男性	38.0	36.6
女性	42.8	41.4

注：総失業者のうち、1年以上失業している者の割合。
出所：World Bank (2016) より筆者作成。原資料は ILO, *Key Indicators of the Labour Market* database.

表12-4　ニートの割合
(単位：%)

	2004年	2010年
全体	26.1	27.2
男性	7.6	3.5
女性	46.2	53.9

注：若年人口のうち、ニートの状態にある者の割合。
出所：World Bank (2016) より筆者作成。原資料は ILO, *Key Indicators of the Labour Market* database.

たりすることを求められることが多く、学校に通ったり、働いたりする機会がきわめて少ないためである。

　全体としてインドの失業率は低い水準にあるものの、貧困につながりかねない大量の長期失業の解消と若年女性への教育・雇用機会の提供が今後の課題となるだろう。

3）児童労働

　インドのような途上国では、就学年齢にある子どもが学校に通わずに労働力として働いている場合が少なくない。こうした児童労働の存在は、子どもから教育の機会を奪うだけでなく、その劣悪な労働環境によって幼い子どもを病気やけがのリスクにさらし、健全な成長を妨げることもある（児童労働とは5～17歳の子どものうち何らかの経済活動を行っている者を指すが、12～14歳の子どもについては危険の伴わない環境の下での週14時間未満の労働の場合はこれに含まれず、また15～17歳の子どもについては危険の多い環境の下で働いている場合のみこれに含まれる。児童労働の定義や詳細なデータについては、ILO-IPEC 2013 を参照）。

　ILO（国際労働機関）のデータによれば、2012年において児童労働として働く子どもは世界各地に1億6795万人も存在し、当該年齢人口の10.6％を占めている。児童労働を抱える国々だけでなく国際機関やNGOなどが児童労働撲滅のために積極的な取り組みを行ってきた結果、2000年の2億4550万人（当該年齢人口の16.0％）から大幅に減少したが、依然として無視できない規模の児童労働が存在している（ILO、UNICEF、世界銀行は2000年12月よ

り、途上国における児童労働問題の解決を目指す共同研究プロジェクト"Understanding Children's Work（UCW）"を推進している）。

インドの場合は、表12-5が示すように児童労働として働く子どもの割合は2000年の5.2％から2012年の1.7％へと大きく低下し、他の途上国と比べてもそれほど高くない。この背景には、次節で見るようにインドにおいて初等・中等教育の普及が進んできたことがある。

表12-6で働く子どもの就業構造を見てみると、農業部門のシェアが低下する一方で、工業部門が大きくシェアを伸ばしている。2012年においては男子の3割、女子の4分の1程度が工業部門で働いている。サービス業部門

表12-5　働く子どもの割合

（単位：％）

	2000年	2005年	2010年	2012年
全体	5.2	4.2	2.5	1.7
男性	5.3	4.2	2.8	1.9
女性	5.1	4.2	2.1	1.6

注：7〜14歳人口のうち、調査週において少なくとも1時間、経済活動を行った者の割合。
出所：World Bank（2016）より筆者作成。原資料はUnderstanding Children's Work project.

表12-6　子どもの就業構造（産業部門別）

（単位：％）

	2000年	2005年	2010年	2012年
（全体）				
農業	73.3	69.4	69.4	56.5
工業	12.5	16.0	13.0	27.6
サービス業	11.5	12.4	13.0	10.4
（男性）				
農業	70.5	66.1	64.4	47.7
工業	10.0	13.5	11.4	29.3
サービス業	15.9	17.6	17.4	14.9
（女性）				
農業	76.6	73.1	77.2	68.6
工業	15.4	18.9	15.6	25.2
サービス業	6.5	6.6	6.3	4.2

出所：World Bank（2016）より筆者作成。原資料はUnderstanding Children's Work project.

より工業部門のシェアが大きいのは、大人の場合（表12-1）と対照的である。男子と比べると女子は農業部門で働く割合が高い。

なお、児童労働によって子どもの学校教育の機会がまったく失われるというわけではないことに注意したい。働きながら学校に通う子どもも少なからず存在し、インドの場合、働く子どものうち男女とも17％程度が学校にも通っている（データの出所は表12-5と同じ）。

3　教育水準の向上

1）識字率の上昇と初等教育の普及

図12-3は、ここ30年間の識字率の推移を全体（15歳以上）および若年層（15～24歳）について男女別に示したものである。全体の識字率は1981年において男性は55％、女性はわずか26％であったが、2011年にはそれぞれ79％、59％と飛躍的に上昇している。若年層の識字率も同様に大きく上昇し、2011年において男性は90％、女性は82％となっている。いずれも女性の識字率は30年の間に2倍も拡大し、また従来は大きかった男女間格差（女性識

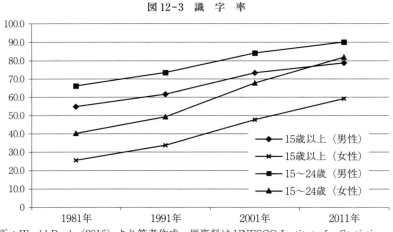

図12-3　識　字　率

出所：World Bank（2016）より筆者作成。原資料はUNESCO Institute for Statistics.

字率／男性識字率）も全体では 0.47 から 0.75 へ、若年層では 0.61 から 0.91 へと大幅に改善している。

　このように識字率が着実に上昇しているのは、言うまでもなく国民の間に初等教育が普及してきたからである。過去 40 年間の就学率の推移を示した図 12-4 によれば、1973 年において 65％しかなかった女性の初等教育就学率は年々上昇を続け、2003 年には 100％を超える水準になった。40 年前に 99％に達していた男性の就学率と合わせて、初等教育はすでにインドにおいて浸透しているといえる（インドの教育制度は基本的に 5・3・2・2 制で、それぞれの段階に一般的な呼び名があるが、ここで紹介するデータでは 6 歳から始まる最初の 5 年間を初等教育〔primary education〕、その後の 7 年間を中等教育〔secondary education〕としている。これ以降が高等教育〔tertiary education〕である）。

　中等教育の普及も急速に進んでおり、2013 年における就学率は男女とも 7 割に迫っている。40 年前の就学率と比べると、男性は 2 倍、女性は 4 倍以上に拡大している。高等教育の就学率も近年大きく上昇し、2013 年では男

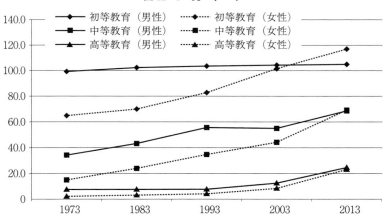

図 12-4　就　学　率

注：就学率は、各教育課程における在籍者数を当該年齢人口（高等教育については中等教育修了後 5 年以内の者の人口）で割って算出。当該年齢ではない在籍者（早期にまたは遅れて入学した者や留年者）もいるため、100％を超えることがある。1993 年の高等教育の就学率については、データの欠損のため 1991 年のデータを用いた。
出所：World Bank（2016）より筆者作成。原資料は UNESCO Institute for Statistics.

女とも20％を超えている（ここでいう初等教育5年間と中等教育の最初の3年間は2009年に義務教育化されている）。

ここで、各教育課程の修了率のデータを表12-7で確認してみよう。インドのような途上国では、いったん学校に入学しても、経済的な理由などで最後までカリキュラムを終えることなくドロップアウトする者も少なくないため、就学率だけでなく各教育課程を最後まで修了した者の割合を知ることが教育の普及の程度をより正確に把握するのに不可欠である。

初等教育、中等教育（前期）ともに2002年からの10年ほどで修了率は上昇しており、特に女性の上昇が顕著である。ほぼ全員が修了している初等教育と比べると中等教育（前期）の修了率はまだ低く、2013年において男女とも8割程度にとどまっている。

2）政府による教育支出

教育分野におけるインド政府の取り組みはどう評価できるだろうか。表12-8によれば、政府による教育分野への支出は2000年から2012年まで対GDP比で3〜4％程度の割合で、大きな変動はない。対政府支出比で見ても10％台で推移しており、教育分野への支出を積極的に拡大する傾向は見られない。

表12-7 教育課程修了率

（単位：％）

	2002年	2008年	2013年
初等教育			
（男性）	82.1	94.8	93.7
（女性）	69.0	95.1	99.0
中等教育（前期）			
（男性）	60.5	71.1	78.7
（女性）	45.8	65.2	83.4

注：各教育課程の最終学年への進級率を示している。年齢にかかわらず、新たに最終学年に進級した者（最終学年在籍者数から留年者数を引いたもの）を当該年齢人口で割って算出。したがって、最終学年でドロップアウトした者も修了者に含まれる。
出所：World Bank（2016）より筆者作成。原資料はUNESCO Institute for Statistics.

表12-8　政府による教育分野への支出

(単位：％)

	2000年	2003年	2006年	2009年	2012年
対GDP比	4.3	3.6	3.1	3.2	3.8
対政府支出比	17.5	12.9	11.8	10.8	14.1
(内訳)					
初等教育	37.6	36.1	35.4	26.7	27.2
中等教育	40.1	41.7	42.5	34.9	38.7
高等教育	20.3	20.1	20.3	36.5	32.2
その他	2.1	2.2	1.8	1.9	1.9

出所：World Bank（2016）より筆者作成。原資料は UNESCO Institute for Statistics.

　教育支出の内訳を見ると、2006年までは初等・中等教育への支出が合わせて8割近くを占めていたが、2009年以降は高等教育への支出が30％を超え、政府による教育支出の重点分野に変化が見られる。すでに初等・中等教育の普及が進んでいるインドは今、高等教育の拡充を図る段階に来ているといえる。

●引用・参考文献

石上悦朗・佐藤隆広編著（2011）『現代インド・南アジア経済論』ミネルヴァ書房
ILO-IPEC（2013）, *Global Child Labour Trends 2008 to 2012*, Geneva: ILO.
World Bank（2016）, *World Development Indicators 2016*, Washington, DC: World Bank.

第13章
アメリカ経済の現状と課題

1 金融危機からの回復

　2007年12月以降、アメリカ経済は戦後最長となる18カ月にも及ぶ景気後退に陥った。サブプライム・ローン問題に端を発するこの景気後退は、グリーンスパン元FRB議長が「100年に1度」と表現するほど深刻なものであったが、ブッシュ政権とFRBによる金融危機対策やオバマ政権の大規模な景気対策などもあり、2009年6月に底を打った。

　緩やかに景気が回復していく中、FRBは、2015年12月に9年半ぶりに利上げに踏み切り、7年間続いた事実上のゼロ金利政策を解除した。アメリカ経済は、その後、中国経済の減速やイギリスのEU離脱といった国外事情からネガティブな影響を受けたものの、徐々に底堅い成長を取り戻しつつある。

　2009年1月、景気が後退していく中で誕生したオバマ政権は、発足当初は経済危機への対策を中心とした経済政策に取り組んだが、2期目に入ると徐々に独自の政策を打ち出していった。

　この章では、オバマ政権の経済政策を通してアメリカ経済の現状と課題を明らかにする。オバマ政権が長期的な課題として重視したのは、経済成長、格差是正、エネルギー改革などである。とりわけ、格差については、アメリカでは社会問題となり大きな注目を集めた。そこで、格差の問題を最初に簡単に論じ、それに関連づけながらその他の問題について検討していく。まず、第2節でアメリカの所得格差の現状について概観する。続く第3節では、労働者の賃金を引き上げるために実施された政策として、技能形成の促進や自

由貿易の推進について論じる。第4節では、自由貿易が持つ負の側面について述べる。最後に、第5節で、アメリカ経済の今後の課題について取り上げる。

2　拡大する所得格差

　オバマ政権は、拡大を続ける所得格差を重要な社会問題と位置づけ、その是正に取り組んだ。彼らが特に重視したのが中間所得層である。オバマ大統領は、就任後最初の『大統領経済報告』の中で、アメリカン・ドリームの核心とは中間層の繁栄であると述べている（CEA〔Council of Economic Advisers〕2010: 6）。また、2015年版では、第1章に「中間層の経済学（Middle-Class Economics）」という章を設け、中間層の所得と関連の深い、労働生産性、所得の不平等、労働参加率などについて詳細に論じた（CEA 2015）。

　アメリカにおいて、中間層の地盤沈下はオバマ政権が誕生する以前から問題視されており、2000年頃から、社会学や政治学なども含めて様々な分野でこの問題が提起された。経済学においては、クルグマン（2008）が、格差の原因として賃金規制等の制度的要因を強調し、最低賃金規制や累進課税等の各種制度の改革を通じて、政府が一層の所得再分配を行うべきだと主張した。

　アメリカでは、1930年代の大不況期に行われたルーズベルト大統領のニューディール政策以来、政府の経済への介入を是認し、社会的弱者へ手を差し伸べるリベラルな政治が続いた。しかし、「偉大な社会」をスローガンに社会福祉の充実に取り組んだジョンソン政権後は保守派が勢力を取り戻していった。とりわけ、1981年に誕生したレーガン政権では、保守主義的・自由主義的な色彩の強い経済政策が展開された。自由な競争の下で生じる一定の格差はやむを得ないものと見なされたのである。また、過度な平等主義は経済の効率性を損なうとも考えられた。1993年から2000年までは、民主党が政権を取り戻したが、「ニュー・デモクラッツ（新しい民主党）」を掲げて当選したクリントン大統領は、以前の民主党政権と比べると自由市場を重視し

第 13 章 アメリカ経済の現状と課題

た経済政策を行った。クリントン政権の後は再び共和党のブッシュ政権が誕生し、保守主義的な政策が展開された。こうして、アメリカにおける所得格差は、徐々に拡大していったのである。

このことを統計で確認してみよう。図 13-1 は、所得格差の程度を測る 3 つの指標――ジニ係数、MLD（平均対数偏差）、タイル指数――の推移を示している。3 つの指標は、それぞれ異なるものであり、指標同士を比較することはできないが、いずれもその値が 0 に近いほど格差が小さく、1 に近いほど格差が大きいことを意味する。グラフが示すように、各指標は 1960 年代末から現在に至るまで、おしなべて上昇を続けている。

最も代表的な指標であるジニ係数について、具体的な数値を見てみよう。アメリカセンサス局によると、アメリカのジニ係数の値は、1967 年には 0.397 であったが、1972 年には 0.400 を超えた (U. S. Census Bureau 2016)。1974 年から 1976 年にかけて一時的に 0.400 を下回るものの、1977 年以降は現在に至るまで一貫して 0.400 を上回っている。一般に、ジニ係数は 0.4 を超えると格差が大きいと見なされることから、1970 年代の終わりにはすでにアメリカは所得格差の大きい社会となっていたと言える。アメリカのジニ係数はその後も上昇を続け、オバマ大統領就任前年の 2008 年には 0.466

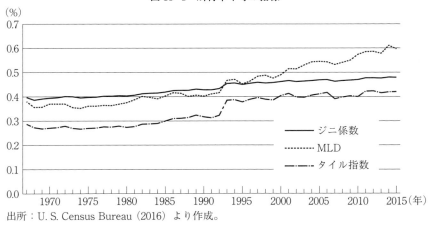

図 13-1 所得不平等の指標

出所：U. S. Census Bureau (2016) より作成。

にまで達した。また、OECD のデータによると、アメリカのジニ係数は、2000 年代後半の時点で OECD 加盟 34 カ国中 4 番目に高い値であった。最も高い国から順に、チリ、メキシコ、トルコ、それに次いでアメリカとなっている（OECD 2011）。

さらに立ち入って、所得分布について検討しよう。図 13-2 は、最も所得の低い 20％の層（第 1 五分位）、次に所得の低い 20％の層（第 2 五分位）……といった具合に、所得の低い順に 5 つの層に分け、それぞれの層の所得が全体に占める割合を示したものである。第 5 五分位に含まれるトップ 5％の所得シェアについては点線で示した。5 つの層の中で、1960 年代末から全体に占めるシェアを高めているのは第 5 五分位、すなわち最も所得の高い 20％の層だけである。それ以外の 4 つの層は、いずれもそのシェアを低下させている。とりわけ、中間層の中核を形成する第 3 五分位のシェアの低下は大きい。この層のシェアは、1968 年に期間中最高の 17.6％を示したが、2008 年までに 2.9 ポイント低下し 14.7％となった。所得分布の偏りが公式統計よりもはるかに著しいことを示す研究もある。ピケティは、独自に集計したデータ

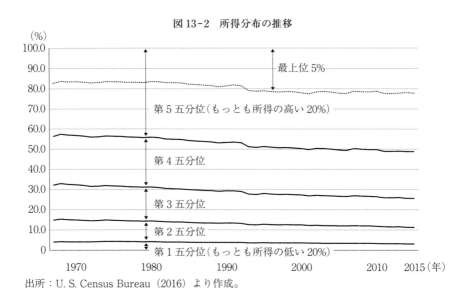

図 13-2　所得分布の推移

出所：U. S. Census Bureau（2016）より作成。

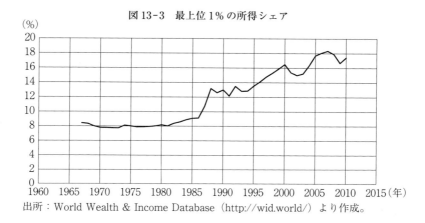

図 13-3 最上位 1％ の所得シェア

出所：World Wealth & Income Database (http://wid.world/) より作成。

に基づき、2008年には最上位10％の所得がアメリカのGDPに占める比率は50％を超えていたと推計している（ピケティ 2014：306）。

アメリカの所得分配に見られる顕著な特徴は、トップ1％への所得の集中が、1980年代以降急激に進んだことである（図13-3）。その最大の理由としてしばしば挙げられるのは、一部の大企業の重役が突出して高い報酬を得るようになったことである。しかも、このような高額報酬を得る機会は特定の人々に集中している。所得の流動性が高い――高額報酬を得る人が次々に入れ替わり、多くの人が人生の一時期に高い報酬を得ることができる――のであれば、一生涯で見た所得はある程度平準化されるであろう。しかし、実際には、そのような所得の流動性は観察されていないのである。2011年には、金融危機のあおりを受けて職を得ることができずにいた中間層出身の若者を中心にウォール街でデモが起こったが、その背景にはこのような極端な不平等があった。彼らは、"We are the 99％"（私たちは99％だ）をスローガンに、所得や富の1％への集中を是正しない政府に対して抗議の意思を示したのである。オバマ政権は、このような格差の拡大、とりわけ中間層の所得水準の低下を防ぐべく、様々な経済政策を講じた。

3　中間層の所得をいかに高めるか

　金融危機や景気後退への対策とは別に、オバマ政権が長期的課題として取り組んだ政策の多くは、これまでに述べてきた格差の問題と関連している。具体的には、労働者の技能形成の促進、自由貿易の推進、医療保険制度改革、セーフティネットの充実などである。前2者は、1人当たり所得と密接な関係がある労働生産性の向上に関連している。また、後2者は、市場で決まる所得格差を是正するための再分配に関連する政策である。ここでは、まず、以前から格差拡大の原因として指摘されてきた技術変化の問題を取り上げ、なぜ労働者の技能形成の促進が重要となるかを見ることにしよう。そして次に、同じく労働生産性の向上に関連する自由貿易の推進について論じることとする。

1）労働者の技能形成の促進

　中間層所得が減少する理由として、以前より技術進歩の影響が指摘されてきた。これは、労働者の技能レベルによって、生産技術の進歩から受ける影響が異なるとする主張である。労働者の技能レベルを大雑把に高位、中位、低位の3段階に分けると、各技能レベルの労働者が技術進歩から受ける影響は必ずしも同様でない。過去数十年にわたり、技術進歩は高技能の労働者に対する需要を高めるように展開してきたと考えられている。このような技術進歩のことを「技能偏向的技術進歩」という。

　技能偏向的技術進歩によって中間層はどのような影響を受けたのであろうか。この説の支持者によると、1980年頃から進んだ急速な技術進歩は、高技能労働者に対する需要を高めたが、その一方で、中程度の技能を持つ労働者に対する需要を低下させた。この技術進歩とは、具体的には、コンピューターの普及などのIT技術の進歩である。これによる技能レベルが中位の仕事の減少は、その種の仕事の賃金上昇を抑制した。また、中程度の技能を持つ労働者の一部は、より技能レベルの低い低賃金の仕事に就くことを余儀な

くされた。こうして、中間層所得が減少し、賃金の二極化が生じたのである。ただし、この議論には反論もあり、現在のところ経済学者の間で見解の一致には至っていない。特に、アメリカの格差拡大の最大の要因であるトップ1％への所得の集中については、この種の技術変化では説明できないとする主張もある（ピケティ 2014：326-327）。

　オバマ政権は、労働市場におけるその他の問題として、労働参加率の低下、多くの長期失業者、非自発的なパートタイム労働者、労働市場の流動性の低さを挙げている（CEA 2015）。このうち、最初の3つはいずれも家計の可処分所得を抑制・低下させ、消費活動を委縮させる。それに加えて、とりわけ長期の失業は、労働者の技能を失わせることにより、生産性にもマイナスの影響を及ぼしかねない。また、最後に挙げた労働市場の流動性の低さは、緩やかに景気が回復していく中で、労働者がより条件のよい仕事を見つけるのを妨げるであろう。長期失業者やパートタイム労働者を減らすためには、労働市場が高い流動性を備えていることが不可欠なのである。

　以上のような状況を改善するために、オバマ政権では労働者の技能形成を促進するいくつかの施策が提案・実施された。それらは、職業訓練や技能形成の基盤となる教育に関連している。具体的には、コミュニティ・カレッジ——実践的な技能を身につけたり大学進学への準備をするための2年制のカレッジ——の無償化の推進、大学生に対する学生ローンの支払い援助、職業訓練へのアクセスの改善、幼児教育の充実などである。これらの施策を通じて形成された技能は、労働者が仕事を見つけたり高技能職に就いたりすることの助けとなるであろう。技能形成の促進は、労働者が高い技能を身につけることで、技術変化に対応して、より賃金の高い仕事に就くことを可能にする。また、技能が妨げとなって労働市場に参入できずにいた人やパートタイム労働者に甘んじていた人にとって、技能形成はフルタイムの仕事への扉を開くことにつながるのである。

2）自由貿易の推進

　オバマ大統領は、大統領に就任して最初の一般教書演説で「国家輸出戦

略（National Export Initiative：NEI）」を掲げた。これは、5年間で輸出を倍増し、200万人の雇用を支えるというものであった。自由貿易は、国内の雇用を脅かすものと捉えられることが多く、そのため、自国の労働者を守る姿勢を示す必要がある政治家は、保護主義的な政策を取る傾向がある。実際、アメリカ最大の労働組合であるAFL-CIO（アメリカ労働総同盟産別会議）は、自由貿易協定に対して批判的であった。それに加えて、オバマ大統領の就任時は、金融危機からの回復途上であり、国内雇用は重要な論点であった。しかし、オバマ政権は、輸出拡大を目指して、自由貿易の推進や各種の輸出支援策——貿易ミッションの派遣、輸出関連の規制緩和、企業に対する金融支援など——を実施した。2009年に参加を表明したTPP（Trans Pacific Partnership）もその1つである。TPPは長い交渉を経て、2016年2月に協定への署名に至った。そのほかにも、韓国、コロンビア、パナマとの2国間FTAが2012年に発効した。この3つの協定は、ブッシュ政権時に署名されたが、議会の承認を得られず長い間棚上げとなっていたものである。しかし、オバマ政権が国家輸出戦略を打ち出したこともあり、いずれも議会で批准され発効することとなった。さらに、現在アメリカは、EUとの自由貿易協定であるTTIP（Transatlantic Trade and Investment Partnership）の交渉を進めている。この協定が締結されれば、TPPを上回る大規模な自由貿易圏が形成されることになる。

　自由貿易にはどのような利益があるのだろうか。第1に挙げられるのは市場の拡大である。自由貿易協定の締結によって協定参加国の関税や非関税障壁が撤廃されれば、アメリカの生産者が当該国に輸出する機会は増大する。生産の拡大による労働需要の増加は新たな雇用を創出し、労働者の実質賃金を上昇させるであろう。

　第2に、安価な輸入品は国内価格を低下させ、消費者の経済厚生を高める。また、国内価格の低下は、消費者の実質所得を高めるため、他の財・サービスの消費を増やすことにつながる。例えば、自由貿易協定の締結によって海外から安い衣料品が輸入されるようになれば、消費者は衣料品に対する支出額を減らし、その分を映画や海外旅行などの娯楽に費やすことができるだろ

う。輸入による国内価格の低下は、輸入品を購入する消費者の利益にとどまらず、経済全体へプラスの波及効果を持つのである。

　第3に、自由貿易は国内市場における生産者間の競争を激しくすることを通じて、自由化された産業の生産性を向上させる。海外から低価格の商品が輸入されると、国内の生産性の低い企業は、その市場からの撤退を余儀なくされる。他方で、生産性の高い企業は、貿易相手国の貿易障壁が低減すると、輸出が可能になり生産量を増加させる。その結果、生産性の低い企業で用いられていた様々な生産要素が、生産性の高い企業へとシフトする。生産要素は生産性の高い企業で集中的に利用されるようになり、それによって当該産業の生産性が上昇するのである。経済全体で生産性が高まれば、人々の実質所得は増大するであろう。貿易の自由化には、生産要素の再配分を通じて生産性を高め、実質所得を上昇させる効果があるのである。自由貿易の進展がもたらすこの効果は、近年展開されている「新々貿易理論」によって理論的に示された。

4　自由貿易の負の側面

　以上のような自由貿易のメリットは、確かに国全体の経済厚生を高めるだろう。しかし同時に、貿易の自由化は、国内の所得分配に影響を及ぼすという負の側面も持つ。すなわち、自由貿易を通じて多くの人が利益を得る一方で、一部の人は損失を被る可能性があるのである。

　貿易が自由化されると、国内企業が生産する財の一部は海外に市場を見出して輸出されるようになる。それと同様に、貿易相手国で生産される財の一部が、国内市場に輸入されるようになるであろう。例えば、アメリカとベトナムとの間であれば、アメリカからベトナムへは自動車などの資本集約財の輸出が増加し、ベトナムからアメリカへは繊維製品や履物などの労働集約財の輸出が増加するかもしれない。この時、アメリカ国内の所得分配にはどのような変化が起こるのであろうか。

　アメリカへの繊維製品の輸入が増加すると、アメリカ国内の繊維製品の生

産は縮小せざるを得ないであろう。生産の削減はアメリカの繊維産業における雇用を減少させ、短期的には失業を増加させる。他方で、自動車の輸出増加を通じて、自動車産業では雇用が生まれる。しかし、繊維製品のような労働集約財の生産が縮小し、自動車産業のような資本集約財の生産が増加する場合には、労働に対する需要は相対的に小さくなるため、仮に失業が長期的には解消されたとしても、労働者の賃金は低下することになる。貿易が所得分配に及ぼすこのような影響は、ストルパー＝サミュエルソンの定理として知られている。アメリカ最大の労働組合である AFL-CIO が TPP をはじめとする自由貿易協定に反対の姿勢を示していたのは、このように労働者にとってマイナスの影響が生じ得るからである。

5　今後の課題

　以上のように、オバマ政権は、格差の拡大とりわけ中間層の所得の低下を解消すべく、様々な政策を実施してきた。本節では、この章のまとめとして、これまで見てきた政策について再検討し、アメリカ経済の課題について論じることとする。

　格差是正のカギとなる労働者の技能形成の促進は、政策の効果が実際に表れるまでに時間がかかる。教育に対する支援が実際に所得の増大に結びつくまでには、とりわけ長い時間を要するであろう。実施された政策の中には、幼児教育の拡充なども含まれている。したがって、現時点でこれらの政策について評価することはできない。研究者によって本格的な検証がなされるのはもう少し先となるであろう。

　所得水準を高めるための政策として本章で取り上げたもう１つの政策は、自由貿易の推進である。上述のように、オバマ大統領は、5年間で輸出を倍増して200万人の雇用を創出する「国家輸出戦略」を掲げた。この計画は、最初の２年間は実現可能なペースで輸出を増加させることに成功したものの、3年目の2012年から輸出の伸びが鈍化して、目標達成には至らなかった。「戦略」を掲げた当初は、政権による各種の輸出支援策が奏功した上、

金融危機後の大規模な金融緩和政策がもたらしたドル安が輸出の後押しをした。しかし、その後のドルの増価、世界経済の減速、FTA 交渉の停滞などにより、アメリカの輸出は伸び悩んでいる。

EU との自由貿易協定である TTIP の交渉は難航している。また、2016 年に署名された TPP についても、根強い反対があり、議会で批准される保証はない。しかし、第 3 節で述べた理由から、アメリカは、保護主義に傾くことなく自由貿易を進展させていくべきであろう。世界経済との統合を深化させることは、負の側面もあるとはいえ、全体の利益になるからである。

その際に重要となるのが、技能形成の促進と所得再分配に関連する政策である。第 3 節で述べたように、オバマ政権は、労働者の技能形成を促進するのと同時にセーフティネットの充実や医療保険制度改革などの再分配政策を実施した。わけても「オバマケア」と呼ばれた医療保険制度改革は、政権の最重要政策として推し進められた。ここで再分配政策に立ち入って論じる余裕はないが、自由貿易の進展が一部の人に不利な影響をもたらす可能性がある以上、労働市場への復帰を容易にする技能形成の促進と不利益を被った人に最低限の補償をする再分配政策は不可欠である。こうした政策は、国内の所得格差を是正するだけでなく、積極的な FTA 戦略を補完する重要な役割をも果たすであろう。アメリカでは、自助努力が尊ばれ、国家による再分配は支持を得にくい。しかし、潜在的な弱者を保護主義という形で守るのではなく、再分配政策と併せて自由貿易を推し進め、すべての人に利益をもたらすことを目指すべきである。

●引用・参考文献

トマ・ピケティ著、山形浩生・守岡桜・森本正史訳 (2014) 『21 世紀の資本』みすず書房

ポール・クルーグマン著、三上義一訳 (2008) 『格差はつくられた』早川書房

CEA (Council of Economic Advisers) (2010), *Economic Report of the President, Together with the Annual Report of the Council of Economic Advisers*, Washington D. C., U. S. Government Printing Office.

CEA (2015), *Economic Report of the President, Together with the Annual Report of the Council of Economic Advisers*, Washington D. C., U. S. Government Printing

Office.

OECD (2011), *OECD Factbook 2011-2012 : Economic, Environmental, and Social Statistics*, OECD.

U. S. Census Bureau (2016), *Income and Poverty in the United States: 2015*, Washington D. C., U. S. Government Printing Office.

第14章
欧州経済の現状と課題

1 EUというマンモス国家誕生とシューマンの将来への願い

　EU加盟国の多くには、年に一度、平和と欧州統合を祝うEurope Dayという日が5月9日にあり欧州旗を掲揚する。この日は、1950年にフランスの外相シューマンがいわゆるシューマン＝プランを提唱して、欧州統合への第一歩を踏み出した記念すべき日である。第2次世界大戦により欧州各国では国土の多くが戦場となり荒廃し、その直後も冷戦の影響で政治体制も東西に分断された。シューマンは、当時ソ連やアメリカに対抗できる強い経済圏を欧州に築き、1つの欧州として政治発言力を持つことを目指した。例えば、2度の世界大戦の原因の1つとなった独・仏間の経済対立の芽を摘むべく、重工業の源であった石炭と鉄鋼生産を一国に集中させないような国際的な枠組み（European Coal and Steel Community：欧州石炭鉄鋼共同体ECSC）を1952年に構築した。さらに、ECSCを発展させて1958年に欧州経済共同体（EEC）を作り、また原爆に転用される原子力の単独開発を抑制するため欧州原子力共同体も創設した。1967年にはこれらを統合して欧州共同体（EC）が設立された。1993年にはECを現在の欧州連合（EU）に発展させるマーストリヒト条約が発効された。この条約は、通貨統合を含む域内の市場の共通・標準化、警察・刑事司法協力、共通外交・安全保障政策を3つの柱としている点が特徴である。EUは限定的ではあるものの、国という枠組みを超えた立法・司法・行政を司る巨大な権限を持つマンモス国家を生んだと言える。シューマンの願いはこのようにして一度は叶ったものの、果たして、その遠大な構想は将来にも受け継がれていくのであろうか。

図 14-1　欧州各国の地図

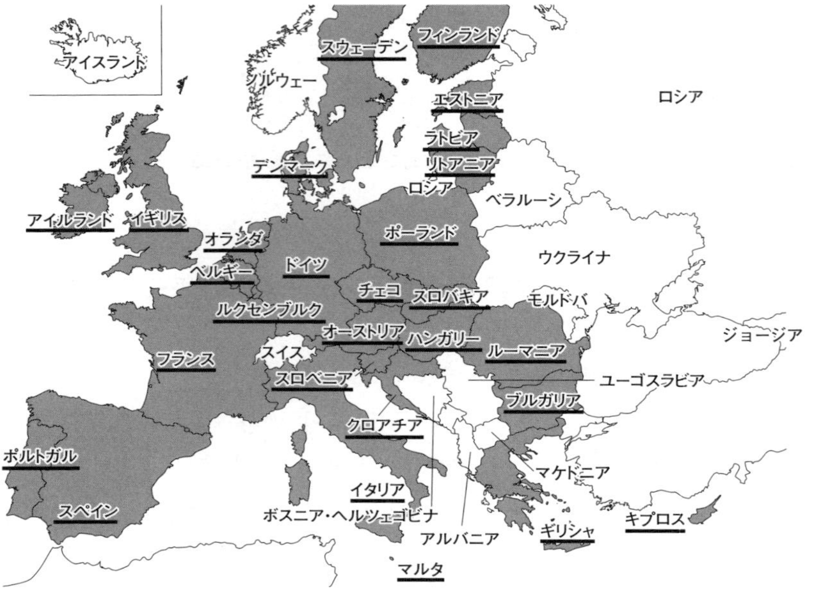

出所：Yahoo 地図より筆者編集。下線を引いた国が、EU 28 カ国。

EU 28 カ国（図 14-1 参照）の合計で捉えると、人口は 5 億 820 万人、総面積 429 万平方キロメートル（日本の約 11 倍）、GDP は 16.2 兆ドル（2015 年）でアメリカの 17.9 兆ドルに次いで世界第 2 位の経済規模となっている。

1）2002 〜 2007 年までの EU 加盟国の安定した成長と強い通貨ユーロ

1999 年には、欧州の統一通貨となるべくユーロ（Euro）が創設された。

ただし、現在 EU 加盟国 28 カ国のうち 19 カ国のみが採用し、非 EU 国 6 カ国と合わせて 25 カ国間での使用にとどまっている。1999 年創設時には銀行間振替取引のみで使用されていたが、2002 年に初めて現金通貨としてユーロの紙幣と貨幣が登場して市中での流通が始まった。

通貨ユーロの導入以降、EU 加盟国平均の実質 GDP 成長率は、2002 年の年率平均 1.2％から 2006 年の 3.2％まで右肩上がりに推移する。2007 年も 2.9％であり、前年よりは若干下がったものの 3％に近い成長率であった。

第 14 章　欧州経済の現状と課題

表 14-1　EU 加盟国の名目 GDP、公的債務残高／名目 GDP 比ほか（2015 年末）

EU 加盟国 （28 カ国）	Euro圏 19カ国	名目GDP （単位 百億米 ドル）	公的債務 残高の 名目 GDP比(%) 2011年末	公的債務 残高の 名目 GDP比(%) 2015年末	S&P各国の 長期格付 2016年 12月20日	国民一人当たり 名目GDP （単位千米ドル） （世界の順位）
1. ギリシャ	○	20	165	177	B−	18（41 位）
2. イタリア	○	182	120	133	BBB−	30（28 位）
3. アイルランド	○	28	108	79	A+	61（ 6 位）
4. ポルトガル	○	20	108	129	BB+	19（39 位）
5. ベルギー	○	45	98	106	AA−	41（21 位）
6. フランス	○	242	86	96	AA+	38（23 位）
7. イギリス		286	86	89	AA	44（15 位）
8. ドイツ	○	337	81	71	AAA	41（20 位）
9. ハンガリー		12	81	75	BBB−	12（59 位）
10. オーストリア	○	37	72	86	AA+	43（16 位）
11. マルタ	○	1	72	64	A−	23（35 位）
12. キプロス	○	2	72	109	BB	23（34 位）
13. スペイン	○	120	69	99	BBB+	26（31 位）
14. オランダ	○	75	65	65	AAA	44（14 位）
15. クロアチア		5	64	87	BB	12（60 位）
16. ポーランド		47	56	51	BBB+	13（58 位）
17. フィンランド	○	23	49	63	AA+	42（18 位）
18. スロベニア	○	4	48	83	A	21（37 位）
19. デンマーク		30	47	46	AAA	52（ 9 位）
20. スロバキア	○	9	43	53	A+	16（48 位）
21. ラトビア	○	3	43	35	A−	14（55 位）
22. チェコ		19	41	40	AA−	18（42 位）
23. リトアニア	○	4	39	43	A−	14（53 位）
24. スウェーデン		49	38	43	AAA	50（12 位）
25. ルーマニア		18	33	39	BBB−	9（72 位）
26. ルクセンブルク	○	6	18	21	AAA	103（ 1 位）
27. ブルガリア		5	16	26	BB+	79（ 7 位）
28. エストニア	○	2	6	10	AA−	17（43 位）

出所：欧州統計局、IMF World Economic Outlook Database（2015 年末現在等）。なお、EU
　　　外でも、モナコ、バチカン、サンマリノ、コソボ、アンドラ、モンテネグロが通貨ユー
　　　ロを使用。

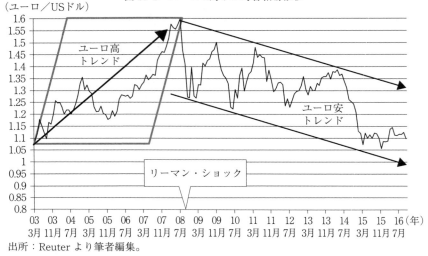

図14-2 ユーロの対ドル為替相場推移

出所：Reuter より筆者編集。

中・東欧諸国の EU への加盟による市場化、ECB によるインフレの抑制と統一通貨ユーロでの大型資金調達に成功し、ユーロ圏へ資金流入が起きた。これは、2001 年以降の対 US ドルでのユーロ高（通貨ユーロが買われて価値が高まったこと）やユーロ圏各国金利の低下（債券市場で各国のユーロ建て国債が買われたこと）によっても明らかであった。

　ユーロ為替の動きは、EU 経済のファンダメンタルズ（基礎的要因）の強弱に沿った動きをしていることが読み取れる。ユーロ為替相場を対 US ドルで見ると、2002 年に現金通貨として取引が開始されて以降、2008 年 7 月に史上最高値の US1.599 ドルをつけるまでユーロ高が続いた。2007 年からユーロは、史上最高値近辺で約 1 年間乱高下した後、2008 年 7 月から欧州危機が顕在化して為替トレンドが大きくユーロ安に転じた（図14-2）。

2）2008 年からの通貨ユーロ安進行と EU に内在する矛盾点の顕在化

　EU 統合以前から、国家・経済連合という EU の基本構想に対する懐疑的な意見がイギリスやフランスなどの一部に存在し、欧州懐疑主義（Euro-scepticism）と呼ばれていた。多様性のある欧州各国の政治や経済の独自性が

失われてしまうのではないかと懐疑的になり、中央集権的な国家・経済連合の成立に反対する人たちであった。しかしながら、2007 年までの安定成長期には、EU 圏内での南北問題など EU に内在する本質的な問題点はあまりクローズアップされなかった。EU に内在する本質的な問題点とは、例えば、以下のような点である。(1) 強い輸出産業や海外投資・金融資産などを持ち 2008 年に対外純資産残高がプラスであったのはドイツ、フランス、ベルギー、オランダなど主に EU 北部の国だけであり（IMF 統計 International Investment Position）、残りの 20 余カ国はマイナスであった点（域内の南北問題）。(2) 2004 年に中・東欧諸国中心に 10 カ国が EU に加盟し、物価・人件費が相対的に安いこれら中・東欧圏が欧州内の主要な生産拠点となったため、西欧では産業が空洞化した点（域内の東西問題）。(3) EU 域外から EU へ難民・移民の流入により自国内の失業者が増えた点（移民問題）。(4) 通貨ユーロによる低金利ファイナンスの実現により、南欧諸国等で GDP の規模に見合わない累積債務が増え（ギリシャ、イタリア、ポルトガル）、国内不動産価格が上昇した点（スペイン、アイルランド）。特に、2003 年半ばから 2005 年末まで、欧州中央銀行（European Central Bank：ECB）は低金利政策を実施して債務国が金利を支払う負担を軽減した（債務問題）。(5) マーストリヒト条約で求められた EU 圏内にとどまるための条件、すなわち、安定成長協定（Stability and Growth Pact）における財政赤字の GDP 比 3% 以下への削減や、公的債務残高の GDP 比 60% 以下への削減等の基準を遵守させる強制力を持たせた枠組みが足りないこと。結果として、経済成長率が相対的に低い南欧諸国ではこれらの財政規律を遵守するモチベーションが働かなかったこと（モラル・ハザード）。(6) ECB の権限が強く、EU 各国が独自に金融政策と通貨政策を打ち出せない点（EU への過度な中央集権）。これらの理由で、イギリスやスイスなどの金融立国は、ユーロ圏に加盟していない。

　ユーロ為替は、2008 年 7 月に最高値の US1.599 ドルをつけた後、大きく方向転換し、一貫してユーロ安の長期トレンドとなっている。2015 年 11 月には、一時 1.05 を切るユーロ安となり、直近の安値をつけている。この現象は、経済停滞のみならず EU というマンモス国家に対する継続的な信頼の

低下（ユーロを売ってEU圏の外に資金が流失していくこと）を反映しているとも言える。

2　欧州の金融・財政危機

1）欧州の銀行がUSドルの調達不足に陥った欧州金融危機

　欧州金融危機の初期（第1段階）では、欧州の金融機関がアメリカサブプライム・ローンを原資産として別の商品へ組み換えた証券化商品への大規模な投資で失敗したことにより、連鎖的に倒産して欧州金融システム全体が機能不全に陥る可能性があった。一例として、2007年8月にフランス大手銀行傘下の証券投資ファンドが、満期前の解約に応じないと投資家に表明をしてファンドを凍結した。これは、パリバ・ショック（BNP Paribas Shock）と呼ばれている。同様に、同年にドイツのザクセン州立銀行やイギリスのノーザンロック銀行など複数の有力地方金融機関が資金繰り悪化により預金者の取り付け騒ぎを起こしたことで、イギリスと欧州全体に信用不安が起こった。高屋（2011）や田中（2012）は、パリバ・ショックを、欧州金融危機の始まりとしている。アメリカの証券化商品を大量に保有していた銀行に、欧州勢が約3割存在したことが各銀行公表の四半期決算報告（2008年各期）で判明した。各銀行は証券化商品の急激かつ大幅な価格下落により損失を被った。これら証券化商品は主にUSドル建てであったため、欧州の銀行に対する信用不安が増幅した。すなわち、USドルを預金など本源的資金として保有しない欧州の銀行は、USドルを銀行間取引で限界的に調達せざるを得なかった。この調達が生命線であったが、各行が世界中でドル調達ができなくなり破綻が続出した。BIS（2008）や日銀では、銀行が必要な資金調達に支障をきたすリスクを流動性リスク（liquidity risk）と呼んでいる。資金流動性リスクと呼ぶ場合もある。

　欧州の銀行が金融危機初期（2008年）に被った損失累計は（図14-3 欧州各国の銀行損失累計）、約2450億ユーロとなり、2008年時点において、ドイツや

図 14-3　欧州に波及したサブプライム・ローン問題

本来、欧州債権国の支援に充当できる資金（約2450億ユーロ）を、すでにアメリカサブプライム問題処理で使用済み。ドイツ・フランスの体力（国力）は消耗。

欧州各国の銀行損失累計額推定 （2009年）〜アメリカサブプライム処理	ユーロ圏の純対外資産残高 （対 GDP 比 2008 年）
1．イギリス　　約 900 億ユーロ 2．スイス　　　約 650 億ユーロ 3．ドイツ　　　約 600 億ユーロ 4．フランス　　約 300 億ユーロ 　合計　　　　約 2,450 億ユーロ	1．ドイツ　　プラス 20 〜 25％ 2．フランス・イタリア　マイナス約 20％ 3．ギリシャ　マイナス約 70％ 4．スペイン　マイナス約 80％ 5．ポルトガル　マイナス約 90％

出所：Bloomberg 2009.　　　　　　出所：IMF Database 2011 より筆者編集。

フランスの大手銀行の体力を大きく消耗させていたことが分かる。

　欧州金融危機の本格化（第2段階）は、リーマン・ショック（2008年9月）以降、金融機能不全により欧州の経済活動が大きく落ち込んだことで加速した。銀行の資本金不足と民間への貸し渋り（資金を貸し出す余力がないために銀行が貸出を抑制すること）による深刻な信用収縮が主たる原因である。実際に銀行の貸し渋りや倒産により、製造業の生産過程へ資金が行き渡らず、失業率も上がりEUは、2009年に大きく景気後退局面となった。2008年から2009年への主な失業率増加は、フランス（7.8→9.5％）、イタリア（6.8→7.8％）、スペイン（11.3→18.0％）、ギリシャ（7.7→9.4％）であり、特に南欧で悪化した。実質GDP変化率は、2009年EU平均でマイナス4.2％と低迷し、それ以降のGDPの戻りも鈍い。金融政策として、ECBは2008年第3四半期に4.25％であった政策金利を2009年3月には1.5％へ大きく引き下げ、その後も継続的な引き下げを行い2016年3月にはついに0％となった。ユーロの市中金利ならびに各国の期待インフレ率も低下を続けたため、ECBのドラギ総裁は、日本でも導入した制度の先駆けとなる異例のマイナス金利政策を2014年6月に導入し、2015年12月には民間の銀行がECBに預けるマイナス金利の幅は0.4％（すなわち、年利0.4％相当の金利の払い）となっている。また、一例として欧州の自動車業界を見渡すと、2008年から2009年にVW、オペル、フォード（ドイツ工場）がドイツ政府に対して公的資金申請や政府保証を要請した。フランス政府もルノー、プジョー、シトロエンへの各々30

億ユーロの融資を発表した。一方、銀行へは、独バイエルン州立銀行に30億ユーロ、コメルツ銀行に182億ユーロの資本注入。2008年10月に、ドイツ政府は金融市場安定化法の成立により国内銀行支援に最大4700億ユーロの投融資計画を発表した。フランスにおいても、デクシア銀行に30億ユーロをはじめ大手6行に計105億ユーロの公的資金を投入。イギリスでは、ロイズ銀行に約65％の政府出資を実行し事実上国有化した。銀行が国有化されると、銀行のリスクは国が負うリスクに転嫁され、金融危機は国レベルの財政危機へと発展した。

　金融機能の低下による資金供給不足や生産の低下は深刻で、ユーロ圏以外にも波及した。例えば、ハンガリー、ルーマニア、ラトビア、アイスランドが金融機能の停止状態に陥り、IMF等の資金供与を受けるという一時的な国家危機を迎えた。自動車業界では、北欧のサーブとボルボが2009年にスウェーデン政府に公的支援を要請した。しかし、最終的にはスウェーデン企業として生き残れなかった。

2）ギリシャを契機とする欧州財政危機

　2009年10月にギリシャの政権が交代の際に、EUは旧政権が実施した会計手続の一部に不適切な処理があることを指摘した。ギリシャの財政赤字は、当初GDP比4％程度と発表していたものが、実態としては13％以上あることが発覚して、ギリシャの信用不安が起きた。

　格付会社によるギリシャ国債格付の大幅な引下げに起因する国債価格の急落にとどまらず、EU各国に不安が飛び火して、EU各国の国債、銀行株価や通貨ユーロの下落が起きた。欧州各国は、お互いに国債を発行して保有し合うことで、実質的に資金も融通し合い、多額の国債の発行とその安定消化に協力していたため、EU全体の信用力の低下へとつながった。

　ギリシャは、エーゲ海を中心に約3000の島々で構成される人口約1100万人の国である。代表的な産業はオリーブ、綿、葉タバコなどの農業と、観光産業であり目立った工業はない。ギリシャでは、公務員給与支払いなど公共部門支出がGDPの約50％（2006〜2010年）を占めていたことが破綻の一因

であるとIoannou（2012）は分析している。ギリシャの財政破綻は、スペイン、ポルトガル、アイルランドへ波及し、実際にECBを活用してEUからの公的支援による国債の買取りが始まった。ギリシャ政府へは、EUがIMFとともに2010年に第1次支援（約1000億ユーロ）、2012年に第2次支援（約1300億ユーロ）を行った。EU側が資金を出す条件としてギリシャでは、年金・公務員改革、公共投資削減、国債発行額の減少など厳しい緊縮財政政策が開始された。

さらに2012年3月には、ギリシャ政府は銀行を含む民間のギリシャ国債保有者に対して、53.5％相当の債権放棄に加えて、残り46.5％相当を超長期国債（42年債）等と交換する内容の集団行動条項（Collective Action Clause）を適用した。このパッケージ取引の実現でギリシャ政府は、さらに約1000億ユーロの国家債務削減を見込んだ。事実上、国債の元本カットと残債務の返済猶予であったため、ギリシャは債務不履行であると国際スワップ・デリバティブ協会（International Swaps and Derivatives Association：ISDA）から判定された。また、同時期に格付会社S&Pも、ギリシャ国債を最下位のSelective Default（ギリシャ政府が選択した債務の不履行）という格付けとした。結果、世界中のギリシャ国債保有者は、残額を現在価値に引き直すと元本の約8割を失う計算となった。

その後も、ギリシャの債務危機には終わりが見えない状況が続いている。ギリシャでは、緊縮財政実施のため大幅に景気が減速し失業者が増え国民の不満が溜まり、2015年1月の総選挙で「反緊縮財政」「反EU政策」の公約を掲げたチプラス党首率いる急進左派連合が勝利し内閣を組成した。チプラス政権は、多くの反EU政策を掲げて強気の姿勢であったが、2015年3月末の公的債務は3000億ユーロ以上（対GDP比で約170％）もあり、減少しないことから、債券市場で国債の価格が再度下がり、ギリシャの破綻問題が再燃した。2015年7月にギリシャは、「EUからの支援の代わりに追加の財政緊縮策を受け入れるか否か」を問う国民投票を実施した。投票結果は約61％がノー（受け入れず）であったが、意外にも、チプラス政権は一転してEUの要求を受け入れる提案を行い、再度EUによる総額860億ユーロの支援

(第3次支援)を取り付けた。EUの要求を受け入れた背景としては、追加の財政緊縮策を拒否すれば、EU内で発言力の強いドイツ等が主導してギリシャのEUからの離脱（Grexit）を強行する可能性があったことなどが挙げられる。チプラス政権としては、EU内に残留してEUの枠組みで経済支援を受けなければ、国として破綻してしまうという国家財政事情があった。さらに追い打ちをかけてギリシャの財政に降りかかった難題は、国外から押し寄せる大量の難民問題であった。

3　欧州の難民・移民問題

1）難民と移民の違い

　EUは、難民と移民に対して一般的に寛容である。第2次世界大戦終結後の1945年に発効された国際連合憲章の前文では、「(前略)国連の民は、基本的人権と人間の尊厳や価値、男女や大小各国が同権であることの信念を再確認した（後略）」とあり、1948年の世界人権宣言へとつながった。1949年には敗戦国のドイツでも、ナチスドイツが犯した過去の罪への反省から政治的迫害者を庇護する原則をうたった（ドイツ連邦共和国基本法）。これらに基づき1951年に、難民の地位に関する条約（ジュネーヴ難民条約とも言う）が国連で採択された。第1章で、難民について定義している。難民とは「人種、宗教、国籍、政治的意見、特定の社会集団に属する等の理由で、自国にいると迫害を受ける、あるいは迫害を受ける恐怖があるために他国へ逃れた人々や、国外にいて同様の理由で自国へ戻れない人々」などとされている。さらに、これを発展させた難民の地位に関する議定書（1967年）では、地理的あるいは時間的な制約条件も取り除かれ、全世界で幅広く適用されている。難民は、自国では救済が受けられない人々であることが分かるが、その状況の妥当性を申請者ごとに庇護国側が審査して認定する必要があるために時間と費用を要する。庇護国の財政的な負担はとても大きい。

　一方、移民に関しては、国連(United Nations 1998)に長期移民の定義があり、

「通常の居住地以外の国に移動し、少なくとも 12 ヶ月間当該国に居住する人のこと。また、短期移民の定義は、居住期間が 3 カ月以上 1 年未満となっている。ただし、観光、友人や親族宅訪問、業務出張、療養、宗教上の巡礼を除く」と記されている。これゆえ、難民として認定され受け入れられた者は、相応の期間が経過して諸条件が整うと、今度は移民の申請ができることとなる。EU には、これらの博愛精神に基づく寛容性があるがゆえに、世界の紛争地域から続々と避難民が押し寄せている。

2）アラブの春と難民問題

2010 年頃から発生したアフリカ・中東地域にあるアラブ民族が中心の国家で勃発した騒乱を称して「アラブの春（Arab Spring）」と呼んでいる。これは、主に独裁支配者に対する反政府側の抗議運動、武力を行使するデモや暴動等の過激な民主化運動を指した。チュニジアでの民主化政権の誕生（2011年）に続き、エジプトやリビアでも起こった民主化運動が成功するかに見えたが、政府側の反撃に加えて、スンニ派とシーア派等の対立などイスラム教内での宗派抗争、テロ組織の加担、東西大国の介入など複数の複雑な要因が重なり、民主化運動とは別物の武力抗争となっていった。結果として国土は荒れ果てて勝者のいない泥沼の戦場と化した。被害を受けたのは一般国民であり、騒乱のない安全な国外に向けて大規模な脱出が始まった。典型例が、アサド政権打倒を目指したシリアの内戦である。決着がつかないまま、ほぼ国土全土が戦場となったため、多くの市民が EU 各国へ難民、そして最終的には移民としての定住を目指して命からがら海路・陸路で移動を開始した。北アフリカ・中東地域から距離的に一番近い EU 加盟国のギリシャやイタリアへ難民希望者が自力で殺到した。しかし、これらの国では、一時収容能力、財政力、難民審査の事務処理能力のいずれも乏しく、多くの者が途中で遭難、餓死、過労、病気等で命を失った。EU の欧州対外国境管理協力機関（Frontex）のデータ（2016 年 1 月発表）によると、2015 年の 1 年間に、ギリシャとイタリアへたどりついた難民希望者はそれぞれ 88 万人と 15.7 万人で合計は約 103 万人に達し、2014 年合計の約 5 倍の数に増加している（図 14-4）。

図14-4 2015年中にEUのギリシャとイタリアに到達した難民の人数

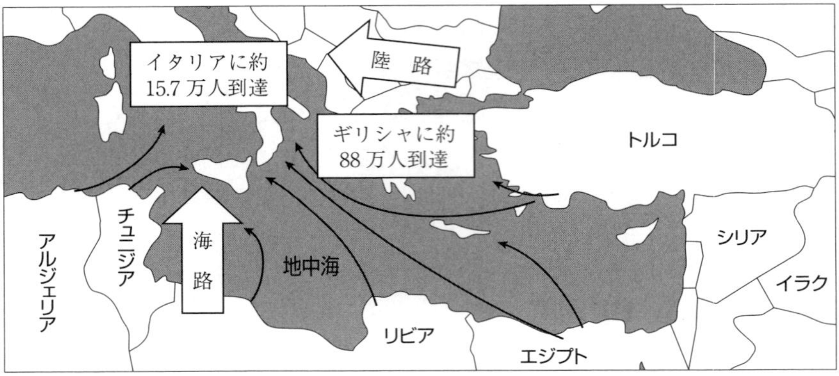

出所：欧州対外国境管理協力機関（Frontex）（2016年1月）等より筆者編集。

4 国連主導の「善意に基づくEUの枠組みによる救済」の限界

　元々、EU加盟国28カ国のうち22カ国と欧州自由貿易協定（EFTA）加盟4カ国の計26カ国間では、シェンゲン協定（Schengen Agreement）が締結されており、国境での出入国審査（域内国境管理）が廃止されている。さらに、前出のジュネーヴ難民条約では、本国を逃れた者が条約締結国の領域にたどりつき難民の申請を行えば、この申請を受け付けた国は、申請結果が分かるまでは難民庇護申請者を危険な本国へ送還してはならないというノン・ルフールマン原則（Principle of Non-Refoulement）がある。これゆえ、アフリカや中東の紛争国からシェンゲン協定締結国へ難民予備群が殺到する構造となっている。加えてEUには、欧州共通難民庇護制度（Common European Asylum System：CEAS）があり、この一環としてダブリン規則（2013年3次改定）がある。ダブリン規則は、難民庇護申請の審査を行う加盟国（庇護国）の役割を規定している。さらに、申請者が「難民」と認められると、当該難民は自ら希望するEU内の最終目的国へ移動できる権利を持つ。例えば、北アフリカから北上すると、距離が近い庇護国はギリシャやイタリアとなり、これらの国の財政負担は膨らむ構造であった。これゆえ、EUではダブリン規則を改

定して、例えば、人権に配慮しつつ難民申請者を EU 加盟国に現実的に受け入れ可能な人数の割合で公平に配分する代替案も 2016 年に検討されている（The Reform of the Dublin III Regulation）。また、難民受け入れ条件等を定めた指令（Reception Conditions Directive）が庇護申請者の利便のために改善提案されており、審査回答待ちの収容所での滞在期間の縮小（原則、6 カ月以内での回答）、弁護士の用意や職を希望する者への回答（同 9 カ月以内）、老人や子ども、精神的ケアを必要とする申請者への特別な対応、同一人物による二重申請や不正申請の防止条項等が盛り込まれている。

　しかし一方で、これら国連主導での博愛精神と善意に基づく EU による難民救済の枠組みが、悪意で利用されることもある。犯罪組織やテロ組織の構成員、特に過激なイスラム国（Islamic State：IS）の戦士であることを見抜けずに、EU 各国が難民と一緒に EU 内へ入れてしまうリスクは一層高まったとも言える。

5　欧州の課題―今後、EU の結束力はいかに―

　2016 年 6 月、イギリスでは EU からの離脱につき国民に是非を問う直接投票を実施した結果（投票率約 72％）、離脱賛成派が約 52％で過半数となり EU からの離脱方針を決定した。翌 7 月には残留賛成派であったキャメロン首相が首相の座を辞任した。政権を引き継いだ保守党のメイ首相は投票結果の民意を尊重して、EU への離脱通告と離脱に向けた具体的なスケジュールを明示する旨を宣言した。しかしイギリス議員の一部は、引き続き EU という経済単一市場への自由なアクセス方法を模索した。これは、輸出入品の免税措置を維持した上でイギリスへの難民・移民数を制限するというイギリスに有利な考え方であり、「ソフトな離脱（Soft Brexit）」と呼ばれている。一方、EU 側からすると「良いとこ取り」であり、この考え方は到底受け入れられるものではない。メイ首相自身も 2016 年 10 月の首相就任後初の保守党大会演説にて、単一市場への免税アクセスを断念する独自の考え方を示した。これら政治の動揺を反映して、イギリス通貨ポンドの対ドル為替市場は急落し、

1985年6月以来31年ぶりの安値となるUS1.085ドルを2016年10月につけた。イギリスの株式市場では、大方の事前予想に反して離脱賛成派の勝利となったことから、2016年6月開票直後にはイギリスの代表的な株価指数も急落した。しかし、その後は一転して上昇を続けた。これは、イギリスへの悪い影響要因として長期的には金融や産業資本家はイギリスから資本を引き揚げる、またはイギリス外へ本社や工場を移転させる長期資本流出の可能性があるものの、短期的にはポンド安によりイギリス産品に相対的な価格競争力が生じて、イギリスからの輸出は伸びて製造業の業績は改善するとの見込みから株価は上昇したものと解釈できる。

イギリスでは、インド、パキスタン、バングラデシュなど伝統的にアジアの旧植民地から移住を目指す人々に加えて、2004年以降ではEUに加盟した10カ国超の中・東欧諸国からの移民が増えている。例えば、2016年6月までの過去1年間で欧州各国からイギリスへの移民数は過去最高の約18万9000人であった（イギリスの国家統計局 Office for National Statistics）。

また、イギリスがEU各国のために雇用の確保やインフラ整備などに対して支払う欧州構造投資基金（EU Structural and Investment Fund）の負担額は、ドイツ、フランスに次いで3位と多く、約70億ユーロ相当以上の出超（2014年）となっている。EUからの離脱をイギリス国民が選択した投票結果を独自に分析したBBC社の報道（http://www.bbc.com/news/uk-politics-36616028 掲載日2016年6月24日）によると、イギリス北東部にある鉄鋼業などの工業都市の住民や、45歳以上の年齢層では過半数が離脱賛成派であったとしている。これらの層は外国からの廉価な輸入品や移民に職を奪われ続けてきた人々が多いことから、EUというボーダレス社会の恩恵を受けなかった不満層とも言える。同様の動きは、欧州大陸でも見られる。2016年5月オーストリアでは、移民の受け入れを厳格化し国境警備を強化する方針の社会民主党が推すケルン首相が就任している。ドイツ、オランダ、フランス、イタリアでも反EU派やEU懐疑派の政党が勢いを増しており、2017年以降に議会選挙、大統領選挙、総選挙などが目白押しに予定されている。欧州各国でEUの結束力が保たれているとは言い難い兆候が見える。

第14章　欧州経済の現状と課題

　結局、シューマンの描いた構想である EU というマンモス国家は長くは続かないのであろうか。今後も EU 各国の動向を十分注視していきたい。

●引用・参考文献
岩田規久雄（2011）『ユーロ危機と超円高恐慌』日本経済新聞出版社
高屋定美（2011）『欧州危機の真実』東洋経済新報社
田中晋（2010）『欧州経済の挑戦と課題』田中晋・秋山士郎編著『欧州経済の基礎地域』日本貿易振興機構、pp.2-15
田中俊郎（2012）「欧州経済危機と EU 統合の行方」『海外事情』5 月号、pp.2-17
玉山和夫（2012）「欧州金融危機における銀行資本不足額推計」『札幌学院大学経営論集』No.1、pp.21-32
米倉茂（2012）『すぐわかるユーロ危機の真相』言視舎、pp.39-70
BIS (Bank for International Settlements) (2008), "Principles for sound liquidity Risk Management and Supervision," *Basel Committee Document*, Basel Switzerland.
BIS (2012), "Quarterly Review" Dec.,2011, Mar. & June 2012. Basel Switzerland.
Frontex (2016), "Greece and Italy Continued to Face Unprecedented Number of Migrants in December (22, Jan 2016)," *European Border and Coast Guard Agency*, EU, Poland.
Ioannou, C. (2012), "Greek Public Service Employment Relations in the Era of Sovereign Default: A Gordian Knot?," *The International Journal of Comparative Labour Law and Industrial Relations*, USA No.2, pp.1-4.
Office for National Statistics (2016), "International Migration," *Migration Statistics Quarterly Report* : Dec 2016, UK.
Study for the Libe Committee (2016), "The Reform of the Dublin III Regulation," *Policy Department C-Citizens' Rights and Constitutional Affairs European Parliament*, EU, Belgium,
United Nations (1998), "Recommendations on Statistics of International Migration Revision 1," *Statistical Papers*, Series M, No.58, NY USA, Glossary p.94.

第 15 章
ロシア経済の現状と課題

　本章で取り上げるロシアは、多くの日本人にとって隣国でありながら接点や親近感を感じることの少ない、言わば「近くて遠い国」である。しかし、新興国として注目される同国の経済成長や国際政治上の存在感の大きさ、またわが国と経済的にも政治的にも関係が深まりつつある現状を考えると、ロシアが現代の世界経済を理解する上で欠かせない地域の1つであることは間違いない。

1　ロシア経済を見る視点

1）ロシアの基本情報

　ロシアは約 1707 万km²という日本の 45 倍の国土を有しており、人口は1億4654 万人である（2016 年年初）。またロシアはロシア人（約8割）、タタール人（3.8%）、ウクライナ人（2.0%）、バシキール人（1.2%）など 140 を超える民族を抱える多民族国家でもある。人口の約3分の2は欧州部に偏在しており、面積の広いシベリアや極東地域は比較的人口が希薄である。

　ロシア経済は 21 世紀に入って急速な成長を遂げ、BRICS の一角として注目されるようになった。IMF の統計によると、2015 年のロシアの名目 GDP は1兆 3260 億米ドルで世界第 12 位であった（2012～13 年は第8位だったが、2014 年末からのルーブル急落で順位が下落した。購買力平価 GDP では世界第6位）。人口1人当たりの名目 GDP は 9243 ドル（購買力平価 GDP では2万 5965 ドル）で、先進国よりは依然低い水準であるが、他の BRICS 諸国よりは経済水準は高い。そのため、新興市場としての魅力から日本企業を含む外国企業の進出も

進んできた。

　しかし、ロシア経済は一種独特なシステムを有しており、それがしばしばビジネスの発展を阻む障害ともなっている。ロシア経済を理解するためにはその経済システムの特徴、および同国がたどってきた歴史的背景を理解することが欠かせない。

2）ロシアからソ連へ、そして再びロシアへ

　歴史を振り返ると、ロシアは20世紀において2度の体制転換を経験している。1度目は1917年のロシア革命時で、ロマノフ王朝を打倒して帝政ロシア時代に終止符を打ち、世界初の社会主義国家となるソビエト社会主義共和国連邦（ソ連）を成立させた。ソ連は共産党の一党支配の下、資本主義に代わる経済システムを模索し、市場を排除した計画経済システムを導入した。また、政治的にはアメリカを筆頭とする西側世界との間で東西冷戦と呼ばれる緊張状態がもたらされた。

　ソ連経済は一時的にはアメリカと張り合うほどの成長を遂げたものの、1970年代頃にはその停滞が顕著となっていた。計画経済システムは貧しい農業国だったロシアを国家主導で工業化させ、先進国へのキャッチアップを図る上では一定の成果を収めたとされる。しかし、自発的な経済活動を禁じたシステムは企業や個人のモチベーションを奪い、ソ連ではさらなる経済発展に不可欠なイノベーションが起こらなかった。これは計画経済が抱えていた致命的な欠陥であった。西側先進国との経済、技術的な格差が広がる中、1980年代後半に行われた改革「ペレストロイカ」も失敗に終わり、結果的に1991年にはソ連は崩壊するに至った。

　2度目の体制転換は、このソ連崩壊による社会主義体制の終焉とその後の資本主義体制への転換のことである。ソ連崩壊後の新生ロシアは、以来四半世紀にわたり民主主義と市場経済に基づく国家への移行を図ってきた。しかし、ソ連時代の制度的な遺産は今もロシアの政治・経済システムに様々な形で残存しており、そこからの脱却は険しい道のりである。

2　1990年代の市場経済への移行

1）エリツィン政権下での市場移行政策

　本節では体制転換後の1992年から始まったロシアの市場経済化のプロセスを見ていこう。計画経済から市場経済への移行は新生ロシアの初代大統領に就任したボリス・エリツィンの下で、改革派チームによって実施された。

　移行開始当初のロシアの経済政策にはIMF、世界銀行といった国際金融機関やアメリカ政府からのアドバイザーが大きな影響を及ぼしていた。彼らは「ワシントン・コンセンサス」と呼ばれる政策理念を共有しており、政府による規制を取り除いて自由化を行うことで市場が本来持つ自動調整機能が回復し、経済構造の転換が進むものと考えていた。そしてこうした考え方に立脚した政策がIMFなどから融資を受ける際のコンディショナリティー（条件）として、ロシア政府に課されたのである。

　具体的には、市場移行政策は、①自由化、②マクロ経済の安定化、③民営化を3本柱として実施された。とりわけロシアではこれらが「ショック療法」と呼ばれる急進的な手法で進められたため、国民生活への影響は甚大であった。第1の自由化政策では、まず計画経済下で敷かれていた価格の国家統制が撤廃され、財・サービス価格の大半が自由化された。また、貿易や為替取引の自由化も行われた。第2のマクロ経済の安定化政策はインフレの抑制を目的とするもので、緊縮財政・金融政策をその内容としていた。第3の民営化政策は国有企業を民間に売却し、経営の効率化を図ろうとするものである。民営化は1992～94年は国民全員にバウチャーと呼ばれる定額の小切手を配布し、それを株式と交換させる方法で行われたが、1995年以降は企業を直接民間に売却する方法にシフトした。市場移行政策はこのように、インフレを抑えつつ、価格による調整メカニズムを通した市場の機能を回復させ、民間の経済主体を生み出すことを意図したものであった。

2) 転換不況

では、これらの市場移行政策の結果はどのようなものだったのだろうか。まず価格自由化の結果、ロシアではハイパー・インフレーションが発生した。特に1992年の物価上昇率は2600%を超え、その後も高インフレが続いた（図15-1）。そのため国民の貯蓄は吹き飛び、給与や年金は目減りし、国民の多くが貧困に転落した。ロシアのGDPは1991年から1998年まで概ねマイナス成長が続き（図15-2）、この結果ロシアの1998年の実質GDPは移行前の1989年時点の55%程度にまで縮小してしまった。計画経済を廃止した結果、多くの企業では国家発注や国からの補助金が途絶え、経営危機に陥った。また、貿易自由化によって海外から大量に流れ込んだ輸入品は国内製造業に壊滅的な打撃を与えた。体制転換に伴うこのような急激な経済の落ち込みは、ハンガリーの経済学者コルナイによって「転換不況（transformational recession）」と名づけられた。

ただし、予想に反して企業による従業員の大量解雇、大量失業の発生という事態は回避された。ロシアの登録失業率は1998年に2.9%と、1990年代終盤でも3%に満たない水準であった。こうした現象が生じたのは、ロシアの企業が人員削減よりも就労時間の短縮や賃金引き下げなどの方法で雇用調整を行ったためである。こうした雇用調整は21世紀に入っても経済危機の

図15-1　ロシアの消費者物価指数の動向

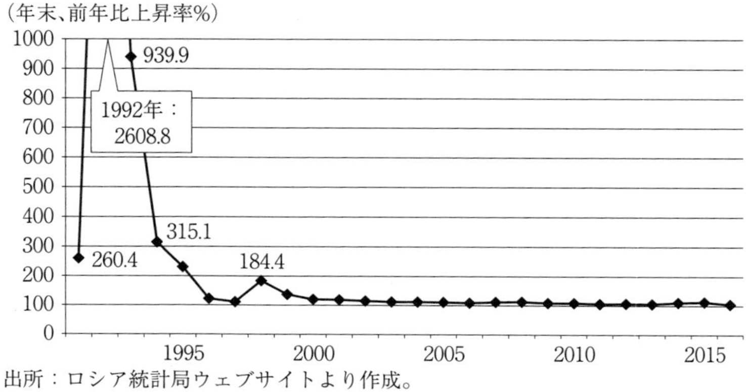
（年末、前年比上昇率%）
1000
900
800
700
600
500
400
300
200
100
0
939.9
1992年：
2608.8
315.1
260.4
184.4
1995
2000
2005
2010
2015

出所：ロシア統計局ウェブサイトより作成。

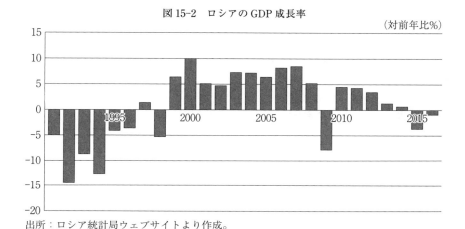

図15-2 ロシアのGDP成長率

出所：ロシア統計局ウェブサイトより作成。

度にロシアで再現しており、ロシア的な対処法と言える。

　とは言え実質的な収入は大きく減少し、国民は厳しい生活を強いられた。市場経済化が国民生活にもたらしたショックの大きさは、ロシア人男性の平均寿命が1990年の63.7歳から1994年の57.4歳へとわずか数年で6歳以上も縮まったことに端的に表れており、環境の変化に適応できない者も多かった。

3）新興財閥「オリガルヒ」の台頭

　国民の大多数が厳しい生活を強いられる一方、市場経済化は一握りの億万長者も生み出した。彼らは「オリガルヒ」と呼ばれるロシア版新興財閥で、民営化とりわけ1995年頃から実施された「担保型民営化」と呼ばれる民営化プロセスにおいて、政府への融資と引き換えに多くの資産を獲得し、グループを拡大していった。1990年代に形成された新興財閥にはガスプロムやルクオイルのように石油、天然ガスといった資源企業を中心に形成されたグループや、銀行が核となって石油や金属など他部門に手を広げていったケースがある。オリガルヒのトップたちは、そのルーツをたどればソ連時代の特権階級の出身者が多く、エリツィン政権と癒着し、経済政策に対しても多大

な影響力を発揮するようになった。

3　2000年代の国家資本主義化

1）石油・ガス産業が牽引した高度経済成長

　1990年代の転換不況の後、1998年のロシア金融危機を境にロシア経済はプラス成長に転じ、以後2008年まで安定した経済成長が続くことになる（図15-2）。この成長をもたらした原因は、何よりも世界的な原油価格の高騰であった。1990年代の原油価格は1バレル20ドル前後で推移していたが、2000年代に入って急速に高騰し、ピークだった2008年には1バレル100ドル近い水準に達していた。ロシアは世界有数の石油輸出国であるため、油価高騰で流入したオイルマネーが国内経済を潤し、国民所得は上昇した。その結果家計消費が活性化し、消費主導の経済成長がもたらされたのである。

　1998年のロシア金融危機はルーブルの切り下げやそれに伴うインフレ、銀行の破綻など、一時的には経済を混乱させたが、その一方でルーブル安は壊滅状態だった国内製造業の回復という思わぬ副産物ももたらした。つまり、輸入品に対するロシア製品の価格が相対的に下がったことで、ロシア国民の旺盛な消費意欲が国産品の売り上げ増にもつながったのである。

　また、この時期には1990年代に赤字続きだった国家財政が黒字に転じ、インフレも鎮静化してマクロ経済面での安定化が実現した（図15-1、15-3）。プーチン政権下で石油や天然ガスの採掘および輸出に対する課税が強化され、しかも資源価格の上昇とともに税収が増える方式が採用されたため、この時期の油価高騰で潤沢な税収がもたらされたのである。財政的な余剰は原油価格の下落に備え、2004年から設置された「安定化基金」と呼ばれる基金に積み立てられた（安定化基金は2009年以降、年金財政の赤字補塡を目的とする「国民福祉基金」と、原油価格下落時の歳入不足を補塡するための「リザーブ基金」とに分割された）（図15-4）。

　好調な経済は新興市場としてのロシアへの関心も高めた。購買力の高いロ

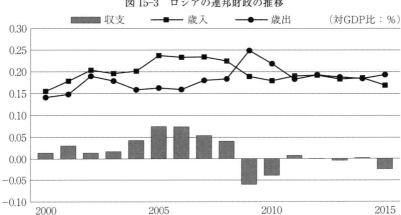

図 15-3　ロシアの連邦財政の推移

出所:『ロシア統計年鑑』およびロシア統計局ウェブサイトより作成。

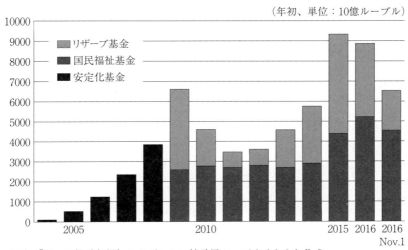

図 15-4　ロシア安定化基金の推移

出所:『ロシア統計年鑑』およびロシア統計局ウェブサイトより作成。

シア市場は外国企業にとっても魅力であり、2000 年代後半頃からは日系企業も次々と進出していった。

2) プーチン政権下での経済政策の変質

　エリツィンの後を継いで 2000 年に大統領となったプーチンは、経済成長を追い風に支持率を伸ばし、ロシアの政治は良くも悪くも安定した。しかし、野党とりわけリベラル派に対する弾圧や政権に批判的なマスメディアへの締め付けなど、1990 年代の民主化の流れを後退させる側面もあり、その手法には賛否両論が存在している。

　同様に、プーチン政権下のロシアでは経済政策も方向転換した。それを象徴する出来事が 2003 年に起こった「ユーコス事件」である。これは最も成功したオリガルヒの 1 人とされた大手民間石油会社ユーコスのホドルコフスキー社長が 2003 年に脱税の罪で逮捕・起訴され、10 年にわたって収監された事件である。この事件の原因は複合的だが、ユーコスのロビー活動やアメリカ石油メジャーへの資産売却の画策、さらに社長の政治活動への関与などがプーチンの方針と対立するものであったため、半ば見せしめ的に処分されたものと解釈されている（安達 2016：281-295）。

　ユーコス事件を機に、プーチン政権下では企業は国家の方針に従う限りで自由なビジネスを許されるようになった。また、天然資源や軍需産業、原子力といった戦略産業においては外資の参入を規制して国家管理を強める方針が取られるようになった。とりわけ石油部門ではユーコスが解体され、油田などの資産が国営石油会社ロスネフチに収容されたのをはじめ、再国有化が顕著に進んだ。また、2007 年には「国家コーポレーション」という名の国営企業が複数創設され、ロシア各地に散らばる企業（軍需、造船、航空機など）を傘下に束ねて国家の保護の下で立て直そうとしている（安達 2016）。

　このようにプーチン政権下では、民営化を進めてきたエリツィン政権期の方針とは 180 度転換し、国家による経済への介入が強まった。また、国家と企業の力関係も国家主導へと完全に逆転した。このようなビジネスに対する政府の介入が大きいロシアの経済システムは、しばしば「国家資本主義」と形容されている。

3) 世界金融危機と経済成長の減速

　21世紀に入り、原油価格の高騰を背景に経済成長を遂げてきたロシアであったが、世界金融危機の影響を受けた2009年にはGDP成長率は-7.8％と大きく下落した。これは先進国や他の新興国と比べても深刻な落ち込み方であった。原因となったのは何よりも原油価格の急落であり、この危機で外的な要因に左右されるロシアの経済構造の脆弱性があらわになったと言える。

　これに対する危機感から、当時のメドベージェフ政権（2008～2012年）は資源に依存する経済構造から脱却してイノベーション型経済への構造転換を図る「近代化政策」を打ち出した（溝端2013）。また、製造業の振興のために積極的な外資の誘致や、そのための経済特区の設置などが進められた。例えば自動車産業においては、外資系メーカーに対し生産台数やローカル・コンテンツの採用について一定の条件を課す代わりに税制上の優遇措置を与える「工業アセンブリ措置」と呼ばれる枠組みが導入され、日系企業を含む外資系メーカーがこれに基づいてロシアでの現地生産を行っている。

　しかし、近代化政策の目立った成果もないまま、2013年頃からロシアの経済成長の減速ぶりは顕著になってきている。もはや潤沢なオイルマネーの流入に基づく2000年代の成長モデルは限界に達しており、新たな成長モデルへの転換が必要だという主張も見られる（Kudrin and Gurvich 2014）。次節では、ロシア経済が抱える構造的な問題についてより詳しく見てみよう。

4　ロシア経済の構造的特徴と問題点

1) 石油・ガスへの依存

　ロシア経済最大の特徴は、何と言ってもその石油・ガス部門への依存度の高さである。ロシアのGDPに占める石油・ガス部門の規模は推計では3割弱とも言われ、また図15-5でロシアの名目GDP（ドル換算）の推移と原油価格の推移を重ねると見事にシンクロするように、ロシア経済は油価が上がれ

図15-5 原油価格(WTI)とロシアの名目GDPの推移

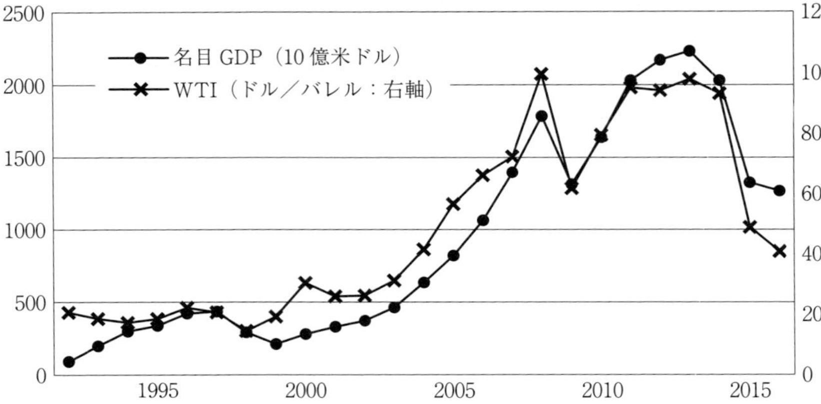

注:2016年のGDPは2016年10月時点での推計。
出所:IMF, World Economic Outlook Database, IMF, Primary Commodity Prices.

ば好調だが、下落すれば成長も落ち込むという関係にある。とりわけ2014年末頃からシェール革命による供給過剰で油価が低迷したことは、ロシア経済にとってマイナス要因となっている。

ロシアの貿易の構成を見ると(表15-1)、この20年で輸出に占める鉱物資源(その大半が石油・ガス)の比重が大幅に増加している。他方、機械・設備・輸送手段(自動車など)の輸出比率は低下しており、これらについては輸入が増加してきた。すなわち、貿易自由化はロシアが比較優位を持つ資源産業への特化を強めてきたと言える。また、ロシアから輸出される石油・ガスの大部分は欧州向けで、欧州の景気に影響されやすいリスクもある。

国家財政面でも石油・ガスへの依存は顕著で、ロシアの連邦財政収入の約半分は石油・ガスに基づく税収である。3節で触れたように、石油・ガス関連の税収は資源価格の上昇とともに増える仕組みとなっているため、価格の上昇局面ではいいのだが、下落局面では国家の歳入も大幅に減少するリスクがある。特に問題なのはプーチンが大統領に復帰した2012年頃からロシアの政府支出が拡大傾向にあることである。プーチンは復帰に当たり、それまで低賃金に置かれてきた教育、医療関係者などの給与を引き上げた。また、

表15-1 ロシアの輸出入構成の推移

(単位:百万ドル)

輸出	1995		2000		2005		2010		2014	
輸出合計	78,217	100.0%	103,093	100.0%	241,473	100.0%	396,644	100.0%	497,834	100.0%
食料品、農産品	1,378	1.8%	1,623	1.6%	4,492	1.9%	9,365	2.4%	18,981	3.8%
鉱物資源	33,278	42.5%	55,488	53.8%	156,372	64.8%	272,840	68.8%	350,817	70.5%
化学工業品、ゴム	7,843	10.0%	7,392	7.2%	14,367	5.9%	25,192	6.4%	29,209	5.9%
皮革原料、革製品	313	0.4%	270	0.3%	330	0.1%	307	0.1%	416	0.1%
木材、紙・パルプ製品	4,363	5.6%	4,460	4.3%	8,305	3.4%	9,862	2.5%	11,652	2.3%
繊維、衣類、靴	1,154	1.5%	817	0.8%	965	0.4%	814	0.2%	1,090	0.2%
金属、宝石・同製品	20,901	26.7%	22,370	21.7%	40,592	16.8%	51,326	12.9%	52,275	10.5%
機械・設備・輸送手段	7,962	10.2%	9,071	8.8%	13,505	5.6%	22,582	5.7%	26,411	5.3%
その他	1,026	1.3%	1,603	1.6%	2,545	1.1%	4,356	1.1%	6,983	1.4%

輸入	1995		2000		2005		2010		2014	
輸入合計	46,709	100.0%	33,880	100.0%	98,708	100.0%	229,045	100.0%	286,669	100.0%
食料品、農産品	13,152	28.2%	7,384	21.8%	17,430	17.7%	36,482	15.9%	39,905	13.9%
鉱物資源	3,001	6.4%	2,137	6.3%	3,034	3.1%	5,914	2.6%	7,385	2.6%
化学工業品、ゴム	5,088	10.9%	6,080	17.9%	16,275	16.5%	37,232	16.3%	46,462	16.2%
皮革原料、革製品	167	0.4%	126	0.4%	275	0.3%	1,244	0.5%	1,282	0.4%
木材、紙・パルプ製品	1,104	2.4%	1,293	3.8%	3,290	3.3%	5,897	2.6%	5,905	2.1%
繊維、衣類、靴	2,644	5.7%	1,991	5.9%	3,619	3.7%	14,221	6.2%	16,322	5.7%
金属、宝石・同製品	3,956	8.5%	2,824	8.3%	7,652	7.8%	17,568	7.7%	20,458	7.1%
機械・設備・輸送手段	15,704	33.6%	10,649	31.4%	43,436	44.0%	101,823	44.5%	136,318	47.6%
その他	1,893	4.1%	1,394	4.1%	3,697	3.7%	8,663	3.8%	12,633	4.4%

出所:『ロシア統計年鑑』より作成。

軍事費や経済近代化のための支出も拡大している。そのため、連邦・地方を合わせたロシア財政は2013年から赤字に転落している。現政権にとって公務員や年金生活者、軍人は主な支持基盤であり、政権基盤を揺るがすおそれのある歳出削減は難しい。こうした中での最近の油価下落は、ロシアを財政的にさらに厳しい状況に追いやっている。

このように、石油・ガス産業はロシア経済にとって強みであると同時に弱みでもあり、いかに他の産業を育成して経済を多角化するかがロシア経済最大の課題となっている。

2）ロシアのビジネス環境

ロシアで産業の多角化を図るには資金や技術面で外資の力が欠かせない。ロシア政府が外資の誘致に熱心な所以である。しかし、ロシアに進出した企業からは現地のビジネス・投資環境の問題点も数多く指摘されている。

例えば、JETRO の『ロシア進出日系企業実態調査』によれば、日本から進出した企業はしばしば現地の行政・税制上の手続きの煩雑さ、法制度の未整備や不透明な運用、現地政府の不透明な政策運営といった問題を挙げている。汚職の蔓延も深刻で、Transparency International の汚職認知度指数（Corruption Perceptions Index 2015）によると、ロシアの汚職度は 167 カ国中 119 位と途上国レベルであった。

こうしたビジネス上のリスクは外国企業だけの問題ではない。ロシアで活動する企業は、略奪的な官僚や彼らと癒着した企業による不法なキックバックの要求や資産の横領といった被害に遭うことがある。また、官僚と特定の企業がインフォーマルに共謀して市場への新規参入者を排除したり、ライバル企業を妨害するといった問題もある。これらの問題はロシア市場での競争を制限し、とりわけ中小企業の発達を妨げている。法制度の不透明な運用や煩雑な許認可手続き、徴税や環境規制などはそのための手段となっている面があり、一部企業や共謀する官僚らによるレントシーキングに利用されているのである（Hanson 2012：24-25）。3 節 2）で触れた国家によるビジネスへの介入の強まりも、こうした傾向に拍車をかけるものであろう。

また、最近では欧米諸国との関係悪化など、ロシアの不安定な政治・社会情勢や為替の急激な変動が新たなリスクとして認識されている。

3）国外への資本流出

ロシアから海外への民間資本流出の大きさも問題である。特に 2008 年以降に資本流出が増加しており、2014 年には過去最大の 1500 億ドルが流出した（図 15-6）。ロシアの経常収支はオイルマネーの流入によって黒字が続いているものの、上述した投資環境の悪さもあって資本が海外に逃避しており、

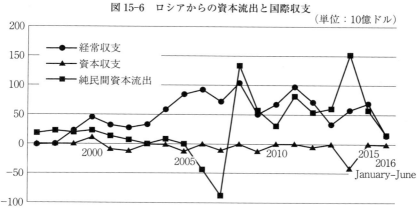

図15-6　ロシアからの資本流出と国際収支

出所：ロシア中央銀行ウェブサイトより作成。

その結果国内では資本が不足している。ロシアが投資を政府や外資に頼らざるを得ないのもそのためである。

　しかし、ロシアへの外国直接投資（FDI）は2000年代に入って増えてきたものの、それとほぼ同規模のFDIが海外に出て行っており、資本収支はほぼ均衡している（図15-6）。これはBRICSなど他の新興国では通常対内直接投資が対外直接投資を上回っていることと考えると異例の現象である。さらに、ロシアに出入りするFDIの国別構成を見ると、対内、対外投資ともにキプロスやオランダ、バージン諸島など、オフショアと呼ばれる租税回避地（タックスヘイブン）が上位を占めている。これはすなわち、ロシア国内企業の資金が外国直接投資を装いつつ、オフショアを経由してロシアに還流していることを意味しており、本来のFDIとは異なる性格のものである。実際、ロシアの大企業はオフショアに設立された持ち株会社に所有されていることが多く、徴税を逃れているとされる（Hanson 2012：27）。

　製造業など国内産業育成のためには長期的な投資が不可欠だが、ロシアでは建設的な意味でのFDIの少なさに加え、国内資本の海外流出が続いている。したがって、投資が国内産業に向かうようなロシアのビジネス・投資環境の改善、およびオフショアを利用した脱税への対策が急務とされている。

4）社会的問題

最後にロシアの社会的な問題についても触れておこう。まずは労働人口の減少である。ロシアでは過去25年で人口が減少しており、特に1990年代に急激な少子化が進んだ。労働力の不足は部分的には外国、特に中央アジアなど旧ソ連諸国からの出稼ぎ労働者によって補われているものの、今後の労働年齢人口の減少によって経済成長の足が引っ張られる可能性がある。

また、地域間の経済格差も顕著である。ロシアでは市場経済化によって首都モスクワおよび一部の天然資源産出地域のみが突出して豊かになっており、それ以外の地域との格差はきわめて大きい。人口動態を見ても、過去25年間にモスクワへの一極集中が進む一方で、それ以外の地域では人口流出が続いている。特に面積で最大の極東地域においては1990年に約800万人いた人口が現在では620万人にまで減少している。極東地域の維持はロシアにとって安全保障上も重要な課題となっているが、資源以外に目立った産業もなく、産業の振興を図り人口を定着させることが切実な課題となっている。ロシア政府は近年積極的にアジア諸国との経済関係の強化を試みているが、極東やシベリア地域の振興という課題がその動機となっているのである。

5　今後の見通しと課題

ここ数年、ロシアを取り巻く政治・経済的環境は急変している。2014年2月、ロシアはソチ冬季五輪開催の熱狂の中にあったが、その直後から一転して欧米諸国との対立や経済危機に転落していった。引き金となったのはロシアとウクライナの対立の激化である。特にロシアによるクリミア半島の強制的な併合は国際社会からの非難を浴び、欧米諸国はロシアに対して経済制裁を科した。こうした中で2014年末頃から原油価格が急落し、通貨ルーブルもそれまでの1ドル＝30ルーブル前後から70ルーブル近くへと急激に減価した。ルーブル安は輸入品価格の上昇によるインフレや民間の対外債務の膨張を招き、ロシアのGDP成長率は2015年に－3.7％、2016年前半期も－0.9

％と落ち込んだ。また、油価の急落は税収の減少による財政赤字の拡大にもつながった。目下積み立てたリザーブ基金の取り崩しで歳入不足を補填しているが（図15-4）、これが長期的に続けば財政的な持続可能性が問題となり、プーチン政権は政策の変更を迫られる可能性もあるだろう。

　もう1つ留意すべきは、欧米諸国との対立が深まる中で、ロシア国内ではナショナリズムや国家主義が強まる傾向が見られることである。プーチン政権への支持率は2016年11月現在で86％にも達している。経済面でも政府は欧米による経済制裁を機に輸入代替政策を推進しようとしており、今後欧米諸国との対立が続けば、プーチン体制のさらなる強まりとともに、経済のグローバル化と逆行するような動きが起こるかもしれない。

　いずれにしても、ロシアでは資源に依存し、国家の経済介入の度合いが大きく競争が制限された経済モデルの下で、低成長が続く可能性が高いだろう。変化があるとすれば、ロシアがエネルギー資源の輸出をはじめ経済関係のウェイトを欧州からアジアにシフトさせようとしていることである。日露間では2000年代後半から貿易額が急増しているが、こうした動きの中で日露の経済関係も今後さらに深まっていく可能性がある。

●引用・参考文献
安達祐子（2016）『現代ロシア経済―資源・国家・企業統治―』名古屋大学出版会
溝端佐登史編著、日本国際問題研究所協力（2013）『ロシア近代化の政治経済学』文理閣
吉井昌彦・溝端佐登史編著（2011）『現代ロシア経済論』ミネルヴァ書房
Hanson, P. (2012), "The Russian Economy and its Prospects," *Putin Again: Implications for Russia and the West*, Chatham House.
Kudrin, A. and Gurvich, E. (2014), "Novaya model' rosta dlya rossiiskoi ekonomiki," *Voprosy Ekonomiki*, No.12, pp.4-36.

第 16 章
国際資本移動と
わが国の対内直接投資促進政策

1 問題の所在

　2015年の日本のGDPはアメリカと中国に次いで世界第3位の水準である。しかし、国連の統計（United Nations Statistics Division）によれば、世界全体のGDPにおいて日本が占める割合は2010年の8.4％から、その後低下を続け、2015年には5.9％となっている。この日本の存在感の低下は、同じアジア地域の大国である中国が9.1％から15.0％に伸ばしているのと比べると対照的である。グローバル化の進展に伴って、1990年代以降国際資本移動は活発化しており近年世界全体の直接投資残高は大きく増加している。しかし、日本の存在感の低さはこの直接投資の水準からも読み取ることができる。直接投資とは、製品を生産または販売するために外国に設けられた施設に、直接企業が投資を行うことを意味する。直接投資は、国内の企業が国外に対して行う「対外直接投資」と、国外の企業が国内に対して行う「対内直接投資」に分けられる。また、直接投資そのものにも、2つの形態がある。第1に、グリーンフィールド投資と呼ばれるもので、外国に新たな拠点を設立するケースを意味する。第2が、海外の既存企業を買収する場合や、海外の企業と合併するケースである。日本の対内直接投資の水準は、世界的にも非常に低い水準であり、対外直接投資の水準との差によって産業の空洞化が起こっているとも考えられる。

　このような問題意識に基づいて、本章では対内直接投資に焦点を当てて日本の直接投資の現状を明らかにするとともに、日本の対内直接投資促進政策について論じる。本章は以下のように構成される。第2節では、対外直接投

資および対内直接投資の動向を、国際比較を交えて整理する。第3節では、対内直接投資の阻害要因について検討する。第4節では、阻害要因を踏まえた日本の施策について整理し、最後にまとめを行う。

2　対外直接投資と対内直接投資

1）対外直接投資と対内直接投資の現状

　1996年以降、日本の対外直接投資残高は順調な伸びを示している（図16-1）。地域別の内訳では、アジアへの直接投資が占める割合が近年増加傾向にあることが分かる。具体的には、アジアが占める割合は、2006年の約24％から2015年には約29％に増加していることが分かる。なお、金額ベースでは、2006年が約11兆円だったのに対して、2015年は約36兆円と10年で3倍以上の水準となっている。

　図16-2は日本の対外直接投資の推移と地域別割合を示している。2009年および2010年はリーマンショックの影響を受けて低水準となっているが、その後は増加傾向にあることが分かる。

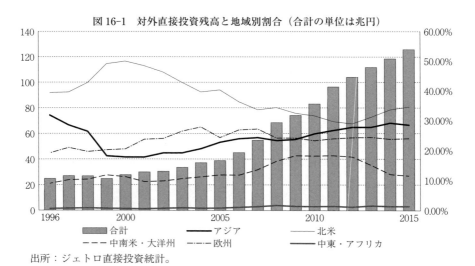

図16-1　対外直接投資残高と地域別割合（合計の単位は兆円）

出所：ジェトロ直接投資統計。

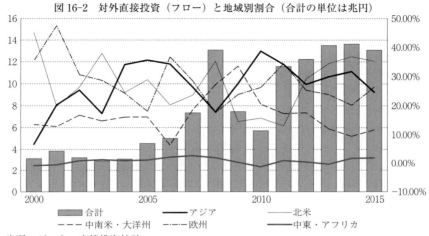

図16-2 対外直接投資（フロー）と地域別割合（合計の単位は兆円）

出所：ジェトロ直接投資統計。

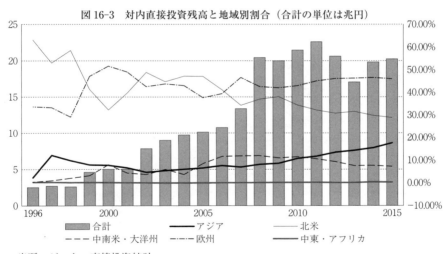

図16-3 対内直接投資残高と地域別割合（合計の単位は兆円）

出所：ジェトロ直接投資統計。

図16-3は日本の対内直接投資残高と地域別割合の推移を示している。対内直接投資残高は、2001年から2008年にかけて徐々に増加傾向にあったが、最近ではリーマンショックや東日本大震災の影響により、横ばい状況となっ

ている。地域別に見ると、欧州が高い割合を示しているが、特徴的なことはアジアからの対内直接投資が近年増加していることである。具体的にアジアからの対内直接投資残高の合計を見ると、2006年は全体に占める割合が7.7％であったが、2015年には17.6％と10年でその割合は倍以上となっていることが分かる。なお、金額ベースでは2006年が約8000億円だったのに対して、2015年は約3.5兆円となっており、この10年で実に4倍以上の伸びを示している。

　アジアが中心となっている点あるいは1990年代と比べると増加基調にある点では対外直接投資と対内直接投資の動向は類似しているが、GDPに占める割合を比較すると、日本の直接投資の特徴が見えてくる。図16-4は日本の対外直接投資と対内直接投資の対GDP比率の比較を示しており、対外直接投資に比べて、対内直接投資の割合が大幅に低いことが分かる。2015年の水準で比較すると、対内直接投資が4.2％で、対外直接投資は30.1％となっている。また、2011年から2015年にかけてその差は年々大きくなっていることが分かる。

　この日本の対内直接投資の少なさは、諸外国と比較するとより明確になる。図16-5は日本の対内直接投資残高の対GDP比率を諸外国と比較したもの

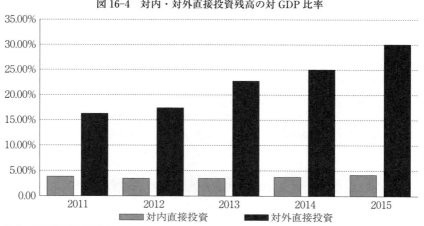

図16-4　対内・対外直接投資残高の対GDP比率

出所：UNCTAD STAT.

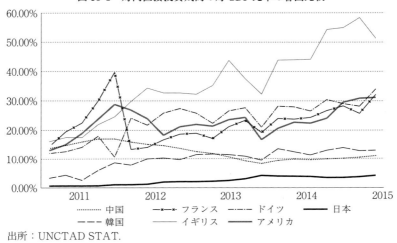

図 16-5　対内直接投資残高の対 GDP 比率の各国比較

出所：UNCTAD STAT.

であるが、日本の割合が際立って低いことが分かる。2015 年の数値を比較すると、一番高いイギリスが 51.3％ となっているのに対して、日本は 4.2％ の水準にとどまっているのである。

　ここまで、対内直接投資が対外直接投資と比べて少ないこと、世界的に見ても低調であることが明らかになったが、ここから詳しく日本の対内直接投資の現状を見ていく。業種別の対内直接投資残高は表 16-1 の通りとなっている。対内直接投資の中で最も高い割合を占めるのは金融・保険業であり、36.6％ もの割合を占めている。

　日本の対内直接投資のタイプをより詳しく見ると、日本に研究開発拠点を設立することで、日本の優れた技術やノウハウを取り込もうとしている外資系企業の姿勢が見えてくる。経済産業省が 2016 年 2 月に公表した「欧米アジアの外国企業の日本投資関心度調査」によれば、アジアの投資先の中で、R&D（研究開発）拠点としての競争力で日本は 1 位を獲得しており、その割合も一番高い（表 16-2）。この調査は、欧米およびアジアの外国企業のアジア投資担当者へのインタビューにより行われたものである。前回の調査は 2013 年に行われているが、その調査でも研究開発拠点は 1 位を獲得している。

209

表 16-1 業種別対内直接投資残高（2015 年末時点）

	業種	残高（億円）
1	金融・保険業	75,265
2	輸送機械器具製造業	27,020
3	電気機械器具製造業	26,349
4	卸売・小売業	11,423
5	化学・医薬製造業	9,227
6	サービス業	8,364
7	通信業	7,880
8	一般機械器具製造業	5,360
9	不動産業	3,922
10	ガラス・土石製造業	3,780

出所：財務省　国際収支統計。

表 16-2　国別・拠点別立地競争力

拠点タイプ	回答企業数	日本		中国		シンガポール		香港		インド		タイ		韓国		ベトナム	
R&D 拠点	105社	1	43%	4	10%	2	15%	7	2%	2	15%	11	1%	7	2%	11	1%
地域統括拠点	172社	2	20%	4	10%	1	42%	3	13%	9	1%	6	2%	6	2%	6	2%
販売拠点	162社	1	32%	3	18%	2	20%	5	5%	6	4%	9	2%	8	2%	11	1%
金融拠点	73社	3	10%	5	1%	1	51%	2	30%	-	0%	5	1%	-	0%	-	0%
バックオフィス	69社	2	19%	4	4%	4	13%	5	12%	1	20%	-	0%	-	0%	-	0%
物流拠点	73社	4	10%	2	18%	1	36%	3	16%	10	1%	5	5%	-	0%	6	3%
製造拠点	90社	6	4%	1	46%	6	4%	12	1%	4	6%	4	6%	-	0%	2	14%

注 1 ：回答企業 222 社。
　 2 ：ビジネス拠点タイプ別に、アジアの 21 ヵ国・地域から投資先として最も魅力的な国・地域を 1 つ選択して回答。
　 3 ：百分率の左側の数字は 21 ヵ国・地域の中での順位。
　 4 ：本調査は日本を含むアジア地域への投資意欲に関する調査であることから、アジア・オセアニア企業による当該企業の本社所在国・地域への票（自国・地域への票）は除いて集計した。
出所：「平成 27 年度欧米アジアの外国企業の対日投資関心度調査報告書」（経済産業省）。

　この結果を背景として、「ジェトロ対日投資報告 2016」は近年の研究開発拠点設置に関する事例を紹介している（表 16-3）。例えばアップルは、2017年稼働予定で、横浜市にテクニカル・デベロップメント・センターを設立している。2016 年 10 月 15 日付の『日本経済新聞』によると、アップル CEO のクックは 2016 年 10 月 14 日に行われた安倍首相との会談においてこの新

表16-3　研究開発拠点設立の事例

分野	会社	概要
ICT	アップル（アメリカ）	2015年3月、神奈川県横浜市で開発中の次世代スマートシティ内に本格的なテクニカル・デベロップメント・センターを設立すると公表。2017年から稼働予定。
ICT	ノキア（フィンランド）	2015年5月、神奈川県川崎市にR&Dセンターを設立。5Gやクラウド製品の実用化に向け、研究開発拠点を強化。日本における研究成果を世界各地のR&D拠点にも導入する。
ICT	ロケットソフトウェア(アメリカ)	ビジネス用ソフトウェア開発のグローバル企業。2015年4月に日本法人を設立後、2016年4月に、日本のIT集積地の1つである札幌市に研究開発拠点を設立。
製造インフラ	コンチネンタル（ドイツ）	自動車部品製造を行う。2015年6月にグローバルに進展する日本の自動車メーカーとのビジネスへの積極的な対応として、愛知県豊田市にエンジニアリングセンターを設立。
製造インフラ	キャタピラー（アメリカ）	油圧ショベルの研究開発、製造におけるグローバルの中枢拠点である、兵庫県の明石キャンパスにおいて、経済産業省の補助金を受け、グローバル市場向け新製品の研究開発機能強化を実施。
製造インフラ	BASF（ドイツ）	2014年2月、兵庫県尼崎市の尼崎研究開発センター内にバッテリー材料研究所を設立。リチウムイオン電池の材料を専門に基礎研究・開発・顧客サポートを実施するアジア太平洋初の開発拠点。
ライフサイエンス	ジョンソン＆ジョンソン	2014年8月、神奈川県川崎市の国際戦略総合特区内に「東京サイエンスセンター」を開設。外科手術のシミュレーション装置などを備えた医療従事者向けの研究・トレーニングセンター施設として、アジア各国からの利用も見込む。
ライフサイエンス	スリーエム（アメリカ）	2013年9月、神奈川県相模原市にヘルスケア分野に特化した研究開発拠点を設立。多様化する日本市場の医療ニーズに対応すべく、付加価値の高い製品開発を目指す。

出所：ジェトロ（2016）を一部加工。

たな研究開発拠点について言及し、「日本企業と連携して新たなサービスを提供していく」と述べている。

2）対内直接投資が与える影響

冒頭で示した通り、日本の対内直接投資は他国に比べて低調である。このような状況の中、日本は「日本再興戦略」（2013年6月閣議決定）において、2020年における対内直接投資残高を2012年末の17.8兆円から35兆円へ倍増させるという目標を掲げている。これは、対内直接投資を呼び込むことによって、日本経済の活性化が図られると考えられているからである。

では、対内直接投資の増加は具体的にどのような効果をもたらすと考えられているのだろうか。日本企業の生産性向上など、対内直接投資の重要性とその効果は多くの研究で指摘されている。第1に挙げられるのが、外資系企業の日本での事業拡大に伴って、雇用創出に寄与しているという点である（深尾・権 2012）。つまり、対内直接投資によって国内で雇用が創出されているということである。第2に挙げられるのが、生産性の向上である（Kimura and Kiyota 2007）。つまり、外資系企業から出資を受けている企業は、そうでない企業よりも高い生産性を上げていることがこれまでの研究で明らかになっている。第3に指摘できるのが、他企業や他産業へのスピルオーバー効果である（岩崎 2013）。これは例えば、企業が対内直接投資を受け入れた場合、当該企業だけではなく、その企業の顧客や取引先企業の生産性も向上するという現象である。しかし、伊藤（2013）はスピルオーバー効果が存在するとは限らないと主張しており、3番目の効果については、限定的であると考えられている。

3　対内直接投資の阻害要因

対内直接投資には、企業の生産性向上や雇用拡大などの効果が期待されているが、日本の対内直接投資は低調である。この低調な日本の対内直接投資の水準を改善するためには、日本への投資における阻害要因を知ることが必要となる。

世界銀行（World Bank）が毎年 "Doing Business" と呼ばれる、世界各国

のビジネス環境をランキングにしたものを発表している。順位が高いほど、その国で事業を行いやすいことを示すものである。日本は東京と大阪が調査対象となっており、具体的には、会社設立（Starting a business）、建設許可（Dealing with construction permits）、電気アクセス（Getting electricity）、不動産登記（Registering property）、資金アクセス（Getting credit）、投資家保護（Protecting minority investors）、税負担（Paying taxes）、国際取引（Trading across borders）、契約執行（Enforcing contracts）、破綻処理（Resolving insolvency）の項目がランキング化されている。総合順位については、2016年版では34位となっており、先進国中では24番目と決して高い順位とは言えない。他のアジア地域の国々を見ると、シンガポールが2位、香港が4位、韓国が5位となっており、大きく差がついていることが分かる。

　では、実際に外資系企業はどのような要素を投資決定の際の阻害要因と捉えているのだろうか。経済産業省が外資系企業を対象に「外資系企業動向調査」を行っており、アンケート調査によって日本で事業展開する上での阻害要因を明らかにしている（図16-6）。日本で事業展開をする上での阻害要因は、「ビジネスコストの高さ」が最も多い回答となっており、次に「日本市場の閉鎖性、特殊性」が挙げられている。

　次に阻害要因として最も回答が多かった「ビジネスコストの高さ」の要因を見てみると、「人件費」が最も多く、次が「税負担」となっている（図16-7）。

　最後に人材を確保する上での阻害要因を見てみると、「英語でのビジネスコミュニケーションの困難性」が最も高い要因となっている（図16-8）。

　ジェトロも同様に日本におけるビジネスの阻害要因に関する調査を実施しており、「ジェトロ対日投資報告2016」によると、日本市場での阻害要因は、「人材確保の難しさ」「外国語によるコミュニケーションの難しさ」「ビジネスコストの高さ」が挙げられている。この結果は経済産業省による「外資系企業動向調査」と同様である。「ジェトロ対日投資報告2016」はさらに、日本政府に望むことは何かという点を調査しており、最も多かった項目は「人材確保・外国語コミュニケーション」となっている。この外国語

図16-6　日本で事業展開する上での阻害要因

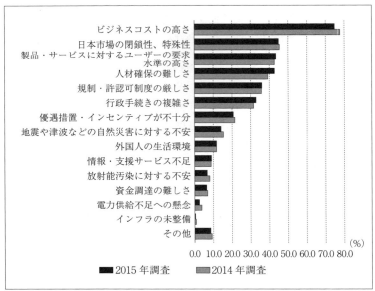

出所：経済産業省（2016）。

図16-7　ビジネスコストにおける阻害要因

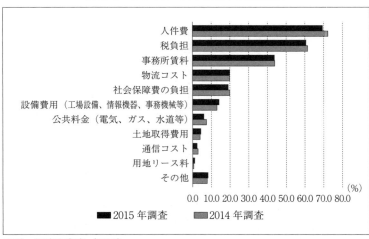

出所：経済産業省（2016）。

図 16-8　日本人の人材を確保する上での阻害要因

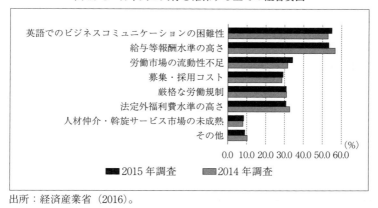

出所：経済産業省（2016）。

の能力を含めた人材の質については、IMD 世界競争力センター（IMD World Competitiveness Center）が"World Talent Report"と呼ばれる各国の人材に関するランキングを作成している。その中に、国の教育の水準や言語能力などを数値化しているレディネス要因（Readiness factor）に関するランキングがあり、日本は 2015 年の調査で 49 位となっている。中国は 37 位、韓国が 31 位であることを考えても、非常に低水準と言わざるを得ない。

　本節では日本の対内直接投資の阻害要因について検討してきたが、阻害要因に対する対策を考えるに当たっては、コントロール可能な問題とコントロール不可能（あるいはコントロール可能だとしても対応に時間がかかる）な問題に分けることが重要であると考えられる。コントロール不可能な阻害要因として挙げられるのが、「製品・サービスに対するユーザーの要求水準の高さ」「日本市場の閉鎖性、特殊性」「地震や津波などの自然災害に対する不安」といった問題である。一方でコントロール可能、つまり対応が可能な問題は「ビジネスコストの高さ」「優遇措置・インセンティブが不十分」「行政手続きの複雑さ」「人材確保の難しさ」「規制・許認可制度の厳しさ」「外国人の生活環境」といった問題が挙げられる。対内直接投資を促進するためには、このようなコントロール可能な問題について優先順位をつけて対応していくことが重要であると考えられる。また、定性的には上記のような阻害要因が指摘

されているが、清田 (2014) が指摘するように、今後、定量的分析に基づくエビデンスの蓄積が重要であると考えられる。

4 対内直接投資促進政策

第3節で挙げられた日本での事業展開を阻害する要因を解消するべく、日本政府は様々な施策を行っている。本節では、①法人税の引き下げ、②ビジネス環境整備のための施策、③国家戦略特区の活用の3つの政策について論じる。

1）法人税率の引き下げ

第1に挙げられるのが法人税率の引き下げである。日本はこれまで法人実効税率の段階的な引き下げを実施しており、2013年に37％であった法人実効税率は、2018年4月1日以降開始の事業年度では29.74％になる予定である（図16-9）。競争力のある水準に近づいていることは間違いないが、他国

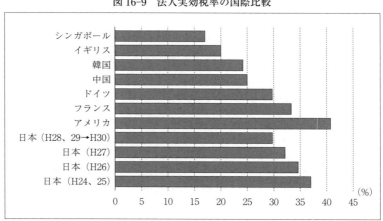

図 16-9 法人実効税率の国際比較

注：法人所得に対する税率。地方税は、日本は標準税率、アメリカはカリフォルニア州、ドイツは全国平均、韓国はソウル市。
出所：財務省。

と比べると依然として比較的高い水準であることに変わりはないため、引き続き改革の検討が必要である。

2）ビジネス環境整備のための施策

日本におけるビジネス環境の整備という観点から対内直接投資の阻害要因を解消すべく、日本政府は2015年3月に対日直接投資推進会議で「外国企業の日本への誘致に向けた5つの約束」を決定している（表16-4）。対日直接投資推進会議とは、対日直接投資の促進のための課題や施策を議論するための閣僚会議のことである。

さらに日本政府は、わが国が貿易・投資の国際中核拠点「グローバル・ハブ」となることを目指し、対日直接投資をさらに促すため、今後重点的に取り組む事項として「グローバル・ハブを目指した対日直接投資促進のための政策パッケージ」を対日直接投資推進会議（2016年5月20日）において決定している。「グローバル・ハブを目指した対日直接投資促進のための政策パッケージ」では、上記の「5つの約束」に掲げられた施策を着実に実施するために、「外国企業進出の障害となっている課題の解決方策」として、新た

表16-4　外国企業の日本への誘致に向けた5つの約束

一つ目の約束	百貨店・スーパーマーケット・コンビニエンスストア等で外国語で商品を選んでいただけるよう、病気になったときも外国語で安心して病院を診察していただけるよう、車や電車・バスで移動する際も外国語表記で移動いただけるようにする。
二つ目の約束	訪日外国人が、街中のいろいろな場所で、我が国通信キャリアとの契約無しに、無料公衆無線LANを簡単に利用できるようにする。
三つ目の約束	外国企業のビジネス拠点や研究開発拠点の日本への立地を容易にするため、すべての地方空港において、短期間の事前連絡の下、ビジネスジェットを受け入れる環境を整備する。
四つ目の約束	海外から来た子弟の充実した教育環境の整備を図るとともに、日本で教育を受けた者が英語で円滑にコミュニケーションが取れるようにする。
五つ目の約束	日本に大きな投資を実施した企業が政府と相談しやすい体制を整える。また、日本政府と全国の地方自治体が一体となって、対日投資誘致を行うネットワークを形成する。

出所：内閣府。

表16-5　グローバル・ハブを目指した対日直接投資促進のための政策パッケージ

規制・行政手続きの改善	規制・行政手続の簡素化
	日本法令の外国語の拡充
	ワンストップ手続の徹底
グローバル人材の呼び込み・育成	高度外国人材等
	外国人留学生の就職支援
	日本人に対する英語教育の強化
外国人の生活環境の改善	外国人児童生徒に対する教育支援
	日常生活に係る手続の外国語対応

出所：内閣府。

に講じる施策について具体的に言及している（表16-5）。

　具体的には例えば、「日本法令の外国語の拡充」として2020年度までに新たに500以上の法令の外国語訳を公開することを目指すことや、「日本人に対する英語教育の強化」を目指して、2019年度までに全小学校に外国語指導助手や英語の堪能な人材等の外部人材を2万人以上配置するといった施策が盛り込まれている。

3）国家戦略特区の活用

　「国家戦略特区」は、岩盤規制改革の突破口として、国が定めた国家戦略特別区域において、経済社会の構造改革を重点的に推進することにより、国際的な経済活動の拠点の形成を促進する観点から、規制改革等の施策を総合的かつ集中的に推進することを目的としたものである。法制定以来、10の地域（関西圏、養父市、広島県・今治市、福岡県・北九州市、沖縄県、仙北市、仙台市、新潟県、東京圏、愛知県）が特区として制定されている。これまで認定された事業の代表例は表16-6の通りである。

　これまで見た通り、日本は対内直接投資促進の阻害要因と指摘されている「ビジネスコストの高さ」「優遇措置・インセンティブが不十分」「行政手続きの複雑さ」「人材確保の難しさ」「規制・許認可制度の厳しさ」「外国人の生活環境」などの問題について、多様な視点から施策を講じていることが分かる。しかし、これらの施策はまだ始まったばかりであり、実施プロセスと

表 16-6　これまでに認定された事業の代表例

規制改革事項	概要	初の活用自治体
開業ワンストップ	外国人を含めた起業・開業促進のための各種申請ワンストップセンターの設置。 外国人を含めた起業・開業促進のための、登記、税務等の創業時に必要な各種申請のための窓口を集約。	東京都
創業外国人材	創業人材等の多様な外国人の受け入れ促進。 創業人材について、地方自治体による事業計画の審査等を要件に、「経営・管理」の在留資格の基準を緩和。	東京都 福岡市
旅館業法	滞在施設の旅館業法の適用除外。	京都府

出所：ジェトロ（2016）を一部加工。

その効果の検証を繰り返しながら、今後どれだけ迅速かつ効果的に実施できるかが決定的に重要になる。

5　今後に向けて

　以上これまで、日本の対外直接投資および対内直接投資の動向、日本の対内直接投資の阻害要因、阻害要因を踏まえた日本の施策について議論を行ってきた。人口減少社会を迎えた日本にとって対内直接投資を呼び込むことは、経済活性化を促進するための非常に重要な政策課題となる。実際、日本生産性本部による労働生産性の国際比較によると、2015年の日本の時間当たり労働生産性は、アメリカの6割強の水準で順位はOECD加盟35カ国中20位となっている。

　第4節で指摘したように、対内直接投資の阻害要因について、対内直接投資を促進するための様々な施策が行われている。2020年に東京オリンピック・パラリンピックが開催されることから、特に東京では、ややもすればオリンピック・パラリンピックに向けた短期的な施策になりかねない。しかし、大事なことはその後の東京、そして日本が目指すべき姿を背景とした長期的なビジョンを持って施策を実行していくことであると考えられる。企業の戦略の策定と実行では戦略の実行がより困難なのと同様に、対内直接投資の施

策も計画そのものよりも実行に困難が伴う。対内直接投資活性化のためには、責任の所在を明確にした粘り強い実行が求められている。

●引用・参考文献

伊藤恵子（2013）「外資系企業の参入と国内企業の生産性成長」『経済分析』第186号、pp.3-26

岩崎雄斗（2013）「対日直接投資の産業間スピルオーバー効果」日本銀行ワーキングペーパーシリーズ 2013-J-9

清田耕造（2014）「対日直接投資の論点と事実—1990年代以降の実証研究のサーベイ—」RIETIディスカッションペーパーシリーズ 14-P-007

深尾京司・権赫旭（2012）「どのような企業が雇用を生み出しているか—事業所・企業統計調査ミクロデータによる実証分析—」『経済研究』第63巻、pp.70-93

Kimura, F. and Kiyota, K. (2007), "Foreign-owned versus Domestically-owned Firms: Economic Performance in Japan," *Review of Development Economics*, 11(1), pp.31-48.

経済産業省（2016）「第49回外資系企業動向調査（2015年調査）の概況」

経済産業省（2016）「平成27年度欧米アジアの外国企業の対日投資関心度調査報告書」

ジェトロ（2016）「ジェトロ対日投資報告2016」

公益財団法人日本生産性本部「労働生産性の国際比較（2016年版）」

内閣府 INVEST JAPAN 対日直接投資推進（http://www.invest-japan.go.jp/）

内閣府地方創成推進室（http://www.kantei.go.jp/jp/singi/tiiki/kokusentoc/index.html）

財務省（http://www.mof.go.jp/tax_policy/summary/corporation/084.htm）

ジェトロ直接投資統計（https://www.jetro.go.jp/world/japan/stats/fdi.html）

財務省国際収支統計（https://www.boj.or.jp/statistics/br/bop_06/index.htm/）

United Nations Statistics Division（http://unstats.un.org/unsd/databases.htm）

UNCTAD STAT（http://unctadstat.unctad.org/EN/Index.html）

IMD World Competitiveness Center (2015), World Talent Report 2015

World Bank (2016), Doing Business 2017 : Equal Opportunity for All

第17章
メガFTAと日本の通商戦略

　近年のグローバリゼーション（Globalization）の急速な進展によってわが国の貿易構造や貿易政策は大きく転換してきている。グローバリゼーションとは情報通信技術の発達や輸送・運送手段の発展を背景として国家や地域が国境を越えて地球規模で強く結びついていることを示す現象である。

　グローバリゼーションによる影響として、まず経済的な側面を考えると、国際的な多国間工程分業体制の進展による貿易の発達や貿易構造の変化、資本の国際的な流動性の向上、国際的な金融市場の発達、物流ネットワークの発展等が挙げられる。このようなグローバリゼーションの大きな流れの中で近年特に注目を集めているのがFTA・EPA、メガFTAである。本章ではグローバリゼーションの下におけるわが国の対外的経済戦略に重要な役割を持つTPP、RCEP、日EU・EPAなどのメガFTAと日本経済の課題について考察する。

1　FTA・EPA、メガFTA

1) FTA・EPA

　FTA（Free Trade Agreement：自由貿易協定）とは、「特定の国や地域間で、物品の関税やサービスの貿易の障壁などを削減・撤廃することを目的とする協定」のことであり、EPA（Economic Partnership Agreement：経済連携協定）の主要な内容の1つである。具体的には、関税の削減や撤廃、サービス投資への外資規制の撤廃などを含んでいる。

　また、EPAとは、「特定の2国間または複数国間で、域内の貿易・投資の

自由化・円滑化を促進し、規制の撤廃や幅広い経済関係の強化を目的とする協定」のことである。具体的には、FTAの内容に加え、投資ルール（投資保護や外資規制の緩和等）の自由化、人的移動・交流（専門家・技術者の就労や短期滞在条件の緩和）、知的財産権の保護など、様々な分野における当該国の協力関係を促進する国際的な協定である。

すなわち、EPAはその中にFTAを含むより広範な協定なのである。そして、わが国は、これまでEPAを中心に各国と交渉を重ねてきた。2007年6月19日に閣議決定された「基本方針2007」において、経済成長力強化のためにグローバル化改革の必要性を謳っており、その中でEPAへの取り組み強化を表明している。つまり、政策としてEPAへの取り組みを強化することによって経済成長を促進することを、政府は意図しているのである。単に経済的な関係のみならず、地理的にも文化的にも結びつきの深い東アジア地域におけるEPAの取り組みは、グローバリゼーションの中での今後のわが国の経済発展や文化交流を考える際に、きわめて重要な施策となっているのである。

自由貿易体制の維持は、WTO等の多角的貿易体制によるものが基本だ

図17-1　世界のメガFTAマップ

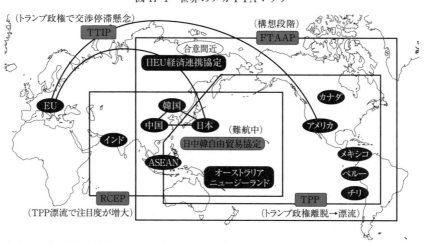

出所：日本貿易振興機構（2015）を参考に加筆修正。

が、利害調整に要する時間や事案の複雑さといった理由により、次第に2国間での地域貿易協定が増加した。かかる協定については、同一国が締結した協定でも締結相手国・地域によって地域的な取り決めへ拡がる場合もあるが、適用される関税等が複数設定されることが多く、本来の比較優位構造を歪める結果になりかねないとの指摘がある、いわゆるスパゲッティボウル現象（2国間貿易協定が乱立し、自由貿易政策が停滞してしまう現象）である。他方、地域貿易協定を段階的に拡大することは、自由貿易を拡大していく現実的な第一歩としての評価が主流となっている。なお、現在わが国が署名し批准したメガFTA（広域の国・地域が巨大な経済圏を形成する自由貿易協定）のTPP（Trans Pacific Partnership：環太平洋戦略的経済連携協定）や、交渉中であるRCEP（Regional Comprehensive Economic Partnership：東アジア地域包括的経済連携）は、FTAAP（Free Trade Area of Asia-Pacific：アジア太平洋自由貿易圏）に向けた道筋の1つとして位置づけられている。

2）TPP

　TPPは2006年5月にシンガポール、ブルネイ、チリ、ニュージーランドのパシフィック4カ国（P4）で発足したが、各国とも輸出を重視していたので、より徹底した自由貿易協定を締結したのである。2010年にアメリカはP4の例外なき関税撤廃の貿易自由化の基本理念に着目し参加を表明した。そしてオーストラリア、ペルー、ベトナムそしてマレーシアも参加し9カ国がTPP交渉を開始したのである。アメリカは2010年の一般教書で5年の間に輸出を倍増し、200万人の雇用の増加を図る計画を発表した。アメリカはTPPへの参加によって競争力のある金融や、保険通信などのサービス産業および農産品の東アジアへの輸出を強化したいとの意図が込められている。わが国は2011年11月のAPEC（Asia Pacific Economic Cooperation：アジア太平洋経済協力）ハワイ会議でTPP交渉参加に向けた関係国との協議に入ることを表明した。その後カナダ、メキシコも交渉に加わった。日本とカナダ、メキシコが参加すると、TPP12カ国の国内総生産は約30兆1000億ドルと、世界経済の38.2％（2015年）を占めることになる。ちなみにTPPに日本が

表17-1　TPP参加国の人口と経済規模等

TPP参加国	人口（万人）	GDP（億ドル）	TPPでのシェア(%)	1人当たりGDP（ドル）	日本の貿易総額に占めるシェア(%)
アメリカ	32,260	180,120	59.8	55,833	15.1
日本	12,670	54,190	17.9	42,770	−
カナダ	3,590	19,670	6.5	54,791	1.3
オーストラリア	2,360	16,680	5.6	70,677	3.7
ニュージーランド	450	1,932	0.8	42,933	0.4
チリ	1,790	3,299	1.0	18,430	0.6
メキシコ	11,840	14,060	4.6	11,875	1.2
ペルー	3,190	2,726	0.9	8,545	0.2
ブルネイ	40	175	0.1	43,750	0.2
マレーシア	3,100	3,813	1.3	1,230	2.6
シンガポール	570	3,070	1.0	53,859	2.2
ベトナム	9,370	1,841	0.6	1,964	2.2
計	81,230	301,576	100.0	−	29.7
世界に対する割合	11%		36.8%		

注：2015年時点。アメリカ・トランプ政権2016年1月TPP離脱表明。
出所：財務省「貿易統計」(http://world-economic-outlook.findthedata.com/) より作成。

参加すると、日米でGDPの約80％以上を占めるので、実質的な日米FTAとなる。

　2016年のFTAカバー比率（貿易全体に占める自由貿易協定の発効対象国との貿易の割合）は日本が22.3％に対して韓国は67.3％、アメリカ40.1％、EUが28.7％、中国が18.7％となっている。日本のFTAカバー率の低さが際立っている。TPPが発効すると日本のFTAカバー比率は37.2％となりアメリカは47.4％となる。RCEPが発効すれば日本は74.2％となる。日EU・EPAが発効すれば73.5％となり、わが国の目標である2018年までにFTAカバー比率を70％にまで引き上げるとの目標を凌駕し、世界最高水準となる。日本のTPP参加の目的はアメリカとの自由貿易拡大に加えて今後成長が見込まれるアジア太平洋諸国との経済連携の強化にある。TPPやRCEPが最終的に目指しているのはより多くの国が参加するアジア太平洋自由貿易圏（FTAAP）である。

表17-2 TPP、日EU・EPA、TTIP、RCEPのメガFTAの交渉分野

		TPP	日本・EU	TTIP	RCEP
交渉参加国・地域		日本、メキシコ、アメリカ、シンガポール、ブルネイ、ベトナム、マレーシア、チリ、ニュージーランド、ペルー、オーストラリア、カナダ	日本 EU	アメリカ EU	ASEAN10カ国、日本、中国、韓国、オーストラリア、ニュージーランド、インド
交渉分野	物品貿易	○	○	○	○
	サービス貿易	○	○	○	○
	投資保護・自由化	○	○	○	○
	知的財産	○	○	○	○
	競争・国有企業	○	○	○	○
	電子商取引	○	○	△1	△1
	政府調達	○	○		
	環境	○	○		
	労働	○	○		
	紛争解決	○	○	○	○
	基準認証・規制協力		○		

注：△1：明示的に交渉分野として立てられていないものの、他の分野の中で交渉されている（ジェトロ、WTO、経済産業省、内閣府、アメリカ通商代表部などの資料）。
出所：日本貿易振興機構（2015:5）の表をもとに一部割愛して作成。

3）日EU・EPA

　2013年3月に日EU間のEPAおよび政治協定の交渉開始が合意された。EUは人口約5億人、域内総生産（GDP）で世界の約2割を占める巨大市場である。日本はTPPと同様に関税の撤廃を進めるとともに、投資や知的財産などの分野でも企業のグローバル化やインターネットの浸透を踏まえて先端的なルール作りを目指している。EUとのEPA交渉で日本側が強く求めているのが、EUが日本車にかけている10％の関税の即時撤廃である。

　一方、EUは日本に対して自動車の安全基準など非関税障壁の見直しやワインやチーズ、豚肉などの関税撤廃などを求めている。また、EU側は地方の市町村に国際入札の義務化を認めるとともに、私鉄を含む鉄道市場の開放も要求している。韓国はすでに大市場であるEUおよびアメリカとのFTA

を締結し、わが国と比較して有利な条件を獲得している。2011年に韓国の貿易額が初めて1兆円を超え、人口5000万人という人口規模で世界26位に過ぎなかった韓国が世界7位の貿易大国に躍進したのである。ちなみに韓国からEUに対する自動車に関する関税10％、薄型テレビに関する関税14％が無関税になりアメリカとの関係においては乗用車2.5％、テレビが4％から5年後には0％となり、トラック25％も10年後に0％となる。その結果、貿易障壁やわが国の高コスト構造等で国際競争上不利になる日本企業が工場を海外に移転することによる産業空洞化の懸念が高まっている。

2　メガFTAと日本経済

1）わが国の高コスト構造

　日本企業の海外生産比率は2014年で見ると24.3％と3年連続で増加し、過去最高水準となった。業種別に見ると、輸送機械（46.9％）、汎用機械（34.2％）、情報通信機械（30.7％）などの海外生産比率が高くなっている。わが国がTPPのような世界規模でのメガFTAネットワークに参加できなければ、日本企業は最適生産を求めて海外進出を強化し産業空洞化と国内雇用の減少が加速するであろう。事実、わが国企業はこのような情勢を背景に海外での設備投資を一層増加させている。特に自動車関連産業においては、海外投資額が国内投資額の約2倍近くに急増している。

　また、企業の海外投資の目的も大きく変化している。これまでは、海外での需要の増加に対応するための現地生産の拡大であった。国内においては高付加価値戦略等の取り組みによって海外拠点と国内拠点の相互補完による雇用の維持が図られてきた。しかし、近年ではこれまで国内拠点が果たしてきた役割を海外拠点が代替する生産拠点の海外シフトが急速に進んでいる。ちなみに、日本から中国への輸出に対して鉄鋼製品に10％、自動車の完成車に25％、自動車部品に10％、液晶テレビに10％の高い関税がそれぞれかけられている。FTAネットワーク構築の立ち遅れ等に加えて円高による海外

表 17-3　主要国の対内投資・対外投資の推移

(%)

年	対外直接投資残高 GDP 比					対内直接投資残高 GDP 比				
	2000	2005	2010	2014	2015	2000	2005	2010	2014	2015
アメリカ	26.2	27.8	32.1	36.2	33.3	27.1	21.5	22.9	33.1	33.1
イギリス	59.4	50.2	65.5	50.6	54	29.8	35.2	44	58.3	51.1
ドイツ	24.7	27.7	39.9	44.3	54	24.1	22.3	27.9	28.1	33.4
フランス	26.7	28.7	44.2	45.1	54.3	13.4	17.2	23.8	25.7	31.9
日本	5.9	8.5	15.1	25.1	29.7	1.1	2.2	3.9	3.7	4.1
中国	2.3	2.5	5.3	8.5	9.2	16	11.9	9.8	10.4	11.1
韓国	3.8	4.3	13.2	18.8	20.2	7.8	11.7	12.4	12.7	12.7

出所：ジェトロ統計ナビ（https://www.jetro.go.jp/ext_images/world/statistics/data/wir16stock_gdp.pdf）より作成。

投資の拡大によって空洞化に拍車をかけている（表 17-3）。

　また、日本国内での企業活動は、人件費などのコスト面においてアジア諸国に対抗することは困難になりつつある。その結果、海外企業のわが国への直接投資は停滞している。

2）構造改革

　国内立地を維持するためには企業における現場力の一層の強化に加えて、海外に出せない高度な技術の確保が大きなカギとなる。また、高い法人税や電気料金、労働規制等の高コスト構造を改善することが必要不可欠である。TPPへの参加を日本の構造改革と潜在的成長を引き出すテコとする発想が重要となる。今後、製造業を中心にわが国とアジア諸国などとの国際分業の展開が加速するであろう。アジア太平洋地域では、すでに日本企業によるサプライチェーンが広く構築されているが、今後複数のメガFTAが進展していくと、その構成国によって関税や投資障壁の削減対象や撤廃の速度が違ってくるし、原産地規則や貿易投資関連のルールも異なる。したがって、最適なサプライチェーンは年々変化することになる。わが国企業はこのような環境の変化を十分把握した上での事業戦略を求められている。産業空洞化を極力防止しながら、比較優位の原則に沿った形でグローバルな水平分業体制を

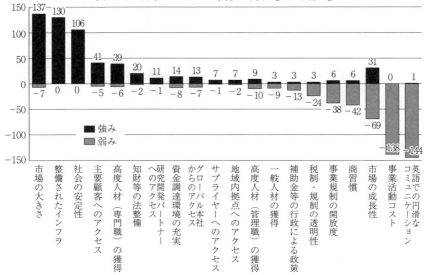

図 17-2 日本のビジネス環境の「強み」と「弱み」

注：「強み」と回答した企業数から「弱み」と回答した企業数を差し引いた値が大きな項目を左から順に表示。
出所：経済産業省『欧米アジアの外国企業の対日投資関心度調査報告書』2016 年 2 月
（http://www.meti.go.jp/policy/investment/pdf/2015kanshindochosa.pdf）。

確立し、内外無差別を原則とするイコールフッティングな経済環境を構築する、いわゆる 21 世紀型の社会経済構造を構築しなければならない。

さらには、国内産業の高付加価値分野へのシフト誘導政策と、新規事業の創出のための新たな基盤整備も重要である。周知のように、経済のグローバル化・ボーダーレス化の進展によって、各国の経済環境、社会システム、制度および将来性などを比較しながら、最適な企業環境を求めて、企業が国を選ぶ時代になっている。したがって、国際共生型産業構造の構築と日本経済の再活性化には、わが国企業だけでなく外資系企業にとっても、創造的でダイナミックな企業活動が行われるような、自由で魅力のある経済・社会環境の確立が不可欠である。

3 メガFTAと日本再生

1) TPP 20分野

　TPPの協定は計20章で構成され、主要分野の概要は表17-4の通りである。
　これは、関税の撤廃や削減を中心とする市場アクセス分野と貿易・投資のルールを形成する分野の2つに大きく分けられる。この協定が物品の関税引き下げはもとより幅広い分野で高いレベルの貿易自由化のルール作りを目指している。各分野は②内国民待遇および物品の市場アクセス、③原産地規制および原産地手続き、④繊維および繊維製品、⑤税関当局および貿易円滑化、⑥貿易救済、⑦衛生植物検疫（SPS）措置、⑧貿易の技術的障害（TBT）、⑨投資、⑩国境を超えるサービスの貿易、⑪金融サービス、⑫ビジネス関係者の一時的入国、⑬電気通信、⑭電子商取引、⑮政府調達、⑯競争政策、⑰国有企業および指定独占企業、⑱知的財産、⑲労働、⑳環境などが中心となっている。
　アメリカへの市場アクセスについて見ると、自動車部品（現行税率は主に2.5％）については、8割以上の即時撤廃で合意された。即時撤廃率を米韓FTAと比較すると、品目数で米韓FTAが83.0％、輸出額で77.5％であるのに対し、日米（TPP）は品目数で87.4％、輸出額で81.3％となり米韓FTAを上回る水準である。乗用車については（現行税率2.5％）15年目から削減開始、20年目で半減、25年で撤廃となっている。家電について見ると、ビデオカメラ（現行税率2.1％）を即時撤廃、プラスチック製品（現行税率2.1〜6.5％）を即時撤廃、陶磁器について見ると、対米輸出額の75％を即時撤廃となる。農産品については重要5品目についてある程度の配慮がなされたが、コメについては政府備蓄米の運営見直し、麦については経営所得安定政策の実施、牛肉・豚肉、乳製品については（畜産・酪農の）経営安定の充実が求められている。甘味資源作物は、加糖調製品を調整金の対象とすることが決まった。

表 17-4 TPP の主要分野の概要

	分野	概要
1	冒頭の規定および一般的定義	TPP 協定が締約国間のその他の国際貿易協定と共存することができることを認める。また、本協定の2以上の章に使用される用語の定義を定める。
2	内国民待遇および物品の市場アクセス	物品の貿易に関して、関税の撤廃や削減の方法等を定めるとともに、内国民待遇など物品の貿易を行う上での基本的なルールを定める。
3	原産地規則および原産地手続き	関税の減免の対象となる「TPP 地域内の原産品（＝ TPP 域内で生産された産品）」として認められるための要件や、輸出者・生産者・輸入者らの証明制度等について定める。
4	繊維および繊維製品	繊維および繊維製品の貿易に関する原産地規則および緊急措置・セーフガード等について定める。
5	税関当局および貿易円滑化	税関手続きの透明性の確保や通関手続きの簡素化等について定める。
6	貿易救済	ある産品の輸入が急増し、国内産業に被害が生じたり、そのおそれがある場合、国内産業保護のために当該産品に対して、一時的に取ることのできる緊急措置（経過的セーフガード措置）等について定める。
7	衛生植物検疫（SPS）措置	食品の安全を確保したり、動物や植物が病気にかからないようにするための措置の実施に関するルールについて定める。
8	貿易の技術的障害（TBT）	安全や環境保全等の目的から製品の特性やその生産工程等について「規格」が定められるところ、これが貿易の不必要な障害とならないようにルールを定める。
9	投資	投資国間の無差別原則（内国民待遇、最恵国待遇）、特定措置の履行要求の原則禁止、投資に関する紛争解決手続き等について定める。
10	国境を超えるサービスの貿易	内国民待遇、最恵国待遇、市場アクセス（数量制限等）に関するルールを定める。ネガティブリスト方式を採用。
11	金融サービス	金融分野の国境を超えるサービスの提供について、金融サービス分野に特有の定義やルールを定める。
12	ビジネス関係者の一時的入国	ビジネス関係者の一時的な入国の許可、要件および手続きの迅速化・透明性向上等に関するルールおよび各締約国の約束を定める。
13	電気通信	電気通信サービスの分野について、通信インフラを有する主要なサービス提供者の義務・相互接続等に関するルールを定める。
14	電子商取引	電子商取引のための環境・ルールを整備する上で必要となる原則等について定める。
15	政府調達	中央政府や地方政府等による物品・サービスの調達に関して、内国民待遇の原則や入札の手続き等のルールについて定める。
16	競争政策	競争法の採用・維持と締約国間の維持、競争当局間の協力等について定める。
17	国有企業および指定独占企業	国有企業と民間企業の競争条件の平等を確保する国有企業の規律について定める。
18	知的財産	特許権、商標権、意匠権、著作権、地理的表示等の知的財産の十分で効果的な保護、権利行使手続き等について定める。
19	労働	貿易や投資の促進のために労働基準を緩和すべきでないこと等について定める。
20	環境	環境に関する多国間の協定の約束の確認・さらなる協力のためのルール等について定める。

出所：内閣官房 TPP 政府対策本部「TPP 協定の概要」(http://www.cas.go.jp/jp/tpp/pdf/2015/10/151005_tpp_Summary.pdf) などをもとに作成。

今後はTPPによる貿易投資の拡大を日本経済の再生に直結させる総合的な施策が重要となる。TPPの発効には全交渉参加国が批准するか、署名から2年経過以降に全交渉参加国の国内総生産（GDP）の85％以上を占める少なくとも6カ国以上が批准することが必要である。したがって、総GDPの約60％を占めているアメリカが批准しなければTPPは発効することができないことになる。

2）RCEP

　アメリカ主導のTPPと比較して日中韓を中心とするアジア諸国で構成されるメガFTAとしてRCEPがある。RCEPは、中国が主張したASEAN

表17-5　RCEP参加国の人口と経済規模等

RCEP交渉参加国	人口（万人）	GDP（億ドル）	RCEPでのシェア(%)	1人当たりGDP（ドル）	日本の貿易総額に占めるシェア(%)
中国	137,400	110,200	44.1	8,020	24.0
日本	12,670	54,190	21.7	42,770	－
韓国	5,070	14,250	5.7	28,106	17.8
インド	127,200	23,080	9.2	1,814	0.9
インドネシア	25,510	11,300	4.5	4,429	0.2
タイ	6,520	4,998	2.1	76,656	2.1
フィリピン	10,140	3,444	1.4	33,964	0.7
ミャンマー	6,760	675	0.3	0,998	1.5
ラオス	660	123	0.05	1,863	0.5
カンボジア	1,570	191	0.08	1,216	0.9
オーストラリア	2,360	16,680	6.6	70,677	3.7
ニュージーランド	450	1,932	0.7	42,933	0.4
シンガポール	570	3,070	1.2	53,859	2.2
ブルネイ	40	175	0.07	43,750	0.2
マレーシア	3,100	3,813	1.5	1,230	2.6
ベトナム	9,370	1,841	0.8	1,964	2.2
計	349,340	249,962	100.0	－	59.9
世界に対する割合	47.4%		30.5%		

注：2015年時点。
出所：外務省資料（http://www.mofa.go.jp/mofaj/area/index.html）より作成。

（東南アジア諸国連合）＋3（日中韓）FTAと、日本が提案したASEAN＋6（日中韓印豪NZ）FTAを統合したFTA（自由貿易協定）である。RCEPはASEAN＋1FTAを基本とし、これを改善した自由化レベルを目指している。対象とする分野は包括的である。TPP（環太平洋戦略的経済連携協定）の交渉分野と比較すると、労働、環境、規制の調和を除きほぼ同一である。TPPは国有企業の規制などに関して新しいルールを決めているが、RCEPにこのようなルールはない。RCEPは人口では世界の約49％、GDPでは約29％を占めている。TPP交渉がアメリカ中心で進んでいるのに対し、RCEPは"ASEAN centrality（ASEAN中心性）"を追求するASEAN諸国が中心となっている。

　東アジア地域では従来、日本、中国、韓国、ASEAN、オーストラリア、ニュージーランド、インドを中心とした、いくつもの2国間FTA/EPAを介して地域統合が進展している。その中でもASEANは、日本や韓国などから原材料や中間財を輸入し、最終財を第三国に輸出する「三角貿易」の拠点として、同地域におけるサプライチェーンの主翼を担っているのである。各国は、ASEAN+1という形でASEAN全体とFTA/EPAを締結するとともに、さらに高度なFTA/EPA締結のため、個別国と二重にFTA/EPAを結ぶケースも多い。

　このように、2国間ベースの統合が蜘蛛の巣状に張り巡らされる中、国境を越えて最適分業体制を敷いている企業にとっては使い勝手の悪さが課題となっている。このような状況を受け、最近ではより包括的な経済連携協定の成立が急がれている。アメリカの離脱でTPPが発効しない場合にはRCEPの戦略的な意義が高まることになる。

3）RCEPの意義

　RCEPは、日本、中国、韓国、インド、オーストラリア、ニュージーランドが、それぞれASEANと結んだ「ASEAN＋1」地域に広がったサプライチェーン網や販売ネットワークを、原産地規則の統一、累積制度の導入などにより、1つに束ねることに意義があると言える。例えば、日本で製造し

図17-3 東アジア地域のサプライチェーンネットワーク

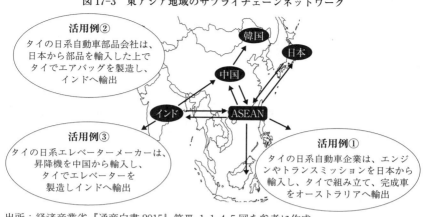

出所：経済産業省『通商白書2015』第Ⅲ-1-1-4-5図を参考に作成。

た部品や原料を使用してタイで組み立て、累積制度を利用して完成品をインドに輸出するといった日本企業のサプライチェーンの実態に即した包括的なFTAが、RCEPによって実現することになる。

RCEPは、既存のASEAN＋1FTAよりも自由化レベルが高い。物品貿易、サービス貿易、投資、経済・技術協力、知的財産、競争、紛争解決などを含む包括的なものである。そのほか、後発の開発途上国への特別な配慮がなされている。サービスでは全分野と提供形態を対象とし、投資では促進・保護・円滑化・自由化を4つの柱とする。

アメリカ議会の諮問機関「米中経済安全保障見直し委員会」は、TPPが発効しない場合には、中国に880億ドル（約9.6兆円）の経済効果があり、TPPが発効しても720億ドル（約7.8兆円）の効果が見込まれると試算している。逆にTPPが発効し、RCEPが発効しない場合は、中国が220億ドル（約2.4兆円）の損失を被ると試算した。

RCEPが日本にとって重要なのは、中国、ASEAN、インドという新興の巨大成長市場でかつ世界の工場となっている国・地域が参加しているからである。日本の企業もこれらの国・地域に投資を行っており、日本を含めてRCEP参加国との間でサプライチェーンを構築している。国際競争力の強化

には効率的なサプライチェーンが必要であり、RCEPはそのための重要な手段となる。

　RCEP地域とTPP地域における貿易構造を比較する。RCEPを構成するASEAN+6諸国は、産業内の貿易を強めていることから、他の地域と比べ中間財貿易の割合が大きい。これに対して、加工組立を行った最終財をアメリカや欧州をはじめとする域外に輸出することから、最終財の貿易割合は小さい。このように、すでにサプライチェーンが発達している。このようなサプライチェーンを包括的にカバーするRCEPの果たす役割は非常に大きいと言える。

　他方、TPPはRCEP地域と比較して、産業内の貿易はそれほど活発ではない。RCEPはアジア地域のサプライチェーンを円滑にしてくれるという点で大きな期待が寄せられている。TPP域内の貿易は、協定締結を機に、今後拡大することが期待されている。特に、ベトナム、マレーシアなどのアジア諸国にとっては、TPPへの参加を契機として、現在結びつきの弱いアメリカ市場との関係強化が期待されている。

　このように、アジア域内で参加・不参加が分かれるTPPの効果は、同地域全体への経済効果という観点では十分とは言えない。貿易転換効果の影響で参加国が有利になる一方、非参加国が不利になってしまうからである。TPPに参加を表明していないアジア諸国がTPPへの参加に興味を示しているのも、この点が影響している。

　以上のようにTPPは関税の撤廃・引き下げで域内の貿易拡大を目指すほか、投資や企業進出のための共通ルールを定めている。発効すれば、世界総人口の約8億人、世界各国の国内総生産合計の約4割を占める巨大経済圏となる。発効には、既述したように参加12カ国のうち6カ国以上が批准し、GDPが全体の85％以上になることが必要である。GDPで全体の約60％を占めるアメリカの批准が不可欠である。TPPの発効が困難となれば、日中韓など16カ国が参加するメガFTAであるRCEPの存在感が増すことになる。RCEPはTPPに比べ加盟国のGDP総額でこそ劣るが、域内人口は約4倍で世界の成長市場でもあるアジア地域を包含するメガFTAであるため、

TPP の発効が不透明な現在、RCEP への関心が急速に高まっている。RCEP の交渉でインドや中国は高水準の自由化に難色を示している。一方、日本やニュージーランドは TPP 並みの高い水準の自由化を求めており、意見の相違が大きい。RCEP の交渉の中でも日本にとって大きな課題は農業への対応である。

4　日本の農業の現状

　2015 年総務省統計によると、日本の総人口は約 1 億 2695 万人で、65 歳以上の高齢者が占める割合は約 26.8％（約 3400 万人）である。一方、農業就業人口のうち、基幹的農業従事者数（普段の仕事が主に農業）は、1985 年は 346 万人だったが、2015 年には 177 万人と半減している。農林水産省によると、農業所得は約 20 年前の 1994 年と比べると 4.6 兆円から 4 割減り、現在では 2.8 兆円であり、農業の総産出額は 1994 年と比べ 10.4 兆円から 8.4 兆円へ 2 割減少している（2014 年）。65 歳以上の高齢者が占める割合は、1985 年当時 34％だったものが、2015 年には 62％にまで上昇し、高齢化が進んでいる。日本の食料自給率は、1961 年には 78％であったのが、その後は下降の一途をたどり、1989 年にはついに 50％を割り、1998 年からは 40％という数字が続いている。2006 年には 40％も割って 39％に落ち込んだ。この数字は、主要先進国の中では最も低く、比較的低い国でもスイスが 50～60％の間を上下しており、韓国も 40％台後半である。

　また、農家数の推移を見ると、1995 年に 344 万戸だったものが、2015 年には 215 万戸にまで減少している。農家の平均年齢も約 20 年前の 1995 年と比べ 59 歳から 66 歳へ 7 歳上昇している（2015 年）。国家戦略特区において労働力の不足を補うために一定の実務経験を持つ専門人材に限り、農業分野でも外国人労働者を受け入れることを検討すべきであろう。耕作面積は減少し続け、農家の高齢化が進むとともに耕作放棄地も増え続けている。2015 年の耕作放棄地は富山県の面積に匹敵する 42 万 ha にも上った。一度耕作放棄地となり、荒れて人手が行き届かなくなった田畑をもとに戻すには大変

な時間と労力が必要となる。

　政府はJAグループの組織刷新を柱とする農業改革案をまとめた。JA全農に対し、肥料や農薬を扱う購買部門の縮小や販売強化などの改革を促した。農産物のコスト削減や輸出などで「稼ぐ力」を引き出し国際競争力を高める改革である。競争力を高めるには、作業の効率化、低コスト化の技術の導入、先進的な農業経営ノウハウの確立によって、全農を中心とした農業の高コスト構造にメスを入れ、輸出を含めた販売力の強化が不可欠となる。

　政府は農業改革を成長戦略の柱の1つに掲げ、TPP発効をにらみ体質強化を急いできた。農業分野の流通で最大の市場シェアを握る全農の改革が競争力向上のカギを握る。巨大な農業商社である全農の業務は肥大化し、非効率な資材・販売体制などの弊害が生じている。全農は農家の生産コストの3割を占める資材を地域農協に卸し、手数料収入を得ている。農家からの手数料収入に依存する経営体質の改善が急務である。

　ちなみに、農林水産省によると米の生産コストで見て日本は韓国より肥料が2倍、農薬が3倍、農機が5.4倍かかっているとのことである。

　わが国の農業を持続的なものとし、強い農業を実現するためには、国際的な評価を得ているわが国農業の特性である安心・安全・高品質の比較優位にさらに磨きをかけることである。そのためには、地域の強み・特色を踏まえ、守りから攻めの農業へ転換し、輸出産業へと育成していくことが重要である。政府は2019年に農林水産物の輸出額1兆円を目標としているが、2015年の輸出額は7451億円で、2016年の輸出額は7503億円であった。ちなみに、2015年の品目別ではホタテ（590億円）が最大で、以下日本酒等のアルコール飲料（390億円）、真珠（319億円）などが主な輸出品である。ホタテ等を含む水産物が約40％、菓子等の加工食品が約30％、牛肉等の畜産品が約6％、米などの穀物や野菜・果物はいずれも5％程度となっている。2016年は和牛（前年比23.1％増）と緑茶（前年比14.3％増）、日本酒（前年比11.2％増）等の輸出が好調であった。

　FAO（国連食糧農業機関）によると日本の農産物の輸出額は韓国やフィンランドを下回る世界60位と低迷している（2013年）。

世界首位のアメリカとは農業を取り巻く環境が異なるので比較することはできないが、国土面積が九州とほぼ同程度のオランダは競争力のある花卉（かき）や野菜などに集中する戦略で世界第2位の高い輸出競争力を誇っている。また、世界10位のイタリアは食文化と食品を絡めて売り込み、成功している。日本も比較優位を有し国際競争力のある農林水産品を世界文化遺産である和食と一体にして売り込み、輸出産業として戦略的に育成することが求められている。一方で、国内向けには地産地消を促進し、それぞれの地域特性を考慮した六次産業化やAI（人工知能）を活用した農業の生産性向上が必要である。

図17-6　農産物輸出額ランキング（2013）

	国名	億ドル
1位	アメリカ	1477
2位	オランダ	909
3位	ドイツ	839
4位	ブラジル	839
5位	フランス	748
6位	中国	464
7位	スペイン	457
8位	カナダ	449
9位	ベルギー	441
10位	イタリア	433
⋮	⋮	⋮
47位	韓国	52
⋮	⋮	⋮
59位	フィンランド	31
60位	日本	30

出所：Food and Agriculture Organization Statistics（http://www.fao.org/japan/en/）より作成。

　今後は、大規模農家だけではなく、小規模農家のスマート農業化を支援する取り組みも必要である。また、高品質で付加価値の高い農産物が生産・加工・販売され、地方の基幹産業として地域の活性化につなげることも重要である。メガFTAが発効すれば農業の輸出拡大を図る上で有効となる。ちなみに、TPPが発効すればベトナムは日本のコメにかけている関税22.5％を即時撤廃することになっている。世界的に人気の高い日本食を好むアジア地域の富裕層向けにみそ、しょうゆなどの調味料の販売強化も期待できる。さらには海外では品質の高さが認められている国産牛肉はアメリカやカナダ、メキシコへの輸出の拡大が期待される。現在、国産牛肉にかかっている25％前後の関税が最終的に撤廃されるからである。

5　日本の今後の課題

　以上、これまでわが国のメガFTA締結の意義について論じ、併せて今後のメガFTAの参加に向けた課題について考察した。FTA・EPAには、それを締結した国相方に大きな経済的メリットがある。FTA・EPA・メガFTAの締結はFTA・EPA参加国の経済発展に大きく寄与することが明らかになった。最後に、今後のわが国のメガFTA参加に向けた課題について論ずる。

　今後、わが国のメガFTA交渉に向けて障害になると考えられるのが、農業などの第1次産業の競争力に関する問題である。

　TPP、RCEPなどのメガFTA締結によって、より安価な農産品等の国内流入が、国内農業分野にダメージを与えることが懸念されている。さらには、わが国の国内産業に産業調整コストの発生や失業などの「痛み」をもたらす可能性も危惧されている。こうした短期的なコストの発生に対しては、それを回避して既得権を堅持しようと考える人々から反対運動が湧き上がっている。

　しかしながら、中・長期的にはTPP、RCEP、日EU・EPAへの参加は、国内の資源の効率利用を促進し、産業構造の高度化を後押しすることになる。その結果、メガFTA参加によって失われる短期的損失を上回る経済的利益がもたらされる可能性がある。

　したがって、今後の政策課題として重要なことは、メガFTAの締結によって生じるコスト、換言すれば、貿易・投資の自由化に伴う短期的な失業者の発生や産業構造の転換に伴う事業所の閉鎖などに対して、適切な政策的サポートをすることである。

　具体的には、産業構造転換や農業の改革を円滑に行うための補助金の創設や再教育・再訓練・再チャレンジの機会を提供するセーフティーネット等の構築である。こうした施策の実施は、国内経済の調整コストや働く人々の不安を最小限にとどめることにつながるであろう。

短期的な「痛み」を克服した先には、長期的な経済発展や経済成長の利益があることを銘記しなければならない。少子高齢化による人口の減少という局面において、経済成長を続けることは並大抵の努力では実現できない。5年、10年後を視野に成長を底上げし、経済や社会を安定化させる明確なロードマップを構築し、着実に実行に移さなければならない。

　こうした政策の実施によって成長エネルギーに溢れるアジアのダイナミズムを巧みに取り組み、経済成長につなげる決断と工夫、そして実行が求められているのである。さらには TPP や RCEP を FTAAP につなげる架け橋としての日本の役割も期待されているのである。近年、イギリスの EU からの離脱やアメリカのトランプ政権の登場によって自国第一主義の保護主義や反グローバリズムが急速に台頭している。アメリカの TPP 離脱表明の中でもわが国は自由貿易協定の必要性を粘り強く訴え、保護主義の台頭を抑止しなければならない。TPP の発効にはすべての交渉参加国が批准するか、署名から 2 年経過以降に全交渉参加国の国内総生産の 85％以上を占める少なくとも 6 カ国が批准する必要がある。アメリカが離脱した今、日本はアメリカに対して協定の重要性を説き続けアメリカに参加を促すべきである。保護貿易主義はどこの国にも恵みをもたらさない。自由貿易は今や世界の無形の公共財である。失って初めてその重要性に気がつくことになる。フェアで公正な自由貿易経済圏の確立に今こそわが国の主導的な役割が期待されているのである。

●引用・参考文献

石川幸一・馬田啓一・国際貿易投資研究会編著（2015）『FTA 戦略の潮流』文眞堂
石川幸一・馬田啓一・高橋俊樹編著（2015）『メガ FTA 時代の新通商戦略』文眞堂
馬田啓一・木村福成編著（2014）『通商戦略の論点』文眞堂
浦田秀次郎（2016）「メガ FTA が変える国際標準化」『世界経済評論』1 月 2 月号
朽木昭文・馬田啓一・石川幸一編著（2015）『アジアの開発と地域統合』日本評論社
国際貿易投資研究所（2015）『季刊国際貿易と投資』100 周年記念増刊号
国際貿易投資研究所（2016）『世界経済評論』復刊第 1 号
作山巧（2015）『日本の TPP 交渉参加の真実』文眞堂
日本貿易振興機構（2015）『ジェトロセンサー』12 月号

畠山襄（2015）『経済統合の新世紀』東洋経済新報社
深沢淳一・助川成也（2014）『ASEAN大（メガ）市場統合と日本』文眞堂
安田信之助編著（2008）『新講 国際経済論』八千代出版
安田信之助編著（2012）『現代国際経済論』八千代出版
安田信之助編著（2014）『地域発展の経済政策』創成社
安田信之助編著（2015）『日本経済の再生と国家戦略特区』創成社
山下一仁（2011）『農協の陰謀―「TPP反対」に隠された巨大組織の思惑―』宝島社
Yasuda, S. and Hu, D.（2014），"The Rise of the BRICS and its Development of the Service Trade"『城西大学経済経営紀要』第32巻
Yasuda, S., Hu, D. and Liu, L.（2015），"Trade Relations between China and Emerging markets: An Analysis Based on Competitiveness and Complementary,"『城西大学大学院研究年報』

索　引

ア　行

RCEP	129, 221
IMF（国際通貨基金）	117
ICT 工程革新	90
アウン・サン・スー・チー	121
アジア通貨危機	116
ASEAN 共同体	125
ASEAN の推進力	125
ASEAN の「中心性」	125
ASEAN の「連結性」	126
ASEAN + 1FTA	128
アダム・スミス	15
AFTA	124
アラブの春	183
アラブ連盟	49
安定化基金	194
EAEU（ユーラシア経済連合）	43, 45, 52
EC（欧州共同体）	173
EPA	221
EU（欧州連合）	42, 173
域内貿易	43
——比率	44
イスラム国	185
医薬品	87
インド亜大陸	137
ウクライナ	202
APEC	223
AI（人工知能）	237
AEC	123
AECブループリント	126
NGO	146
FAO	236
FTAAP	223
FTA	39, 46, 123
——領土	90
エリツィン	191
黄金の四辺形	143
欧州委員会	42, 48
欧州懐疑主義	176
欧州構造投資基金	186
欧州中央銀行	177
オッファー曲線	6
オバマ	161-3, 165-8, 170-1
オフショア	201
オリーン	9
オリガルヒ	193

カ　行

カースト制度	139
海外生産拡大	84
海外投資	23
改革政策	59
開放政策	59
海洋プラント	86
過剰労働力	74-5
カッセル	21
GATT	39, 41
——第24条	44
GAFTA	49
雁行形態論	81, 112
韓国式経済発展プログラム	83
関税	18, 53
——同盟	39, 46
感性集約的な産業	91
完全特化	3
韓方化粧品	91
管理貿易	15
韓流ブーム	91
企業レベルにおける規模の経済	32
技能偏向的技術進歩	166
キャッチアップ型工業化	27
キャッチアップの前倒し	27
教育課程修了率	158
共通域外関税	41, 46, 51, 54
共同市場	39, 45
近代化政策	197

241

近代部門	68
クリミア半島	202
クリントン	162-3
クルグマン	119, 162
計画経済	190
軽工業産業構造	83
経済開発5カ年計画	81
経済回廊	132
経済制裁	121, 202
経済的厚生	25
経済統合	39
経済同盟	39
経済特区	121
経常収支	20
化粧品	87
研究開発拠点	209
原産地主義	43, 53
顕示対称比較優位指数	101
顕示比較優位指数	101
交易条件	4
交換比率	5
高技術産業	94
工業化の社会的能力	29
高コスト構造	88
構造調整プログラム	117
購買力平価説	21
後発薬（ジェネリック薬）	141
国際収支	20
国際収支説	20
国際スワップ・デリバティブ協会	181
国際貸借説	20
国家コーポレーション	196
国家資本主義	196
国家戦略特区	218
国家輸出戦略	167-8, 170
ゴッシェン	20
雇用創出	212
雇用なき成長	144
コルナイ	192
混合経済体制	139
コンピュータ2000年問題	141

サ　行

SAARC	137
サービス・リンク・コスト	31
在外インド人	142
SAFTA	137
サプライチェーン	227
産業の構造調整	88
三安（ドル安、原油安、金利安）	83
CIS（独立国家共同体）	45
GCC	43, 48, 51
自営・賃金労働比率	151
シェール革命	198
シェンゲン協定	184
ジェンダー関連	145
識字率	156
資源基盤産業	94
資産動機選択説（アセットアプローチ）	22
市場移行政策	191
事前配分割当方式	43
失業率	152
児童労働	154
資本移動	23
資本所得	24
資本の限界生産力	23-4
資本流出	200
資本レンタル料	23
仕向地主義	43
就学率	157
就業構造	150, 155
重商主義	15
集積の経済	35
重層的追跡	29
集団行動条項	181
自由貿易	16
——地域	39
シューマン	173
循環的因果関係	36
消費者余剰	19
ジョコ政権	120
ショック療法	191

所得の再配分	25	タタ	142
ジョンソン	162	タックスヘイブン	201
新経済政策	140	WTO	40
人口オーナス	120	——交渉	40
新興国の消費市場	89	ダブリン規則	184
人口ボーナス	120, 138	地域統合	39
新々貿易理論	169	地域貿易協定	41
シンハラ族優先政策	147	知識基盤産業	89
水平分業	112	チャイナ・プラス・ワン	119
ストルパー＝サミュエルソンの定理	170	中技術産業	94
スパゲッティボウル現象	223	中国内在的経済循環	57
スピルオーバー効果	212	中国の経済成長戦略	59
3S（スマート、シナジー、サービス）	90	中国の「成長会計」	60
スリランカ・モデル	147	中所得国の罠	117
生産関数	68, 72, 74-5	長期経済成長率	56
生産者余剰	19	長期停滞	84
生産性向上	212	TTIP	168, 171
生産要素	9	TPP	129, 168, 170-1, 221
脆弱な雇用	151	低技術産業	94
政府による教育支出	158	転換不況	192
世界金融危機	197	伝統部門	68
世界主要13大品目	87	ドイモイ政策	132
世界の人口とGDPの分布	57	ドーハ・ラウンド	41
CEPT	124	特化	3
1971年の独立戦争	146		
相互互恵主義	16	**ナ　行**	
相互需要説	6	NAFTA	130
造船受注	86	難民の地位に関する議定書	182
創造的な革新能力	88	難民の地位に関する条約	182
相対的生産力差	7	NIEs	133
ソビエト社会主義共和国連邦（ソ連）	190	ニート	152-3
		ニュー・ニュートラル時代	88
タ　行		ニュー・ノーマル時代	88
対外直接投資	205	人間開発の諸指標	138
大航海時代	1	農民向けの電力料金	144
体制転換	190	ノン・ルフールマン原則	184
対内直接投資	205		
タイ・プラス・ワン	129	**ハ　行**	
太平洋同盟	48	ハーモナイゼーション	41
多数国間交渉	41	ハイパー・インフレーション	192
		破壊的な技術	89
		バラッサ	39

バラッサ・モデル	39
パリバ・ショック	178
バロー教授	56
漢江の奇跡	82
PSA	44
PTA	40
比較産出高表	8
比較生産費説	2
比較優位	3, 106, 113
比較劣位	106, 113
ピケティ	164-5, 167
ビジネス環境	217
ビッグマック指数	21
プーチン	194, 196, 198
複利計算	56
ブッシュ	161, 163, 168
フラグメンテーション	31
――型分業	115
プラザ合意	112
BRICS	189, 201
文化の商品化	91
ヘクシャー	9
ヘクシャー=オリーン理論	9
ベネズエラ	48
ベネルクス関税同盟	44
ペレストロイカ	190
貿易構造	93
貿易収支	95
貿易創出効果	43
貿易転換効果	44
貿易特化指数	98
法人税率	216
保護貿易	15

マ 行

マーシャル	6
マーシャル曲線	6
マーストリヒト条約	173
マイクロファイナンス	146
マイナス金利政策	179
マディソン教授	57
マハラノビス・モデル	139
マルチ・スズキ	141
ミル	4
メガFTA	41, 221
メドベージェフ	197
MERCOSUR（メルコスール）	43, 48
綿花の生産変動	145
モディ政権	120
モノカルチャー経済	110

ヤ 行

ユーコス事件	196
ユーロ	174
輸出競合度指数	104
輸出志向型工業化	111
輸出占有率	85
輸出不振	85
輸入代替工業化	111
輸入代替政策	203
幼稚産業保護論	17

ラ 行

リカード	2
リスト	17
流動性リスク	178
ルイスの転換点	67-8, 70, 72-3, 77
ルーズベルト	162
レーガン	162
レオンチェフ	12
レオンチェフのパラドックス	11
レントシーキング	200
労働所得	24
労働生産性	12
労働の限界生産力	69
労働力人口	149
ロシア革命	190
ロシア金融危機	194
ロックイン効果	37

ワ 行

ワシントン・コンセンサス	191
湾岸戦争	140

編著者紹介

安田信之助（やすだ　しんのすけ）

現在：城西大学経済学部教授
　　　日本財政学会顧問
　　　日本地方自治研究学会副会長

　　　日本経済学会連合評議員
　　　日本経済政策学会理事・会計監査
　　　日本貿易学会理事
　　　日本財政学会理事・会計監査　　などを歴任

主著
Regional Development and the Government Role in Japan,
　　Nihon Keizai Hyoron sha（日本経済評論社），1997 年
『地域の発展と財政』（共）八千代出版、2000 年
『新講 国際経済論』（編著）八千代出版、2008 年
『地域発展の経済政策』（編著）創成社、2012 年
『現代国際経済論』（編著）八千代出版、2012 年
『日本経済の再生と国家戦略特区』（編著）創成社、2015 年
『地域経済活性化とふるさと納税制度』（編著）創成社、2017 年

新国際経済論

2017 年 4 月 21 日第 1 版 1 刷発行

編著者 ── 安　田　信　之　助
発行者 ── 森　口　恵　美　子
印刷所 ── 神　谷　印　刷
製本所 ── グ　リ　ー　ン
発行所 ── 八千代出版株式会社
　　　　〒101-0061　東京都千代田区三崎町 2-2-13
　　　　TEL 03-3262-0420
　　　　FAX 03-3237-0723
　　　　振替 00190-4-168060

＊定価はカバーに表示してあります。
＊落丁・乱丁本はお取替えいたします。

ISBN978-4-8429-1696-5　　© 2017 S. Yasuda et al.